《潮汕文库》大型丛书编委会

潮汕文库·研究系列

汕头埠老报馆

曾旭波 著

暨南大学出版社
JINAN UNIVERSITY PRESS

中国·广州

图书在版编目（CIP）数据

汕头埠老报馆/曾旭波著 . —广州：暨南大学出版社，2016.8
（潮汕文库. 研究系列）
ISBN 978 - 7 - 5668 - 1541 - 5

Ⅰ. ①汕…　Ⅱ. ①曾…　Ⅲ. ①报社—新闻事业史—汕头市—1902—1949
Ⅳ. ①G219. 246. 53

中国版本图书馆 CIP 数据核字（2015）第 155546 号

汕头埠老报馆
SHANTOUBU LAOBAOGUAN
曾旭波　著

出 版 人：徐义雄
项目统筹：黄圣英
责任编辑：何镇喜　郝　文
责任校对：高　婷
责任印制：汤慧君　王雅琪

出版发行：暨南大学出版社（510630）
电　　话：总编室（8620）85221601
　　　　　营销部（8620）85225284　85228291　85228292（邮购）
传　　真：（8620）85221583（办公室）　85223774（营销部）
网　　址：http：//www. jnupress. com　http：//press. jnu. edu. cn
排　　版：广州市天河星辰文化发展部照排中心
印　　刷：深圳市新联美术印刷有限公司
开　　本：787mm×1092mm　1/16
印　　张：19. 25
字　　数：396 千
版　　次：2016 年 8 月第 1 版
印　　次：2016 年 8 月第 1 次
定　　价：50. 00 元

（暨大版图书如有印装质量问题，请与出版社总编室联系调换）

总　序

　　潮汕文化历千年久远，底蕴渊深，泱泱广袤，又伴随着潮人的迁播而兼收并蓄，独树一帜，是中华文明中的重要一脉。

　　秦汉之前，潮汕囿于海角一隅，与中原殆少来往；自韩愈治潮，兴学重教，风气日开，人文渐著。宋朝文教兴盛，前七贤垂范乡邦；明朝人才辈出，后八贤称显于时。明清以来，粤东地区借毗邻大海的地理优势，与域外商贸频仍，以陶朱端木之业，成中西交汇之势，造就多元开放的文化格局。饶宗颐等学界巨匠引领风骚，李嘉诚等商海翘楚造福民生，俊采星驰，郁郁称盛。

　　而今国家稳步发展，蓬勃兴盛，潮汕地区凭借深厚的历史积淀，务实进取，努力发展传统文化及其产业，如潮剧、潮乐、潮菜、工夫茶、陶瓷、木雕、刺绣等，保持并革新精巧特色，在世界各地广泛传播，备受青睐。更有海外潮人遍布全球，为经济文化交流引桥导路，探索共赢模式，拓宽发展空间。

　　为促进潮汕文化的传承与创新，进一步推动潮汕文化"走出去"，在广东省委宣传部的大力支持下，海内外学者编写《潮汕文库》大型丛书。本丛书包括文献系列和研究系列，涉及历史、文学、方言、民俗、曲艺、建筑、工艺美术等多方面，囊括影印、笺注、点校、碑铭、图文集、口述史等多种形式，始终秉承整理、抢救传统文化的原则，尊重潮汕地区的家学渊源和治学传统。以一腔丹心，在历史沿袭中为文化存证，修旧如旧，求新而不媚俗于新；以一笔质朴，在字斟句酌中为品质立言，就事论事，求全而不迷失于全；以一纸恳切，在纷扰喧嚣中为细节加冕，群策群力，求深而不盲目于深。惟愿以此丛书，提升潮汕文化品位，凝聚海内外潮人，齐心发展，助力腾飞。

在成书过程中，广东省委宣传部高度重视，协调汕头、潮州、揭阳、汕尾市委宣传部，委托潮汕历史文化研究中心、韩山师范学院、暨南大学出版社组织编写与出版。海内外潮学研究专家倾注笔墨，潮汕历史文献收藏机构及热心人士鼎力襄助，更蒙粤东籍一批著名艺术家慷慨捐赠宝贵书画作品助力出版，在此一并致谢！

《潮汕文库》大型丛书编委会

2016 年 7 月

老报馆资料的新发掘

　　汕头图书馆的曾旭波兄在今年9月份就把他的大作《汕头埠老报馆》的电子书稿发给了我，让我给他写个序言。汕头新闻史我不熟悉，但在《汕头电视周报》等报刊上拜读过旭波兄的一些文章，虽然留下的记忆只鳞片爪，却给我留下了很好的阅读印象：资料丰富，考证翔实，短小精悍，开卷有益。于是，我欣然领命，为《汕头埠老报馆》作序。心想借此机会，通读旭波兄的大作，一来给自己补补汕头新闻史的知识，二来也为年轻的潮学研究学者做一个推介。

　　旭波兄的这部大作，我利用业余时间陆陆续续读了两个月。研读之余，觉得有如下特点：

　　一是探幽发隐，用功甚勤。据不完全统计，汕头埠自清末至1949年，有报纸近200种，现存能见到的汕头埠老报纸仅余60多种。而这60多种报纸中，有的就只剩下一张没有报头的残报，甚至是支离破碎的残片（如《潮报》）。汕头老报馆的资料发掘之艰难，旭波兄自己在《潮报》一文中有所披露："这种纸质大众传媒，或是在当时便被人们不经意地随看随丢，或是毁于兵荒马乱的年月，更抑或因内容刺痛执政当局而导致报馆被封、报纸被销毁，以至今天我们除了在一些较大型的图书馆、档案馆的角落里偶然还能找到一两份残缺不全的老报纸，便再难觅其踪、难睹其貌。"有时候，一个看似"得来全不费工夫"的发现，却是上天对作者痴迷、执着的一种馈赠。例如，清末《潮报》就是他在翻阅馆藏的《岭东日报》合订本时很偶然发现的。因为几张残破不全的《潮报》是被"废物利用"做《岭东日报》合订本的隔页的。由此可见，要在旧纸堆中沙里淘金，对汕头埠现存能见到的这60多种报纸做逐一的资料发掘，没有耐心、恒心和专业知识是断然做不到的。当然，还必须有一份对潮汕文化研究的傻傻的痴迷和执着，因为这是吃力不讨好、"倒贴钱"的活儿。为了翻阅材料，旭波兄常常带上一袋饼干或一包速食面，在报库一待就是一整天。而为了这份痴迷和执着，旭波兄一干就是两三年。终于，功夫不负有心人，有了这本比较全面、准确介绍汕头老报馆的著作。从中国新闻史的角度看，旭波兄奉献给大家的，绝不仅仅是清末到民国的汕头报馆的资料，而且是中国新闻史上弥足珍贵的资料。

二是考证翔实，功夫扎实。汕头老报馆的资料，由于年代久远，有些资料是需要有其他资料来佐证的。如对报馆地址的考证，他就费了不少的工夫。清末《潮报》的总发行所设在"汕头埠第一津街西向"。"第一津街"在哪里？"老汕头"们都不知道。后来，他从新加坡陈传忠先生送的《汕头旧影》一书中发现：两张完全相同的摄影版明信片，一张在画面下边注明"汕头永平马路"，另一张则写"第一津街"。编者陈传忠先生也在书中存疑："本页两幅明信片，景物完全相同，惟上图注明'永平马路'，下面此张由日本大阪神田原色印刷所印行者则写着'第一津街'。到底哪一张才是正确的？"受到这两张照片及说明的启发，旭波兄找来20世纪20年代初和40年代的汕头地图做对比，果然有所发现：在20世纪40年代的汕头地图上称为"永平马路"的道路，在20年代初的地图上便称为"第一津街"。考证结果证明，汕头埠清末民初的"第一津街"，至20世纪20年代后改名为"永平马路"。再如写《潮州白话报》时，他便顺藤摸瓜，考证了中国白话（方言）报纸的历史。从1876年3月30日上海申报馆出版的我国新闻史上第一份通俗白话报纸——《民报》，到1897年上海的《演义白话报》、1898年无锡的《无锡白话报》、1903年上海的《中国白话报》，考证甚详。虽然只是短短的几百字，便勾勒出了中国白话（方言）报纸的出版史。类似这样的发前人所未发的考证，全书甚多。如果把全书比喻为一个玉盘的话，这些宝贵的考证发现，犹如一颗颗散落在玉盘里的珍珠，闪闪发亮。

三是资料丰富，弥足珍贵。前面我已经说过，《汕头埠老报馆》是中国新闻史上一笔宝贵的财产，而且从潮汕社会、经济、文化、教育史等研究的角度看，它的资料价值也是相当高的。就我熟悉的方言和民俗研究领域来说，这些旧报纸就是可供研究的丰富的资料，是一座矿藏丰富的宝山。我曾经指导过学生研究《岭东日报》上用潮汕方言创作的小说《长光里》。我的朋友、汕头大学英语语言中心主任唐·斯诺博士（Dr. Don Snow）现在就在利用这些资料，乐滋滋地做着潮汕白话文学的研究。创办于光绪二十九年（1903）的《潮州白话报》，设有"论说""潮州新闻""中外新闻""教育""传记""曲本""歌本""小说"等栏目，有小说连载（如《最新爱国英雄记》），歌本连载（如《豪杰姻缘》《儿女英雄歌》）和曲本连载（如《山西风水案》《印度寻亲记》）等，是研究110年前的潮汕话词语弥足珍贵的语料。而这种宝贵的语料，几乎可以说，是仅有的存世语料了！

好了，就说这些吧，说多了有喧宾夺主之嫌。如果这篇序言能引起读者对《汕头埠老报馆》的阅读兴趣，那我的目的就达到了。俗话说："卖花说花香。"作为读者，我是"买花说花香"，因为该书确实是关于中国、关于汕头埠新闻史一本难得的好书。故此，我愿意为之吆喝！

是为序。

林伦伦

癸巳深秋十月凌晨写于

韩山师范学院傍山居

第一章
清末及民国汕头埠报业概况

一、汕头埠报业的兴起

（一）中国报业的历史——从官方垄断到传教士办报

中国最早的报纸叫"邸报"。"'邸报'始于汉唐，亦称'杂报''朝报''条报'……清初改名'京报'，亦称'塘报''驿报'；此外又有'宫门抄''辕门抄''谕折汇存'之类。所记无非皇室动静，官吏升降，与寻常谕折而已。"① 这是戈公振先生在《中国报学史》中对"邸报"的描述，《中国报学史》成书于20世纪20年代，是一部研究新闻学和我国新闻事业发展史的开山名著，国内外新闻界誉之为中国首部新闻史学权威著作。此书首次全面、系统地叙述了中国新闻事业发展的历史，概括了我国自汉代至清末历代的"报业"。据记载，汉朝时期，各郡国均在京城设"邸"，以传达朝政消息。邸吏们每天将皇帝谕旨、臣僚奏议以及有关官员任免调迁等内容，收集抄录，刊刻成报，即为"邸报"。唐、宋、元、明直到清代，"邸报"的名称虽屡有改变，但发行却一直没有中断过，其性质和内容也没有多大变动。"'民可使由，不可使知'，乃儒家执政之秘诀"，"官报之唯一目的，为遏止人民干预国政，遂造成民间一种'不识不知顺帝之则'之心理"②。亦即是说，自汉唐至清末，"邸报"既是官方的报纸，也是我国唯一的报纸。

中国的"邸报"虽是世界最古老的报纸，但中国现代意义上的报纸却是舶来品。

16世纪，随着欧洲资本主义的进一步发展，在思想文化领域，新兴资产阶级掀起文艺复兴和宗教改革，冲破天主教会神权的桎梏，资本主义文化和意识形态开始形成；在经济领域，侵占并掠夺殖民地，成为欧洲资本原始积累的重要手

---

① 戈公振：《中国报学史》，上海：上海古籍出版社2003年版，第32页。
② 戈公振：《中国报学史》，上海：上海古籍出版社2003年版，第71页。

段。欧洲列强试图以宗教传播为手段，打开中国的经济和文化大门。明万历十年（1582）意大利耶稣会士利玛窦到中国，以传播科学知识为媒介，以天主教教义与儒家的伦理观念相融合作为传教方针，为天主教在中国的广泛传播奠定了基础。但17世纪初教皇克雷芒十一世禁止中国天主教徒"敬孔""祭祖"，引起康熙帝于康熙五十九年（1720）御批禁止西洋人在中国传教。这样，天主教失去了在中国合法传教的政治条件。此后，外国传教士多被遣送出境。

19世纪初期，西方诸多宗教机构出于方便传教的目的，采取迂回策略，在中国开始办报。1807年和1812年，英国伦敦布道会先后派遣马礼逊和米怜来中国传播基督教，但他们因没有在中国合法居住的权利，只能辗转到马六甲，以办报的方式向南洋华侨传播基督教。1815年8月，马礼逊和米怜在马六甲创办的中文报纸《察世俗每月统记传》正式出版。当然，宣扬宗教是该报的基本宗旨，同时也介绍一些西方历史、地理、风俗、科学等方面的内容。《察世俗每月统记传》以免费赠送的方式发行，发行范围包括南洋各华侨聚居地和中国本土，因此成为我国现代意义上的第一份报纸①。继《察世俗每月统记传》之后，《特选撮要》（1823）、《天下新闻》（1828）、《东西洋考每月统记传》（1833）②等由传教士创办的中文报纸，先后在南洋和广州出版发行。

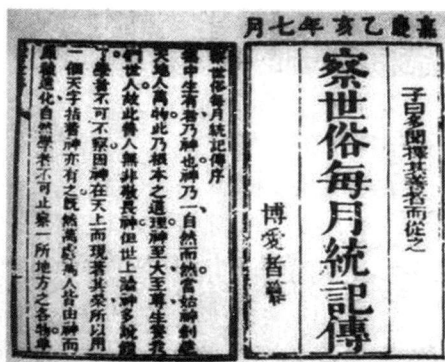

图1　《察世俗每月统记传》　　　图2　《察世俗每月统记传》报头（图片来源：戈公振《中国报学史》）

鸦片战争爆发，西方列强用枪炮打开了中国大门，除了经济掠夺之外，文化侵略更是明目张胆。这时期，欧美各宗教机构纷纷以办学校、医院和救济机构等方式进入中国传播基督教和天主教，以开拓教区，扩张势力。为了宣传教义，他

---

① 戈公振：《中国报学史》，上海：上海古籍出版社2003年版，第74页。
② 《东西洋考每月统记传》于1833年在广州创刊出版，内容涵盖宗教、政治、科学、商业等，故它被认为是第一份创办于我国的现代意义的中文报纸。

们开始在中国的各大城市如香港、广州、上海、天津、北京以及各通商口岸出版中文报纸。如先后在香港出版《遐迩贯珍》（1853）、《中外新报》（1858）、《香港新闻》（1861）、《华字日报》（1872）；在上海出版《六合丛谈》（1857）、《中外杂志》（1862）、《上海新报》（1862）、《教会新闻》（1868）、《申报》（1872）、《益闻录》（1878）、《沪报》（1883）、《新闻报》（1893）；在广州出版《中外新闻七日录》（1865）；在北京出版《中西闻见录》（1872）；在天津出版《时报》（1886）等。自1815年至19世纪末，外国人在中国一共创办了近200种中文和外文报刊，占我国报纸总数的80%①。这些由教会或传教士创办的报纸，主观上是为传播宗教教义和西方文化及价值观，客观上也给中国带来了现代意义的西方报纸和新闻文化。它使国人认识了现代报刊的各种功能，如汇集信息、传播新知、指导舆论等，亦让国人懂得如何编辑、排版和新闻采访等办报的技巧和专业业务知识，为中国民族报业的兴起和发展提供了学习机会和借鉴作用。

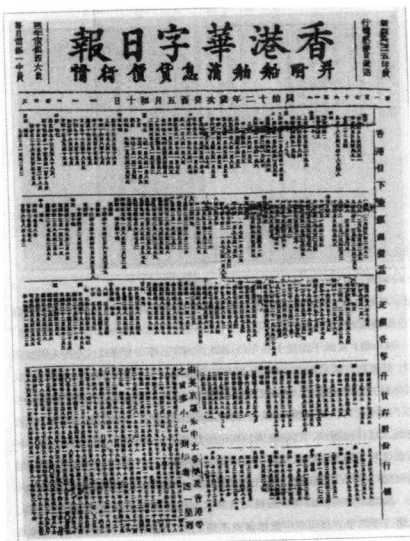

图3　《华字日报》（图片来源：戈公振《中国报学史》）

图4　《六合丛谈》（图片来源：戈公振《中国报学史》）

（二）传教士是否在汕头创办过报纸的问题

汕头，昔称沙汕头。鸦片战争之前，它只是中国东南沿海一个不起眼的小渔村，第二次鸦片战争后，汕头开埠，正式成为对外开放的通商口岸。自此，汕头

---

① 许正林：《中国新闻史》，上海：上海交通大学出版社2008年版，第70页。

港成为粤东、闽南乃至赣南地区对外经贸的重要港口，同时亦成为沿海及内地劳工出洋谋生的客运港口。

图5 19世纪末20世纪初的汕头港（陈传忠供图）

早在咸丰六年（1856），汕头未开埠的时候，英国传教士宾惠廉和戴德生来到汕头传教期间发现当地医疗事业落后，他们便向其所属的英国爱尔兰长老会提出以医疗慈善援助的方式传教，或能有更好的效果。1863年，英国传教士吴威凛博士来汕头开设西医诊所，之后逐步完善成为汕头埠第一家教会医院——汕头福音医院①。汕头开埠之后，外国传教士纷纷进入汕头埠，他们多以创办学校的方式进行传教。如19世纪70年代美国浸信会在汕头礐石创办礐石小学和明道妇学院，1873年英国长老会创办淑德女学等②。当然，他们也建教堂。英国传教士宾惠廉、戴德生和来汕协助传教的施饶理，在汕头海边竹脚地（今外马路）购地建锡安堂，于1856年11月竣工，成为汕头市区第一座礼拜堂。可以说，外国传教士来汕头传播基督教的同时，也带来了西方现代医疗技术和文化。

---

① 《汕头市第二人民医院院志》编纂委员会编：《汕头市第二人民医院院志（1863—2013）》，汕头：汕头市第二人民医院2013年版，第43页。
② 汕头教育志编审委员会编：《汕头教育志》，汕头：汕头教育局1989年版，第12～13页。

图 6　吴威凛

图 7　汕头福音医院正门

图 8　汕头福音医院正面全貌

图 9　淑德女校 1873 年第一届学生

图 10　淑德女校校舍

图 11　汕头锡安堂

图 12　英国长老会在汕头崎碌的早期教会会所

　　但是，或因资料的缺失，笔者至今尚未发现汕头开埠之前或之后外国传教士在汕头埠创办报业的文献记载及相关实物。只在《中国近代报刊名录》①（下称《名录》）一书中，见收录有创办于 1889 年的《潮惠会报》。《名录》对该报的说明很简单，只有一行："以汕头方言撰述的基督教期刊。1889 年创刊。月刊。"②《名录》虽然没有注明该报具体的发行地址以及发行份数、对象、范围、停刊时间等出版基本要素，更没有对该报具体内容作简略介绍，但仍然给我们提供了三个重要信息：即该报的撰述方式是"以汕头方言撰述"，该报创刊于 1889 年，该报的出版周期为月。

　　阙本旭在《清末民初时期潮汕报刊出版钩沉》一文中有这样一段描述："如 1889 基督教会在汕头创办的《潮惠会刊》，就是以汕头方言撰述的最早的基督教期刊，影响极大。"③ 阙文在该处没有脚注，只在全文的尾注列出史和等编著的《中国近代报刊名录》一书为其"参考文献"，说明阙文有关《潮惠会刊》的描述，文献资料源自《名录》，只是把《名录》的"潮惠会报"，改为"潮惠会刊"。其实，沿用《名录》中的"潮惠会报"之称呼，并不影响我们对其月刊属性的理解。究竟报名是"会报"还是"会刊"，在没有进一步的文献或实物作佐证前，还是尊重原引文的描述较为妥当。另外，笔者还注意到阙文不仅指出该刊是在汕头创办，而且在该文的末尾所附的《1889—1918 潮汕出版报刊一览表》中，明确注明该刊的出版地是汕头埠。④《名录》中并没有写明《潮惠会报》的出版地在哪里，若仅以《名录》中有"以汕头方言撰述"的解释文字来断定该

---

①　史和、姚福申、叶翠娣编：《中国近代报刊名录》，福州：福建人民出版社 1991 年版。

②　史和、姚福申、叶翠娣编：《中国近代报刊名录》，福州：福建人民出版社 1991 年版，第 358 页。

③　阙本旭：《清末民初时期潮汕报刊出版钩沉》，《图书馆论坛》2005 年第 6 期。

④　阙本旭：《清末民初时期潮汕报刊出版钩沉》，《图书馆论坛》2005 年第 6 期。

报（刊）出版地就是汕头，缺乏说服力。若以报名"潮惠会报"的字面理解，该报的发行应该是在潮阳、惠来等地。

（三）汕头埠报业的兴起

1. 阅报所的创设

19世纪末期，清政府腐败无能。1894—1895年，中日甲午战争中，北洋水师惨败，举国激愤。面对国家生死存亡，为寻求兴邦之路，许多爱国志士主张维新变法。在汕头，一些有识之士，或办新学，或办阅报所，目的都在于启发民智。

1901年，丘逢甲、温仲和、何寿朋、温廷敬等人在汕头创办岭东同文学堂，"以欧西新法教育青年"，开粤东新学先声。1902年初，曾杏村、吴子寿等人利用汕头毗邻香港等地，海上交通便利的优势，采集香港、上海等地报纸，在汕头埠育善街开设岭东阅报所，供人阅览①。

据《岭东日报》载，早在1901年7月便有汕头阅报公所成立②。其地址设在育善街。阅报所开办后"海内同志接踵者颇不乏人，而汕中报馆亦遂联翩继起，其效盖可观矣"。1902年3月后，因"经费不充"，移址于瑞文庄公祠内（告白中说移瑞文庄公祠内可免去场地租金）但经费仍然不敷，只能登报向"海内诸同志"告知，让其定夺是否继续将阅报公所开办下去。告白还将自壬寅年（1902）元月初一日起至六月初十日止阅报公所的各项开销费用及各方题款列明登出。

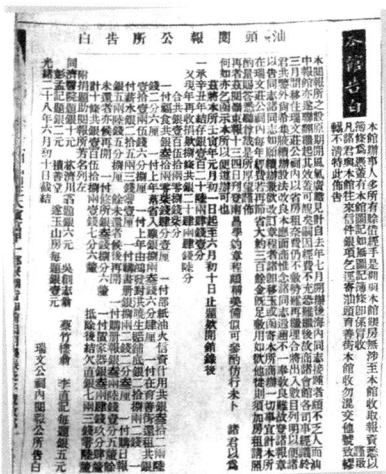

图13　关于汕头阅报公所的报道

---

① 谢雪影：《汕头指南》，汕头：汕头时事通讯社1933年版。
② 《岭东日报》，1902年7月20日。

现在我们虽然尚不清楚当年能到阅报公所读报的"海内诸同志"都有哪些人，但有一点可以肯定，创办及资助阅报公所者绝非两三人，而应是一群热心公益事业的人士，因而当阅报公所经费不敷"势难再继"时，才需请他们面商。又因"诸同志遐迩不一奉教良难"，故而只能登报告知。

汕头阅报公所于1902年7月20日在《岭东日报》刊登经费支绌告白后，是否继续办下去，并没有后续报道。笔者在光绪三十一年（1905）十月二十一日的《岭东日报》上又见一则报道，标题是"汕头阅报社为冯夏威开追悼会"，而追悼会的发起人之一吴子寿，也是当年岭东阅报所的创办人。这就让人不得不产生一系列的疑问：第一，汕头阅报公所是在1901年7月《岭东日报》诞生之前创办的，地址最初亦是在育善街，因此汕头阅报公所是否就是岭东阅报所？第二，《岭东日报》出版之后，《岭东日报》上的新闻或广告，均只提及汕头阅报公所（有时称汕头阅报所）或汕头阅报社，如果岭东阅报所影响那么大，为什么只字未提？第三，汕头阅报社是否就是原来的汕头阅报公所（又称汕头阅报所）？第四，岭东阅报所的负责人吴子寿也是汕头阅报社的负责人，那么岭东阅报所与汕头阅报社又是什么关系？

总之，岭东阅报所也好，汕头阅报公所或汕头阅报社也罢，阅报所的开设给汕头埠带来了读报的时代。

2. 汕头埠报业的滥觞

1902年3月和5月，《鮀江辑译局日报》和《岭东日报》先后在汕头埠出版发行，他们成为汕头埠报业的滥觞，从此汕头埠报业迅速发展。

汕头埠近现代报业的滥觞及发展，虽然至今未见跟西方传教士有直接关联的文献记载，却跟华侨有千丝万缕的关系。

中国历史上很早就有华人移居东南亚的记载，但大规模的移民却是19世纪之后的事。当时欧洲列强拓殖东南亚，需要大量的劳工。起先，列强多在中国东南沿海以招工的名义，欺骗、贩卖中国劳工到东南亚。鸦片战争之后，清政府准许华工出国，大量华工移民东南亚，潮侨就是这支移民的生力军。

随着潮侨在东南亚落地生根，他们从一开始主要从事各种出卖劳动力的工作，后来逐步参与工矿业、运输业、制造业、农业、商业、服务业以及金融业等领域的经营活动并建立自己的社团。

1904年，潮侨张永福、陈楚楠、林义顺等人，在新加坡创办《图南日报》，公开宣传孙中山的革命思想。他们同时亦来到汕头埠，在《岭东日报》上刊登广告，为《图南日报》在国内的发行做宣传[1]。1907年他们又在新加坡创办《中兴日报》，《中兴日报》随即成为南洋同盟会的机关报。《中兴日报》在发刊词中明确指出，其发行宗旨就是"开发民智，而使数百万华侨生其爱种爱国之思想

---

[1] 《岭东日报》，1904年6月21日。

也"。当时南洋的革命风气已渐开，所以"出版之日，我华侨莫不先睹为快，甚有趋至报社，鹄候出版，门以内满座，门以外途塞"①。

图14 孙中山与林义顺（前右）

图15 《图南日报》在《岭东日报》上刊登的广告

1907年在汕头埠出版发行的《新中华报》及之后改名出版的《中华新报》，同样跟华侨有密切的关系。1905年8月，孙中山在日本成立中国同盟会，当时正在日本留学的谢逸桥，积极参与同盟会的筹备工作，并成为同盟会首批会员。1906年，受孙中山委派，谢逸桥以同盟会岭东地区主盟人身份回国。回国后，谢逸桥在汕头潮汕铁路局任高级职员，他利用此有利身份，秘密进行"往来运械递信诸务"，为在潮汕地区发动武装起义作准备。1907年春，他创办了《新中华报》，名为宣传新学，实为进行公开的革命思想宣传和鼓动工作。黄冈起义失败后，《新中华报》被当局查封。谢逸桥只能先回梅县，之后到南洋继续进行革命活动。后为了宣传革命思想，他毅然从南洋重新回到汕头，于1908年4月17日，在梅州籍华侨丘燮亭、梁映堂、廖煜堂等鼎力支持下，于《新中华报》基础上改办《中华新报》。《中华新报》由梁千仞任社长，林百举任总编辑，同年8月底，陈去病来汕头，被聘为主笔。② 1909年春，陈去病因病辞职，遂由叶楚伧任主笔。③《中华新报》不但抨击清廷，还暗中传递革命消息，运送武器弹药，并作为联络海外志士的中转站。《中华新报》因陈去病、叶楚伧相继担任主笔，名声大振，蔚为岭

① 崔贵强：《中兴日报二三事》，转引自阚本旭：《清末民初时期潮汕报刊出版钩沉》，《图书馆论坛》2005年第6期。

② 林抗曾：《林一厂先生年表》，见《林一厂日记》，北京：中华书局2012年版，第892页。

③ 林抗曾：《林一厂先生年表》，见《林一厂日记》，北京：中华书局2012年版，第892页。

东乃至广东革命喉舌。报纸发行日盛，发行范围不仅包括岭东各地及广东省内外，还远播南洋各埠。发行量达13 500份，其中在海外华侨中发行达7 000份，这在当时的汕头埠是一份无论发行量或影响力都很大的报纸。

1902—1911年，十年间汕头埠先后有《鮀江辑译局日报》《岭东日报》《潮州白话报》《汕头公报》《潮报》《觉民钟报》《潮声》《双日画报》《新中华报》《中华新报》《图画新报》《观潮报》《晓钟日报》《民苏报》《鮀江潮》《岭东月报》等近20种报纸出版发行。

进入民国之后，汕头埠报业发展迅猛。以出版周期分有日报、双日报、三日报、周报、旬报、半月报甚至月报；以内容分有专题类的报纸，亦有综合类的报纸；以性质分有官办的，亦有民办的；以专业分有民生、商业、文化、政治、军事、华侨及侨务、卫生、宗教等；办报人可以是革命者，亦可以是政客；可以是文化人，亦可以是商人、医生、华侨、慈善家、军人甚至汉奸、特务等。总之，办报人各自以自己的办报目的、宗旨办报，宣传各自的价值观。据笔者不完全统计，从1911—1949年，38年间汕头埠出版各种报纸合计超过160种。这些报纸，发行时间长的有两三年、十几年，甚至二十几年；发行时间短的往往只有一年半载，甚至只有两三个月或更短。发行时间短的原因虽然各种各样，但归纳起来不外有两大原因：政见与经费。一些报纸甫一面世，便因其政见与当局发生冲突而被取缔或勒令停办；有些则因经费不敷而不得不歇业。

二、清末及民国汕头埠报业概况

（一）穗、港、沪等地报业对汕头埠报业的影响

前面已经谈到，中国近现代报业的发展，是随着西方军事、经济和文化等对我国的侵略而被动地发生和发展，汕头埠的报业当然也是在这种大环境下发生和发展起来的。但汕头作为一座新兴城市，其文化事业的形成及发展，同样受到当时与其在政治、经济和文化领域诸方面有密切联系的穗、港、沪等地的影响。具体有如下几方面：

1. 用方言入报

1876年3月30日，上海申报馆以"《申报》文字高深，非妇孺工人所能尽读"[①]为由，用上海方言出版附刊《民报》，被认为是我国最早的白话报。早期白话报的相关记载有1897年上海出版的《演义白话报》、1898年无锡出版的《无锡白话报》以及1903年12月19日在上海创办的《中国白话报》等，而1889年出版的"以汕头方言撰述"的《潮惠会报》和1903年出版的《潮州白话

---

① 戈公振：《中国报学史》，上海：上海古籍出版社2003年版，第89页。

报》并未得到史学界的注意和介绍。

如果说，1876 年 3 月 30 日上海申报馆以上海方言印行出版的《民报》，是为了让一些文墨不深的读者易于读懂报纸内容的话，那 1897 年之后出现在上海及江浙一带的方言报，则可以说是资产阶级维新派人士为了宣传维新变法思想和实现他们开通民智的主张所极力推广报纸白话化的结果。同样，1889 年出版的《潮惠会报》，是基督教为宣传教义而"以汕头方言撰述"，而 1903 年用潮语白话撰述的报纸《潮州白话报》，则明显是潮人中的开明人士为了启发民智而创办。用潮汕方言入报，是受到了上海、江浙等地方言报纸潮流的影响和启发。

现有的资料显示，自 1902 年汕头埠本地报业兴起后的第二年，用潮语白话撰述的报纸《潮州白话报》创办出版。出版时间与当时在全国影响极大的用上海方言撰述的《中国白话报》刚好相同，即光绪二十九年癸卯十一月初一（1903 年 12 月 19 日）。《潮州白话报》成为汕头埠已知最早的潮语白话报纸。《潮州白话报》先后总共出版了 11 期，历时 8 个月，终因各种原因于 1904 年 8 月停办。不过，其创办者曾杏村，这位汕头报业的先驱，于 1906 年 4 月 24 日，又在汕头埠创办了《潮声》。《潮声》同样以白话报形式出现，其影响早已超出了汕头埠，成为当时潮汕乃至东南亚的知名报纸。

《潮州白话报》的"新闻""传记""曲本""歌本""小说""选述"等栏目，都以潮语撰述。如歌本，就是潮州妇女所熟悉和喜欢的潮州歌册，七字一句，用潮州方言押韵；小说、歌本和曲本，语言形式上均是通俗易懂的潮州方言，内容上则是以史讽今，以唤醒国民及开通民智。正是这些通俗易懂又朗朗上口的歌本和曲本，使报纸更贴近广大普通民众，报纸因此亦颇受民众喜爱。

2. 报纸名称的借鉴

一个地方文化的形成与发展，自然有其自身发展的特点和规律。不过，现代报业作为西方文化传入中国，先是在沿海开放大城市，如上海、天津、广州、香港等地传播并流行。汕头作为新兴的沿海开放城市，报业起步比起上述城市来讲当然是比较晚的，向他们学习、交流和借鉴亦是一件很自然和免不了的事。如1899 年以"觉民"命名的报纸在上海出版，该报宣称"首以觉民为心"，故名"觉民报"①；1903 年，又一家以"觉民"命名的报纸在江苏金山（今属上海）创办出版。金山出版的《觉民》，是高旭（天梅）与其叔叔高燮（吹万）等人组织的觉民社编辑发行的月刊。《觉民》在其发刊词中声称："欲扫数千年之蛮风，不

图 16 《觉民报》报头（图片来源：戈公振《中国报学史》）

① 史和、姚福申、叶翠娣编：《中国近代报刊名录》，福州：福建人民出版社 1991 年版，第 272 页。

可不觉民；欲刺激国民之神经，使知合众爱国之理，不可不觉民。"① 《觉民》持有让国民觉醒为己任的理念，同时宣传资产阶级民族民主革命思想，反对清王朝的种族压迫和专制统治，在当时国内有很大影响。其创办者高旭、高燮，后来与柳亚子、陈去病等人成立了在中国近代史上具有重大影响的资产阶级革命文化团体——南社。故 1906 年高八乔在汕头埠创办的《觉民钟报》，明显是受上海《觉民》等报纸名称的启发，与此相类似的还有《晓钟日报》。《晓钟日报》的创办人之一吴宗慈，江西南丰人，是我国近代著名的历史学家、方志学家，光绪三十一年（1905）冬，毕业于广东饶平师范学堂。吴宗慈早年接受新学，反对清朝的专制统治，先后在蔡元培、章太炎主办的《警钟日报》及于右任的《民呼报》上撰文宣传民主和革命思想。《晓钟日报》就是他于 1909 年与友人铁姗在汕头埠创办的报纸。从《警钟日报》到《晓钟日报》，不难看出两者名称的因果关系。遗憾的是，《觉民钟报》和《晓钟日报》两种报纸至今未见实物报纸留世，至少在广东省内各大图书馆尚未发现。

图 17　《警钟日报》（图片来源：戈公振《中国报学史》）

---

① 史和、姚福申、叶翠娣编：《中国近代报刊名录》，福州：福建人民出版社 1991 年版，第 272 页。

其实，报纸的名称往往体现了办报人的办报宗旨和理念。清末，唤醒国人、启发民智成为许多有识之士的共同理念，故此在报纸名称上不同城市之间，常常出现相同或相近的报名。如以"醒"字为主题词的报刊，在1905—1911年的7年间，便有广州《醒报》（1905）、北京《醒报》（1906）、天津《醒报》（1911），天津《醒世画报》（1906）、北京《醒世画报》（1909），还有诸如天津《醒华报》（1908）、香港《醒国魂报》（1906）、杭州《醒钟报》（1909）、天津《醒俗报》（1909）、杭州《醒狮潮》（1911）和哈尔滨《醒民报》（1911）等。此外如"民权""民生"等理念，在清末乃至整个民国时期，都是国人心中的祈盼和追求，以此为名称的报纸在全国就更多了。创办于清末民初汕头埠的《民权报》《民生报》《民声日报》《公言日报》《晨钟报》等报纸，反过来亦成为中国报业史一个很好的注脚。

（二）成为辛亥革命和民主革命的宣传阵地

1. 宣传民主和革命成为清末及民国初报纸的主旋律

潮汕华侨在支持孙中山推翻清王朝的革命中，是一支不可或缺的生力军。他们不管是在南洋还是在国内，都积极支持孙中山领导的中国同盟会推翻清王朝的各种革命活动，如广州起义、黄冈起义、辛亥革命。期间涌现出像张永福、陈楚楠、林义顺、谢逸桥、谢良牧等杰出人物。他们除了进行武装起义，亦创办报纸宣传革命思想。如在新加坡创办了《图南日报》《中兴日报》，公开宣传孙中山推翻清政府的革命思想。在汕头，1907年他们创办了《新中华报》。黄冈起义失败后，《新中华报》被查封，他们又于1908年4月创办了《中华新报》。这次他们借用华侨的外籍身份注册，使清政府的地方官员不敢肆无忌惮地随便查封。从而让《中华新报》更加旗帜鲜明地反对清廷，宣传革命。《中华新报》随之成为同盟会在国内的一份重要报纸。1908年8月，因在杭州组织秋瑾遇难周年纪念活动而遭当地清吏追捕的陈去病受聘来到汕头担任主笔。陈去病原名庆林，字佩忍，号垂虹亭长，江苏吴江同里人，是南社创始人之一，1904年曾任上海《警钟日报》主笔。陈的加入，大大加强了《中华新报》的编辑力量，他在报上大力宣传革命，使其成为革命党人在岭南的一个重要宣传阵地。不久，陈因病辞职回上海，他推荐叶楚伧接任，叶楚伧于1909年春到汕接任《中华新报》主笔。[①]

---

① 林抗曾：《林百举与南社》。

图 18　孙中山在松口

图 19　陈去病

图 20　叶楚伧

　　陈去病返上海后，经常将南社社员诗文寄投《中华新报》发表，如 1909 年 5 月 15 日登载柳亚子词《满江红·祝〈民呼日报〉出版，用岳鄂王韵》，同年 6 月 17 日发表高天梅为本人诗集题的诗，抒发"誓将词笔挽山河"的志向与感奋，以文笔鼓吹革命主张。《中华新报》因此成为南社社员发表作品的重要阵地。

　　从 1902—1911 年，汕头埠虽先后有近 20 家报纸出版发行，但目前能见到的实物不过六七种。在这六七种报纸中，《新中华报》及之后的《中华新报》旗帜鲜明地反对清廷的立场自不待说，另外的 5 种报纸，至少超过一半具有明显地支持社会变革、同情革命甚至反对清朝腐败政府继续统治的倾向。如《潮声》所刊登的内容针砭时弊，常常刺痛统治者的神经，创办一年左右便被迫停办；《双日画报》报道光绪帝的死因是被毒毙，触怒清廷而被查封，创办人曾杏村亦被捕入狱；《图画新报》亦曾因报道革命党人起义或刺杀清廷官员等新闻而被勒令停办。

或许有人会问，清末汕头埠这座新兴的埠市，短短十年便先后出现了近20家报纸，远比同是通商口岸的厦门、福州、宁波、营口、烟台、台南、淡水、琼州、九江等城市多得多，而且还具有一定的政治影响，原因是什么？我想，正是因《新中华报》《中华新报》《潮声》《双日画报》和《图画新报》等报纸的政治倾向过于明显，他们不仅宣传变革的思想，还同情革命；他们所报道的新闻，发表的论说，刺痛了地方官员的神经；他们所揭露的各种社会弊端，亦常常触及统治者的利益，甚至危及他们的统治，因而不是被勒令停办，就是被取缔或查封。但是，今天被政府查封，过些时候变换个报名又可以重新出版，这或许就是其报纸数量众多的原因之一。

2. 敢于痛陈时弊，揭露弊端，暴露愚昧和黑暗

清朝末年，开明人士创办报纸，目的就是要开启民智，宣传维新变法思想及西方科学和民主思想，而面对社会的腐朽、黑暗和愚昧，他们深恶痛绝，故敢于揭露弊端，暴露愚昧，自然成为有识之士的责任或文化自觉。除了像《新中华报》或《中华新报》这样持旗帜鲜明的反清立场的报纸，敢于借题发挥，痛陈时弊的亦不在少数。《岭东日报》《潮声》《图画新报》等报纸，便不时有揭露社会黑暗或痛陈时弊、暴露愚昧的文字见诸报端。如《岭东日报》宣统元年二月初一（1909年2月20日）的论说，题目"论潮人之勇于事神昧于实益之非"，作者警醒氏对潮人沉迷于事神而不醒深感痛心疾首。"今者吾潮尚在睡梦之中，诸般实业未举……迷信之风日长。事神之兴益奢，每一神游所费，小则一万数千金，大则或至数十万金。竞相奢靡，倾家不计。省衣节食，专为是务。"《潮声》第8期的"潮纪"中，有一则报道《好个来歹个去》，就是揭露汕头埠那些说来就来说去就去的地痞流氓，文中写道："本埠地方，本来杂沓，更兼风气不好，许班食蛇配虎血个，就窝娼妓，开排馆。又因为赌钱打做正饷，更有零个平日叫做开通个，也去在物来物去。近来孙军门到潮州一吓，欲认真办理，许撮野恶，去到稍甚个，走到辟直走不去个，总是只班人。平日听来听去，都多过地个一吓，欲掠就少少。无非敢实在，是放落屠刀，就做罗汉，正会使到人，只见佛面不见贼面哪？奇怪！"

曾杏村出任《图画新报》主笔后，仍然发扬其耿直敢言的办报风格，报纸语言虽然不再沿用潮语白话，但内容同样常常言别人之不敢言，新闻也常常用夹叙夹议或加编者按语等方式，抨击时弊，揭露愚昧。如在第187期《图画新报》"岭东新闻"版中，登载了一条题为"澄邑宰之求雨"的新闻：

澄海范大令，以天时亢旱，遵例于上月廿七八九等日，在城隍庙北帝楼地方，设坛祈雨，并禁屠宰三天，迨至第三日之晚，果然浓云密布，雷电闪烁，雨声也接续随之而下。虽未能满农人之望，而得一滴数点，也可谓久旱逢甘也。按求雨救日救月之事，在中国古时则然，而当此科学昌明时代犹复沿此陋习，以愚黔首，是真不值识者之一笑也。

汕头埠当时虽已成立自治镇，然仍属澄海县管辖，这则新闻如此取笑县令大人，可见曾、吴二君之胆量。

此外，利用歌谣或曲本等形式来宣传科学，揭露迷信，亦是清末报纸的一大特色。如《潮州白话报》上以连载形式发表的曲本《山西风水案》，《潮声》第7期的歌谣《降乩骗人歌》等，都是利用民众喜闻乐见的形式来表达，收到很好的效果。

（三）华侨文化、商埠文化及地方文化特色

1. 华侨文化特色

如果说，潮汕华侨是中国近现代革命的生力军，在清末他们积极支持和参加孙中山推翻清王朝的革命活动，在抗战时期他们又无私地支援祖国人民抗击日本帝国主义的野蛮侵略。那么，汕头埠报业的发展，华侨同样亦是一支不可或缺的生力军。可以说，汕头埠自清末至民国的报业，到处都有华侨的身影。或是华侨亲自创办并经营报纸，如清末的《新中华报》《中华新报》《鮀江潮》，民国的《星华日报》《南潮日报》《泰斗报》《泰斗日报》；或是以华侨为主题的报纸，如《侨声报》《华侨新闻报》《华侨日报》。即使是综合性的日报、双日报，亦大多开设有专门版面报道侨讯侨闻，如《岭东日报》自1905年起开设"南洋通信"，《大岭东日报》和《汕头晨报》分别开设有"华侨近闻"及"华侨近讯"，《汕报》在"二战"后复刊甚至还设"侨务指导"专版等，这些无不浸透着华侨文化的特色。

《星华日报》无疑是华侨报业在汕头埠乃至全国华侨报业界的杰出代表。胡文虎于1929年1月在新加坡发刊的《星洲日报》，是他独资创办的第一份星系报纸。两年之后，1931年7月10日，他又在汕头创办《星华日报》，《星华日报》遂成为星系报业在中国国内创办的首份报纸。1935年9月，《星光日报》在厦门出版，1938年《星岛日报》在香港出版。之后，《星槟日报》《星仰日报》《星巴日报》《星闽日报》《星沪日报》《星暹日报》等星系报纸相继在东南亚和中国的福州、上海等地出版。

为配合宣传抗战，《星华日报》于1932年3月11日发表时任总编赖竹君亲自撰写的社论《华侨与抗战》。论述华侨虽为"求新生路，遂生聚于异域"，但

华侨亦"深知非革命无以振兴中国，中国不能振兴，华侨即永不得保护"。故辛亥革命，华侨"输财助饷，不遗余力"，腐败的清政府得以推翻。而如今，暴日侵略我大好河山，"海外侨胞闻之心胆俱裂"。故"上海事变，我十九路军，屡歼暴寇，全球震惊，我侨胞遂听捷音，欣喜若狂"，"虽于商业萧条，生计万分艰难之时，犹愿节衣缩食，踊跃寄款，助军抗敌"，为的就是愿我抗战早日胜利。

《星华日报》强调办报纸应该有自己的报格，而报纸要具备高尚报格，办报

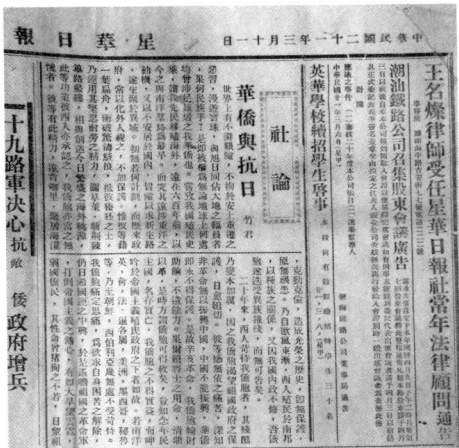

图21　社论《华侨与抗日》

人首先应有高尚的人格。"富贵不能淫，威武不能屈，固报格之卓卓者，然要保持此种卓卓之报格，凡报业圈内人，均应每个先保持自己人格才能产生高尚报格。""报纸为传播政治、经济、学术、教育、交通、建设、党务等消息之工具，同时亦为灌输前项知识之利器。使命与天职如斯重大，不有报格，将何以完成其天职与使命！"《星华日报》正是因为有一帮爱国爱乡的报人，以其高尚的人格魅力，使该报在当时竞争激烈的汕头埠报业界脱颖而出。

《星华日报》无论在20世纪30年代，还是在1945年抗战胜利后重新出版，均设有华侨专栏、专版，如华侨在侨居国的文化、教育、经济、政治及生活、生产活动等方面，以及如何帮助祖国抗战、战后重建家园等的报道，向来都是占有一席之地。如《暹罗华侨教育备受摧残》（1934年8月24日）、《实兆远兴天定州（马来亚）华校之概况》（1935年12月3日）、《棉兰华侨社团调查》（1934年2月7日）、《海防土人排华惨案尚悬未了》（1935年9月8日）、《暹罗华侨义勇军回国杀敌》（1932年6月8日）、《宣慰荷印华侨》（1946年10月4日社论）等。

大型综合性日报《南声报》，其第三版基本是华侨版，有"华侨人物连载""华侨经济介绍"，还有"俚人俚语"，主要介绍华侨眼中东南亚各国不同的风土人情等。"华侨人物连载"登载了由早年追随孙中山先生革命、创办泰国中华会馆的著名揭阳籍侨领郑省一创作的华侨人物传记《华侨二哥丰小传》，"华侨经济介绍"曾介绍过自"二战"及战后在越南华侨的经济状况和经济危机。"俚人俚语"则登载了郑省一的另一篇有关泰国风俗的文章《中流砥柱》。

"南洋侨讯"是《华侨日报》最有特色的栏目，该栏目在东南亚各国聘有特约记者和通讯员，及时将当地华侨在经济、文化、政治等方方面面的新闻及各国政府对华侨政策、规章作报道。如"二战"胜利后，马来亚粮食奇缺，华侨社

团便自发组织到泰国购米，1946年11月11日的"南洋侨讯"便以"马来各地中华总商会组织商办购米团赴暹购米供应居民"为题作报道，同期侨讯还报道了新加坡移民局局长就华侨入境必须担保以及马来潮州会馆大会提议侨产应由原价赎回等新闻。又如1946年11月15日的"南洋侨讯"，则报道了马来联邦华商联会就敦请政府改善米粮、政治机构变更必须先征询各族人士、每年十月十日为马来亚公共假期等向政府的提案。

图22　《星华日报》"请政府改善米粮"的报道

2. 商埠文化特色

汕头之所以能在第二次鸦片战争之后被西方列强看中而成为华南沿海的开放埠市，原因便是汕头埠在1860年之前已经是一座小有名气的商埠和海港了。早在咸丰四年（1854），漳州和潮州船商便在汕头埠创办了漳潮会馆，成为汕头埠最早的贸易场所及商业管理机构。1860年开埠之后，汕头的商埠定位更加明确，发展亦更加迅速。商埠经济催生了商埠文化。汕头埠报业从清末诞生到民国年间的蓬勃发展，都呈现出浓浓的商埠文化特色。

图 23　漳潮会馆

　　我们如果稍加注意便会发现，在汕头埠，从清末到民国那些能够经营得较为长久的报纸，除了官方报纸《岭东民国日报》外，都跟商界有密切的关系。他们或在商会的资助下成为商会利益的代言者，或创办人本身就是实力雄厚的大商人。前者如清末的《岭东日报》和民国的《商报》，后者如民国的《星华日报》。《岭东日报》自 1902 年创办至 1909 年停办，历时八年多，是汕头埠清末经营时间最长的一家报纸，这跟当时它先后得到汕头万年丰会馆、六邑会馆和汕头总商会的支持是分不开的；《商报》创办于 1925 年，创办人是江梦非，在 1926 年前，王延康是主编。另一家《商报》创办于 1936 年，创办人是汕头总商会常务理事张华馀。《星华日报》从 1931 年创刊一直经营至新中国成立，与胡文虎的支持是分不开的。

　　报纸的商埠文化，最直观的体现便是报纸的名称了。如《潮商公报》（1923）、《商报》（1925）、《商业晚刊》（1927）、《国货周报》（1929）、《商民新闻报》（1929）、《商业时报》（1931）等，从报纸的名称便可知道其报纸的文化属性。

　　报纸版面的设置，也让人感受到鲜明的商业氛围。像《商报》这种大型的专业性商业报纸，除设固定的"商情"专版外，另辟"本市行情""经济新闻""一周行情"等栏目自不待说，其他许多大型综合性报纸，亦均设有固定的商业或金融信息的版面。如《正报》开设"金融市况"；《光华日报》设"经济·商业"版，并固定在星期二出版，内容为国内外经济、金融、财政、贸易、工商业等；《建国日报》设"经济新闻""建国商情"（包括商情、商品价格、交通指南）；《南声报》设"经济、福利与交通"。就连《岭东民国日报》这样的国民党官方报纸，同样设有固定的经济新闻。

报纸的广告，同样体现了浓烈的商业文化气息。报纸刊登广告，是报社重要的经济收入之一，亦是许多报社办报的重要资金来源。从清末到民国，报纸可说是唯一一种大众宣传媒体，一个地方的商业发展，当然离不开报纸广告的宣传。汕头埠作为一座商埠城市，大量刊登各种商业广告的需求，成为地方报业繁荣的一个重要经济基础。像《鮀江辑译局日报》和《岭东日报》这两份汕头埠最早创办的报纸，每天出版的报纸有 8 个版面，其中 4 个版面固定全部刊登广告，另外 4 个版面有时还插有广告。到了民国时期的报纸，日报每天出报 12 个版面，一半版面刊登广告是再平常不过的事了。

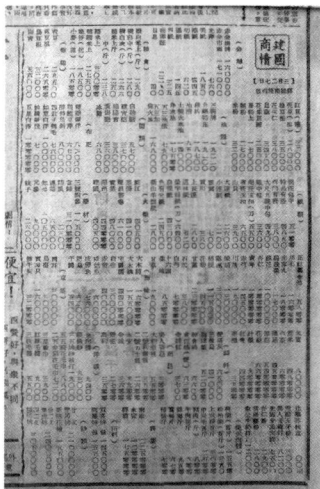

图 24　《建国日报》商情

3. 地方文化特色

从清末到民国，汕头埠报纸的最大特色就是具有浓郁的区域文化或者说地方文化色彩。

首先体现出来的就是报纸的名称，如《鮀江辑译局日报》《岭东日报》《潮声》《潮州白话报》《汕头公报》《汕头晨报》《汕头时报》《汕头早报》《汕头晚报》《潮梅日报》《潮梅新报》《鮀江春报》等，一看便可知是地方的报纸。当然，作为地方出版的报纸，读者对象绝大多数亦是地方读者，故从清末最早的报纸到民国时期的报纸，几乎都开辟有地方新闻版面。如清末的《鮀江辑译局日报》开设"潮属纪闻"，《岭东日报》开设"潮嘉新闻"，就连面向全国及南洋华侨的《中华新报》，同样开设了"岭东纪闻"。

民国时期的汕头埠报纸，除了开设地方新闻版面，还常常开设专门刊载地方文化的专栏或副刊。《民声日报》副刊《博闻录》，经常刊登一些具有浓烈地方文化色彩的连载，如温丹铭的《广东新通志列传稿》、温克中的《广东新通志宦绩录稿》、翁辉东的《潮语雅训》以及秋风的《潮州俗语考》等。《新声报》副刊最初名《韩潮》，1949 年后改为《小公园》；《天行报晚刊》第三版的"潮人潮事"专栏，主要是对潮籍名人、政要的任免以及参与各项文化或时政活动等作跟踪报道，亦颇具地方特色。

图 25　《博闻录》

值得一提的是，一些大型的跨区域报纸如《和平日报》《大光报》《光明日报》等报纸落户汕头埠后，同样注重对地方文化的报道或刊载。

《和平日报》（汕头版）为对开四版日报，其第一版刊登国内外主要新闻及社论。第二版设有"潮汕纵横谈"，主要刊载潮汕各地新闻，此外还有金融、市场行情及广告。

《大光报》（汕头版）开设的"专论"，则多刊登潮汕著名学者对文化的有关论述，如1949年3月14日谢礼智的《柴头戏——提线傀儡》（潮州民间艺术），1948年3月14—15日萧遥天的《佛说与爱情》，还有张竞生的《山的面面观》（1948年2月28日—1948年4月25日连载），萧遥天《潮州戏剧志长编》（1948年12月9日—1948年12月25日分17期刊登）。在《火流》副刊中，潮汕文化亦占有重要的一席之地。如翁子光的《潮州先贤轶事》连载、林仔肩的《潮州俗语韵对》连载，还有王显诏画作介绍，罗铭、林逸画展特刊等。值得一提的是张竞生的《新食经》连载。张竞生一向关注民生问题，其对民众的衣、食、住、行、生、老、病、死，均有论述。他写过两本食经专著，《新食经》是第二本，《新食经》用最通俗的语言，从植物性食物的维生素构成与营养价值、

图26 萧遥天《潮州戏剧志长编》

饮食与健康、食物配搭与膳食方法等切入，引导读者如何摆正食肉是富人，食粮、菜、薯是穷人的不正确观点。全书分为："食的革命与医药革命""小孩老人与病者食法""食与运动及内分泌""食与性情及色欲""绝食与精神食法""饥民食法——盐与水的利用""素食果食的根本食谱""主妇须知——厨房学"等八章，自1948年6月起，《火流》副刊专为这位潮籍哲学博士的新作作连载。1949年1月《新食经》由大光报社结集出版发行。此外，《大光报》还于1946年11月，分别跟南华学院文史系文史学会和潮州修志委员会联合开设《文史周刊》和《方志旬刊》。

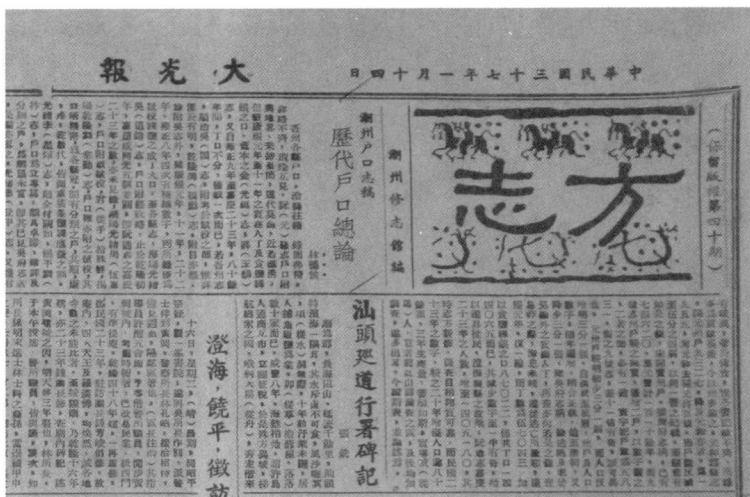

图27　《方志周刊》

　　1945 年抗战胜利后，汕头市文艺界在日伪政权六年多的奴化统治下，乌烟瘴气，敌伪时期遗留下来的几个剧社，经常演出一些低级下流的戏剧，其他文化艺术也一潭死水，毫无生气。这使重回汕头文化界的艺术进步人士十分反感。《光明日报》副刊编辑林紫、黄雨等人遂拟在副刊版上开辟相应的地方文化和文艺专版，以祈介绍、宣传、引导和普及健康向上的地方文化。

　　1945 年 10 月，创办不到一周的《光明日报》副刊，便发起"八年的潮汕"征文活动。编者在征文启事中说征文目的是"为了搜集潮汕抗战史料，鼓励读者写作"。征文内容包括：抗战八年的潮汕农村经济演变、土地关系、农民生活；沦陷区的人民生活（包括敌人的统治政策、汉奸的罪行及其下场，汕头、澄海、潮安、潮阳等地沦陷区生活报道）；战争与天灾（包括 1943 年潮汕的米荒、霍乱）；流亡在兴梅、江西各地潮民生活报道；华侨家属的生活；妇女的命运以及政治、军事、文化、教育和其他等七大方面。征文启事刊出后，得到社会各界的热烈反应，一些读者写信给编辑部，交流自己的感想，编辑部也及时在副刊版上以"编者短简"的方式给予公开回应。

　　《光明日报》的"文艺"版，还刊载了关于潮剧改革和潮州方言文学研究的文章，如 1948 年 8 月 26 日刊登麦海的《谈潮剧改造》，1948 年 10 月 28 日刊登丹木的《论潮州歌谣》等。

　　值得一提的是，1948 年 10 月 8 日，"文艺"版刊登有关潮州方言文艺创作的文章《怎样建立潮州方言文学——潮州方言文学第一次座谈记录》。据郭马风、吴奎信的《近现代潮汕民间文学》一书载，当时专门讨论歌谣和大众诗歌创作的座谈会有七八次，但"目前能见到的只有 1948 年（戊子）1 月 10 日第二次座谈会《潮州歌谣的探讨》的记录排印稿"。故此，《怎样建立潮州方言文学——潮州方言文学第一次座谈记录》，可以说是潮州方言文学组活动史料的新发现，是研究潮州方言文学的难得史料。

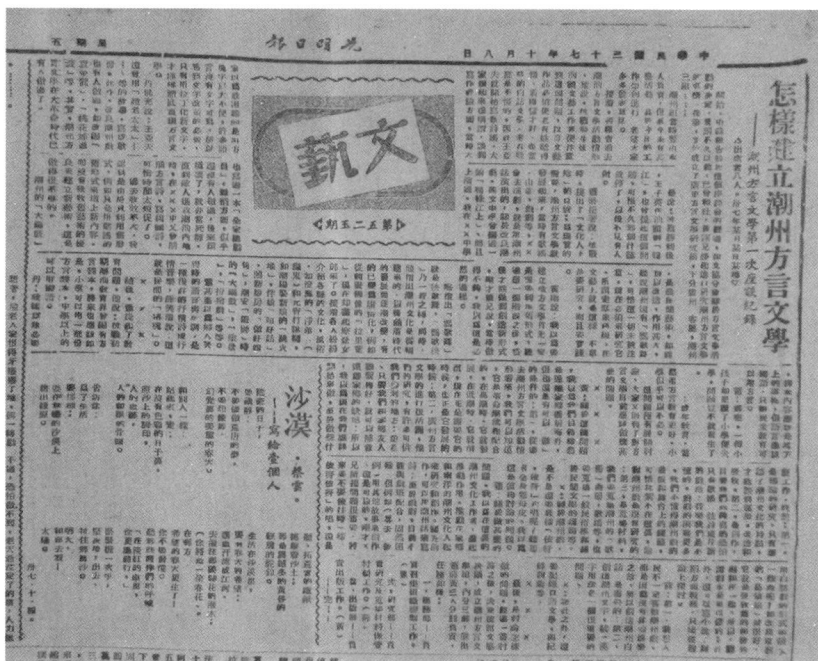

图28　《光明日报》刊登《怎样建立潮州方言文学——潮州方言文学第一次座谈记录》

第二章
清末汕头埠报业

《鮀江辑译局日报》

1902 年 5 月，主张维新的知识人杨沅（季岳）、何士果（寿朋）、陈云秋、温丹铭（廷敬）等人，在汕头埠育善街创办《岭东日报》。

《岭东日报》自光绪二十八年（1902）创办至宣统元年（1909）停办，历时八年，是清末汕头埠发行时间最长的报纸。该报以主张维新变法为己任，宣传、介绍欧洲政治制度和民主，坚持"论列时事乃报纸之天职"，因此报纸不仅在汕头本地受读者喜爱，其影响亦遍及潮汕乃至东南亚。或许正是《岭东日报》在汕头乃至潮汕的知名度，因此其至今一直被文史界认为是汕头埠第一家地方创办的中文报纸。

然而，当笔者看到了另一份清末在汕头出版的报纸之后，不得不对此提法产生怀疑。笔者见到的这张报纸名叫"鮀江辑译局日报"，报头上端写"本局设在汕头德兴市"。

图 1　《鮀江辑译局日报》报头

报纸用对开纸双面印刷，沿对开纸的中间线留出十字白边，裁切开来便成四张八开共八版报纸。

报纸虽然有八个版面，但却只有四个版面有新闻报道或其他文章，另四个版面全是广告。报纸正面（即有报头的一面），自右上角按逆时针顺序排序的四个版面分别是：报头名称及广告版、第一版、第二版、第三版；反面四版，同样自右上角逆时针顺序排序的四个版面分别是：广告版、第四版、广告版、广告版。这样，正面报头版的对应背面就是第四版，其他三个版面的对应背面亦分别对应一个广告版面。有新闻或其他文章的版面，中间便留有鱼尾的装订空格和编序数字如"一"或"二"等，其相应的背面即广告的一面中间不留空隔，也不编序。这样一来，如果按预留空隔一面装订成册，广告便会被装订在书页内侧。

报纸版面的栏目设置及顺序大致是"本局特电""折件选录""论说杂著""潮属纪闻""粤省纪闻""京省纪闻"和"各国纪闻"等，每期依据内容多寡而定。

有趣的是，第一版除了报头名称、报社地址、日期、报纸编号等信息外，其余全部是广告，故中间也是不留空隔的，其背面的编序为"四"，内容是"各国纪闻"。因此，若按有内容的一面对折，报头便会被折在内侧看不见了。

图2　报纸正面（即第一版）

图3　报纸背面（即第四版）

谢雪影在《汕头指南》中，对清末的汕头报业，具体报名只提及《岭东日报》《潮声》《图画日报》和《中华新报》等几家，之后便说："自此以后，办报者实繁有徒。于是观潮、民甦、潮声、鮀江等报，陆续出版"①。"鮀江"两字，很不具体，是鮀江什么报？没有进一步说明，且从文字叙述顺序看，鮀江排在"观潮"等宣统年间报纸之后，可见其所指的"鮀江"应该不是指《鮀江旬报》《鮀江辑译报》或《鮀江公理报》，更不是《鮀江辑译局日报》，而有可能是宣统年间的《鮀江潮》。史和等编的《中国近代报刊名录》，虽然著录《鮀江旬报》《鮀江辑译报》《鮀江公理报》和《鮀江潮》②等有"鮀江"两字的报纸及

① 谢雪影：《汕头指南》，汕头：汕头时事通讯社1933年版，第115页。
② 史和、姚福申、叶翠娣编：《中国近代报刊名录》，福州：福建人民出版社1991年版，第338～339页。

其创办时间，但也未见《鮀江辑译局日报》之名。

在《中国近代报刊名录》一书中，只说《鮀江旬报》的创办时间是1902年，没具体说明哪月出版。因编者并未见实物，只是从1905年《大公报》上连载的《报界最近调查表》中转录①，惜为孤证。《鮀江辑译报》和《鮀江公理报》的创办时间则分别是1903年和1904年，且注明后者是由前者改名而来的。

王琳乾在《汕头市新闻史料拾零》一文中，对《鮀江辑译报》的描述只有一句话，"《鮀江辑译报》（后改《鮀江公理报》）1903年创办，主持人袁守明"②。文中没有说明该报的报社地址，倒是在《中国近代报刊名录》中，对《鮀江辑译报》有说明报社地址是德兴街③。

前面说到，《鮀江辑译局日报》的局址（社址）在德兴市，德兴街和德兴市，虽有一字之差，但指的应该是同一地方。因为在1903年前后的汕头埠，虽然已是一座国际性开放埠市，但城市建成面积不过几平方公里，许多街路都是在民国后特别是1921年建市之后才建成的。汕头开埠后，便以商贸为特色。德兴街地方，当年应该亦是集市繁华之地。还有，《鮀江辑译报》有可能就是《鮀江辑译局日报》的简称，就如《岭东日报》习称《岭东报》④，"鮀江辑译局日报"读起来不如"鮀江辑译报"顺口。如果前面这两方面推测成立的话，《鮀江辑译报》就是《鮀江辑译局日报》的简称，那么，《鮀江辑译报》创办于1903年这一说法又成问题了。

图4　《鮀江辑译局日报》

笔者见到的这期《鮀江辑译局日报》（见图4），出版日期是"大清光绪二十八年四月十九日（西历一千九百零二年五月廿六日礼拜一）"，报纸流水编号是"日报第56号"。"56号"即是已经出报56期，日报每天出报，56期就是56天。若以1902年5月26日第56期反推，不算休假日停报，即是1902年4月1日为第一期。但笔者注意到报纸正面右边纸印有一行字："昨日寒暑针　晨八十四度午八十六度　西八十三度　虚房星昴日停"字样。"虚、房、星、昴"是中国传统天文历法中的二十八宿中的四个宿名，"虚房星昴日停"的意思就是每逢

① 史和、姚福申、叶翠娣编：《中国近代报刊名录》，福州：福建人民出版社1991年版，第338~339页。
② 陈汉初主编：《汕头文史资料精选·文教卫体卷》，香港：天马出版有限公司2009年版，第453页。
③ 陈汉初主编：《汕头文史资料精选·文教卫体卷》，香港：天马出版有限公司2009年版，第453页。
④ 陈龙庆在光绪三十三年（1907）《龙泉岩游集·重九旅行记》中有"汕头蕞尔微区耳，而岭东报、公报、潮报三家鼎足并峙，潮声报则以浅白文字为一般社会说法"。"岭东报"即《岭东日报》之简称。

"虚日""房日""星日"和"昴日"停出报纸一天。

1860年后，西风东渐，基督教传教士不仅把"洋教"传到中国各地，也把礼拜日休息的习惯传到我国。特别是维新运动兴起以后，民间人士开始兴办新式学堂，城市的商贾、工贸、文娱等也需要一定的作息规律。起初，他们是按"汉唐休沐之制"，以一旬十天为休息之期，后来干脆参照西方人的这种定期习俗，仿行"礼拜七日一息"制度。但为了避免效法西教、"以夷变夏"之嫌，于是遂依据中国传统天文历法中的二十八宿值日法，以虚、房、星、昴四日对应西人每月的四个礼拜天，而将礼拜称为"星期"，使这个本来充满基督教色彩的西洋化的作息习惯名称，一变而为只代表天象时间意义的中国化的习俗名称。

故此，《鮀江辑译局日报》的出版周期可以确定为每周出报六期，逢星期日停报一天。故以1902年5月26日第56期反推，则第1期是1902年3月22日。

而《岭东日报》的具体创办时间是哪年哪月哪日呢？请先看下面摘录的三段文字：

王琳乾、邓特主编的《汕头市志》卷六十六《新闻出版、广播、电视》的第一章《报纸》之第一节《清朝末年的报纸》这样写："汕头的《岭东日报》，于清光绪二十七年（1901）创办，主持人杨季岳，发行所设于育善街，这是汕头创办的第一家报纸……"①

王琳乾的《汕头市新闻史料拾零》②又这样写："汕头有报纸，始于1902年5月。""《岭东日报》（主持人杨季岳）创办于公元1902年5月5日（清光绪二十八年三月二十八日岁壬寅）。报馆设在育善街。该报每份售钱十二文，每逢房云（云，应是"虚"之误——笔者注）星昴停派。该报每期出8开白报纸4页，每页中留折缝，可折订成十六开本的册子。在8版中，有一版尽是广告启事，余则登有论说、上谕、时事辑要……"

鲁本斯的《辛亥革命时期潮汕报刊一隅》③一文中提到，《岭东日报》的创办日期则是："公元1902年5月18日（清光绪二十八年四月十一）创刊……主持人杨源（字季岳，梅县人），每日出报纸一大张，逢星期六停派。"

三则文字，便有三个不同的首发日期。其中前两段文字均出自王琳乾先生。1901年说显然没有依据，而"1902年5月5日"与鲁本斯先生的"1902年5月18日"接近。而从王琳乾先生文中有"在8版中，有一版尽是广告启事，余则登有论说、上谕、时事辑要……"及鲁本斯先生的"每日出报纸一大张，逢星期六停派"两段描述，说明他们应该没有见过完整的《岭东日报》原报，至少是没有对该报各版之间内容进行考证。

---

① 王琳乾、邓特主编：《汕头市志》第四册，北京：新华出版社1999年版，第315页。
② 陈汉初主编：《汕头文史资料精选·文教卫体卷》，香港：天马出版有限公司2009年版，第453页。
③ 陈汉初主编：《汕头文史资料精选·文教卫体卷》，香港：天马出版有限公司2009年版，第440页。

《岭东日报》每天出版 8 开报纸 4 张，双面印刷共 8 个版面。为了印刷方便，4 张报纸用一张对开纸印刷，跟《鮀江辑译局日报》一样，印好的报纸，在整张的中间留出十字白边，裁切开来便成 4 张 8 开共 8 版报纸。但并不是如王文所说"在 8 版中，有一版尽是广告启事，余则登有论说、上谕、时事辑要……"，而是跟《鮀江辑译局日报》相同，只有四个版面分别刊载论说、上谕、时事辑要、潮嘉新闻等新闻内容，其余四个版面均是广告版面。从实物观察，其版面安排跟《鮀江辑译局日报》大体相同，但亦略有不同。笔者从所看到的《岭东日报》实物，发现有两种版面安排，我们暂且称为甲种和乙种。甲种：正面自左上角按逆时针顺序分别为报头及广告版、第一版、第二版、广告版，背面自左上角按逆时针顺序分别为第三版、广告版、广告版、第四版；乙种：正面自左上角按逆时针顺序分别为报头及广告版、第一版、第二版、广告版，背面自左上角按逆时针顺序分别为第四版、广告版、广告版、第三版。即是说，甲种和乙种的正面都相同，其区别在背面，具体看图 5、6 便知。

《鮀江辑译局日报》和《岭东日报》两种报纸的版面安排，外观上大体相同，目前所看到的《鮀江辑译局日报》，出版时间是 1902 年 5 月，其正面四个版，有三个版安排各种新闻栏目，只有一个版面是广告版；而背面则反过来，只有一个版面安排新闻内容，另三个版面均为广告版面。《岭东日报》两种版面安排，笔者所看到的是未裁切全张，是在 1906 年 3 至 11 月间出版的，其正面和反面均有两个版面安排新闻栏目，另两个版面为广告版。这样的版面安排更加均衡、合理，这或许是《岭东日报》对《鮀江辑译局日报》版面的借鉴和修正。

第三版	第四版
广告版	广告版

图 5 《岭东日报》背面，甲种

第四版	第三版
广告版	广告版

图 6 《岭东日报》背面，乙种

至于鲁本斯先生说的《岭东日报》"每日出报纸一大张，逢星期六停派"，也不正确。《岭东日报》每天出版 4 张 8 开报，虽然是印成一大张，但必须裁切开来才能阅读，因为一大张之间，上下文字是互为对倒的，且顺序亦跨越正背面，不裁切开来，阅读很不方便（这也许正是目前所看到的《岭东日报》基本都是 8 开装订本，未裁切原报极少见的原因）。此外，该报是"每逢房虚星昴停派"（王琳乾语），即是星期天而不是星期六停派。

故此，所谓"1902年5月5日"和"1902年5月18日"，应该都是依据报纸期号推算出来的。

笔者所见的现存最早一期的《岭东日报》，发行日期是1902年7月15日，期号是"日报第六十三号"，报纸右边也有"每逢房虚星昴停派"字样，故以此反推，其第一期则应是在1902年5月3日发行。很明显，《鮀江辑译局日报》第一期的发行时间为1902年3月22日，比《岭东日报》第一期早40多天。

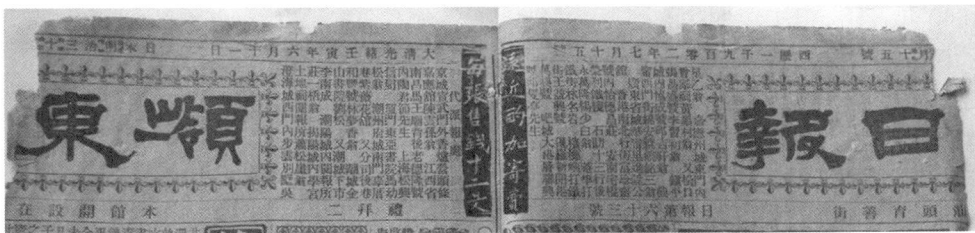

图7　《岭东日报》报头

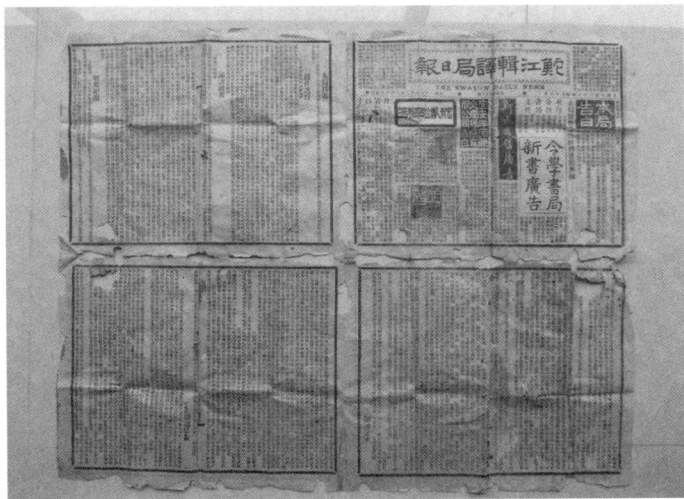

图8　《鮀江辑译局日报》未裁切全张

《岭东日报》

清朝末年，政府的腐败无能致使祖国河山屡被列强侵略，1840 年及 1858 年爆发的两次鸦片战争清政府战败，中国国门终被打开。1860 年汕头开埠，1862 年英国蒸汽轮船进入汕头港，1867 年汕头跟新加坡等东南亚地区开通了蒸汽轮船航线，汕头港很快成为粤东及闽南地区重要的经贸港口。华工出洋再也不用到樟林港乘红头船，而是可以直接在汕头港乘坐机器轮船，归国的侨胞也多从国外乘坐蒸汽轮船到汕头，再转内地。欧美列强一方面通过汕头港做经贸生意，另一方面又在汕头埠建教堂，

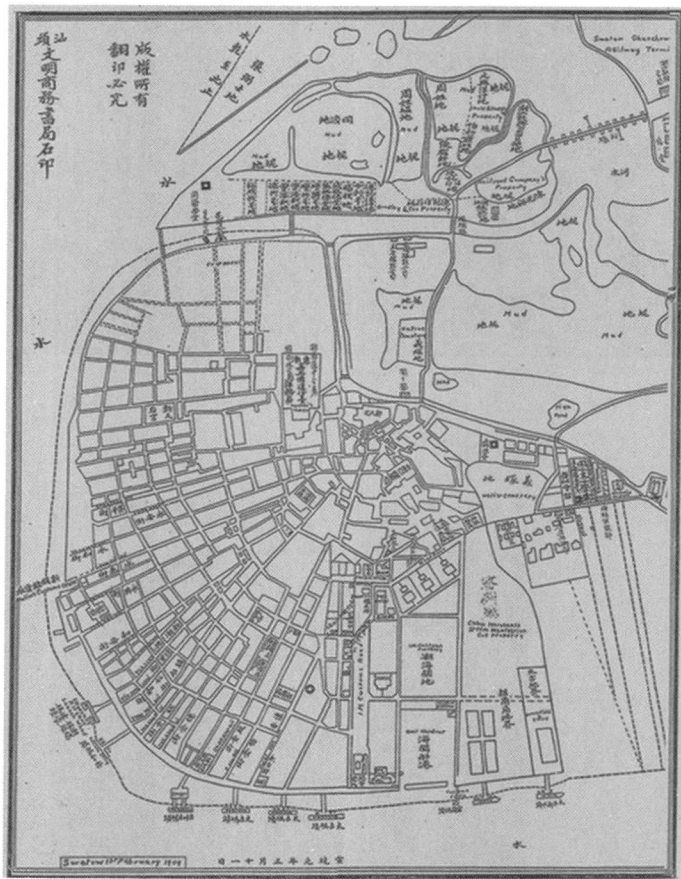

图 9　1909 年汕头埠地图

办学校，实行文化侵略。然而，随着汕头埠的开放，东西方文化在这里交融、碰撞、融合，客观上也使汕头埠很快成为粤东地区的经济及文化中心。文化的交融、碰撞，自然也激发了人们思想的活跃和创新。

1894 年，中日甲午战争爆发，北洋水师惨败，举国激愤。面对国家生死存亡的危机，为寻求兴邦之路，许多爱国志士主张变法维新。在汕头，一些有识之士，或办新学，或办报馆，目的都在于启发民智。

1901 年，丘逢甲、温仲和、何寿朋、温廷敬等师友在汕头创办"岭东同文学堂"，"以欧西新法教育青年"，开粤东新学先声。几乎与此同时，曾杏村、吴

子寿等人利用汕头毗邻香港等地，海上
交通便利的优势，采集香港、上海等地
报纸，在汕头埠育善街开设阅报所，供
人阅览①，并很快拥有了一定数量的读
者，备受欢迎。

1902 年 5 月 3 日，主张维新的知识
人杨沅（季岳），以及何士果（寿朋）、
陈云秋、温廷敬（丹铭）等人，在汕头
育善街创办《岭东日报》。

《岭东日报》创办后，温廷敬被推举
出任笔政，编辑先后还有曾杏村、苏大
山、徐昌国等人。温廷敬和杨源都是清
末潮汕主张变法维新的爱国人士，他们
积极展开维新变法的宣传，主动介绍西
欧政治制度以及发表对地方改革的意见。
他们满怀救国救民的热忱，认为"论列
时事乃报纸之天职"，因此报纸不仅注重
时事新闻，遇有重大事件，则以专题逐
日连续刊登，批评时政得失，抨击官僚

图 10　八国联军自军舰转搭汽艇登岸

图 11　《岭东日报》报头

腐败，大揭官场黑幕，配以短小犀利、尖锐泼辣的时评和短论，如光绪三十三年
（1907）八月初四刊登的论说《论今日改革当以大赦党人为首义》。这些文章满
怀救国救民的热忱，表达了当时潮汕爱国人士的政治思想动态，影响几乎遍及粤
东各地，惊醒一大批在迷茫、黑暗中徘徊的立志救国救民之士，为后来的辛亥革
命培养了一大批革命骨干，成为潮汕报刊阵地上为革命奋勇作战、鼓吹呐喊的
主将。

当他们看清了"政府的昏瞀有加而无已，此塞彼决，随补随溃"的衰败景
象，看清了清廷的所谓立宪，只是满纸虚矫讳饰之词，不过是借此以维护其专制
统治，因而在时论中给予了揭露，指出"至今日危亡荐迫，犹且假立宪之名，为
中央集权之策"，"以倡言预备立宪之世，益张其野蛮专制之威，九族之诛，公
然出于口……"针对梁启超所写的为保皇派辩护的文章《论国体问题》，温廷敬
在报上发表了《读梁氏议国体问题书后》一文，指出政体问题首先要看"合夫
国民之公意，世界之潮流与否？"又指出"由君主而改民主者其势顺，由民主而
复返君主者其势逆"。

鸦片战争后，美国大量招募华工入境，利用廉价劳动力在美国西部垦殖、采

---

① 谢雪影：《汕头指南》，汕头：汕头时事通讯社 1933 年版，第 115 页。

矿及修筑铁路。但 19 世纪 80 年代初美国发生周期性经济危机，严重的失业问题引起国内广泛的工人运动。美国当局一方面血腥镇压本国工人罢工斗争，另一方面为转移矛盾，竟说美国工人之所以失业，是因为华工抢走了他们的饭碗，煽动排华。一时间华工财物被抢劫，房屋被烧毁，侨民生命遭到威胁，甚至华人入境亦经常受到种种刁难、欺凌和侮辱。清政府迫于广大华工、侨商要求，曾就排华事件向美国政府提出交涉，但

图 12　修筑铁路的美国华工

是美国政府反而在光绪二十年（1894）迫使清政府签订《限禁来美华工保护寓美华人条约》，表面声称保护寓美华侨，实际是使美国行之已久的限禁华工、歧视虐待华人的做法具体化、合法化。

光绪三十年（1904）"禁约"十年期满，国内舆论和各界民众均要求废约，旅美华侨 10 余万人联名上书要求清政府同美国交涉废约问题。清政府照会美国驻京公使，声明"禁约"期满即行废止，应另订新约。

美国政府拒绝中国修约的要求，执意继续保持原约，激起中国人民极大的愤慨。光绪三十一年四月初七（1905 年 5 月 10 日），上海总商会召开特别会议，讨论拒约办法，建议以两个月为期，若美国仍不允修改条约，则抵制美货。全体商董一致赞成，同时又分电各省及香港 21 埠商会或商务局，请其协力进行。国内各城市工商界以及海外华侨相继召开大会，响应上海总商会的建议，并印发传单广泛宣传，国内和海外华侨所办报刊亦纷纷发表抵制美约、不用美货的言论。

《岭东日报》于光绪三十一年（1905）五月初四、初五、十三连续几天发表论说《论汕埠宜亟力争美禁约会》《论争禁约之要义》《为汕商拟争美约者告》等文章，号召潮汕商界、学界等配合上海绅商争"禁约"。时温廷敬在同文学堂任教，同文学堂师生见报道后，在温廷敬的带领下，发起反对美国迫害华工和抵制美货的运动，成立"废美条约会"，得到汕头

图 13　1905 年 5 月因美国拒不废除已经期满的《限禁来美华工保护寓美华人条约》，一场大规模的反美运动在中国各地掀起，这是当时上海刊行的《抵制禁约记》小册子

埠商民的积极响应。他们编印《华工惨状记略》，分发各地宣传，使潮汕各地人民了解美帝国主义奴役华工的真相。

运动的迅猛发展，震动了帝国主义列强和清朝政府。美国多次向清政府施加压力，要求清政府予以镇压。为使同文学堂不受拖累，温廷敬因此辞去同文学堂教职。

《岭东日报》不仅在国事等大事上紧贴时政，对地方人文文化亦关注有加。发表于光绪三十四年八月二十六（1908 年 9 月 21 日）的《论学堂急宜编定乡土教科书》一文指出，教育的宗旨就是要让学子懂得如何爱国，而热爱祖国首先就要热爱自己的家乡，了解自己的家乡。"泰西各国，无一学校不有其乡土教科书，非徒云地方教育也。因爱其乡，遂爱其国，推而至于全世界……教育得其序，人才有不辈出者乎。""若吾国学生则不然，舍近以求远，屈己以就人。欧美斐澳，能举其名称；而德法英俄，亦能谈其掌故也。独于吾国之乡土，则懵然无一所知。"因此，及早推出乡土教材，不仅学部有责任，地方教育部门也可先行以地方志为教材取材用书，编写适宜地方中小学校的乡土教材。1909 年 2 月，翁辉东编写的《潮州乡土历史》和《潮州乡土地理》两本乡土教科书出版，《岭东日报》连续十多期为其刊登广告。

宣统元年二月初一（1909 年 2 月 20 日）的论说，题目为"论潮人之勇于事神昧于实益之非"。作者警醒氏对潮人沉迷于事神而不醒深感痛心疾首，"今者吾潮尚在睡梦之中，诸般实业未举……迷信之风日长。事神之兴益奢，每一神游所费，小则一万数千金，大则或至数十万金。竞相奢靡，倾家不计。省衣节食，专为是务"，一些地方甚而出现"强勒出花灯以及神派等恶俗"，"以为借神力保护，遂可不织而衣，不求而得"。潮人的这种"不以富强为竞争，而以事神为竞争，不以贫弱为可耻，而以事神不奢为可耻"的陋习如果不改变，将难以有富强之日。最后作者深深地叹息："嗟呼，潮人之性质如是，故地方日穷，盗贼日众。苟能移此事神争先恐后之气魄，百折不搓之团体，转而为地方谋公益，则社会可文明。"

《岭东日报》的"潮嘉新闻"，亦常常报道同文学堂、金山学堂、韩山书院、景韩书院的教学情况以及各方捐资助学、助教、助校等善举。

1907 年，温廷敬再次出任《岭东日报》笔政，他执掌《岭东日报》期间，提出报纸是"主持公论，开通风气"的工具，要做到有"裨国家之大局"，而不"捕风捉影，吹毛求疵"，更不能为了个人恩怨，便在报上"诋评阴私，抚拾猥琐，任情毁誉，颠倒是非，或借颂扬以媚当局，或为恫喝以进苞苴，杨使升天，抑使入地"，都是"有损报品"的事。

为了方便"文字未深者"阅读，《岭东日报》于光绪三十一年正月十七（1905 年 2 月 20 日）即第 828 期起，对报纸的论说和所有新闻文章均加圈断句，小说亦同样加圈，但谕旨之类和广告文字仍旧没加圈①。

《岭东日报》每期出 8 开白报纸 4 张 8 版，每张中缝留折，可折订成 16 开本的册子，每份售钱 12 文，无论"阅年阅月阅日均照每张十二文起算"。1903 年起每份售价调整为 18 文，每月本埠定价 4 角 5 分，外埠定价 5 角，全年本埠定价 4 元 6 角，外埠定价 5 元。1904 年 2 月起报价再次调整为每份售价 25 文，每月本埠定价 6 角，全年定价 6 元，外埠另加邮费。这之后到 1909 年停刊，每份零售价便没再调整，一直维持每份 25 文不变。

《岭东日报》的八个版面中，如果正面是广告，背面就是新闻栏目。反之，若背面是广告，则正面就是新闻内容。报纸的内容分别设"论说""上谕""时事要闻""潮嘉新闻""本省新闻""京省新闻""外国新闻""杂俎""辕门钞""电报"等栏目。1902 年 8 月后，设"京钞""专件""来稿""选述""译报"（或译件），上述栏目为基本栏目。1903—1909 年，《岭东日报》在不同年份还先后增设了"要件""代论"或"译件代论""专件代论"（1903 年）；"宫抄""选录""译电""官场特电"（1904 年）；"译论""译作""南洋通信"（1905 年）；"谐谈""文苑""辕报""牌示""实业""杂文""奏折""诗钟"（1906 年）；"谕旨"（1908年）"时评""日本通信"（1909 年）等。

1904 年 12 月，《岭东日报》增设附张，辑录"海天杂俎"六卷、"白话丛录"六卷，在附张连载发表。此外，《岭东日报》还出版有不定期的《中外文编》。

《岭东日报》的出版时间比孙中山 1900 年初派陈少白在香港创办的《中国日报》晚不到两年，比 1904 年出版的

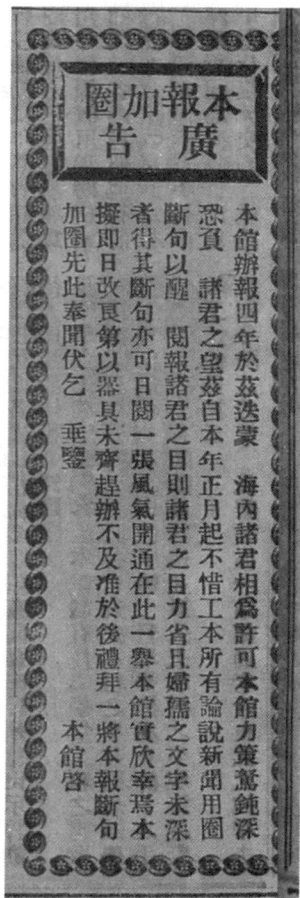

图 14 《岭东日报》加圈断句的通告

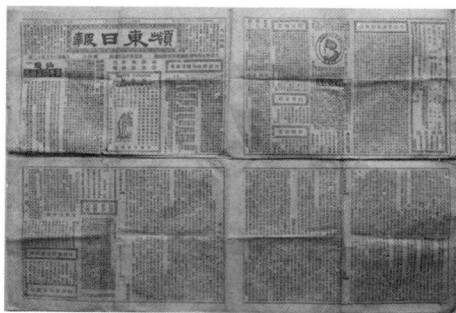

图 15 未裁切的《岭东日报》全张

---

① 有的观点认为有些文章写成是加标点的，甚至说《岭东日报》是一份已使用标点符号的报纸，均不正确。

《广东日报》和1905年出版的《有所谓报》等早期广东省报纸还早两到三年。应该说，《岭东日报》和《鮀江辑译局日报》都是这一时期在广东境内出现的较早的地方报纸。

汕头埠第一份潮语报纸——《潮州白话报》

1876年3月30日，上海申报馆印行出版了一份通俗白话新报，取名《民报》。《民报》是我国新闻史上第一份白话报刊。它以社会底层老百姓为读者对象，为了让这些文墨不深的读者易于读懂报纸内容，除了用白话行文，每句之间特意空一格（即断句），人名或地名还用直线标出。故哪怕只读过一两年书的人，也基本能阅读此报。《民报》虽然没出多久即告停刊，但作为星星之火，不久便引燃了中国新闻传媒界白话报的燎原之势。

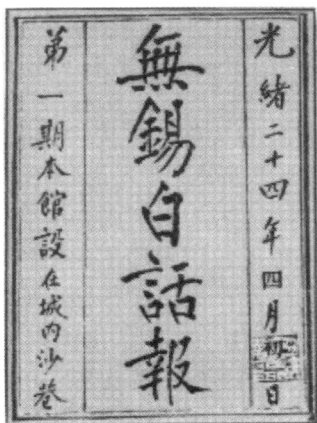

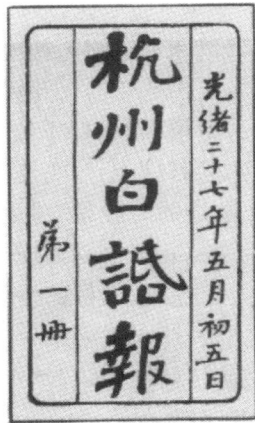

图16　《无锡白话报》报头　　图17　《中国白话报》报头　　图18　《杭州白话报》报头

甲午中日战争前后，资产阶级维新派人士为了宣传民族救亡，鼓吹维新变法和实现他们开通民智的主张，极力在文体上进行改革，开始创办白话报刊。1897年上海的《演义白话报》，1898年无锡的《无锡白话报》，便都以白话文形式，介绍西方的科学文明、民主思想，宣传爱国思想。特别是1903年12月19日在上海创办的《中国白话报》，明确宣传反帝爱国思想，反对"和平"改良，主张用革命手段推翻清王朝，"建立独立共和的政府"。所刊文章通俗易懂，生动形象，深受读者欢迎。该报热销于北京、广州、香港、西安、成都、武汉等全国大中城市。虽然出版不到一年便停刊，但仍是当时出版的白话文刊物中影响最大的一种。

《潮州白话报》创办于 1903 年 12 月 19 日（光绪二十九年癸卯十一月初一），跟上海的《中国白话报》创办时间刚好相同。当时汕头埠虽然已有《岭东日报》《鮀江报》等报纸，但都不是白话报。因此，《潮州白话报》的创办，成为汕头埠最早的潮语白话报纸。

《潮州白话报》社址设在存心善堂后座，创办人曾杏村，总编撰杨守愚，编辑有庄一梧、赖淑鲁、曾练仙、蔡树云、钟楚白、蔡惠岩、王慕庵等，后又增林伟侯（国英）、林少韩（绍琦）。报纸总代派处在育善街岭东日报社。

《潮州白话报》为 16 开报，对折成 32 开线装册，每期出报 32 版。该报拟全年出报 20 册，

图 19 《潮州白话报》报头

定价大洋 1 圆，零售价每册大钱 60 文，外埠另加邮费全年定价 2 角，外洋另加邮费全年定价 8 角。

《潮州白话报》设有"论说""潮州新闻""中外新闻""教育""传记""曲本""歌本""小说""选述"等栏目。

"论说"是《潮州白话报》的重点栏目，可以说其刊登的文章，常常代表报纸的立场观点。一般是每期一篇，有时多篇，相当于民国时期报纸每日的社论。如第七期的"论说"题目叫"论嫖"，作者署名"同道人"。因为是用潮州方言写论说，看上去就如现在的拉家常："食鸦片烟、赌钱、嫖老妓，食赌嫖这三件事，大众家恁说是那一件最害呢？"作者提出问题并先概括了食鸦片和赌钱的害处之后，切入主题，分析嫖老妓的种种可怕后果："嫖哩嫖到金银空、脚手软、肌肉落、精神疲"，甚至是"毒气发、骨头疯、鼻头凹"，"到许时，毒入髓、医无效，药无灵，欲活活不来，欲死死不去"，"风流易过，苦楚难当"。接着又分析嫖老妓的人，有钱的"阿舍"入妓馆，不用多久，钱银就会被花光。种田的"种田哥"，辛辛苦苦劳作一冬，"粜了粟，卖了一只大猪，身边存有二三十番佛（即银）"，若不小心"忙忙走入去"，只会是"身上肉，凭人割，二三十银买一宿"。至于做工夫的"工夫哥"，"汝等每个月，工资四五元"，过生活尚且要勤勤俭俭，若是去嫖妓，那后果就更惨。之后，作者呼吁那些有钱的阿爷阿舍："财主佬、财主佬，汝差了，汝的财不是容易发的，白白破去，岂不可惜？汝何不将有用之金银，在地方上捐出办有益之善事呢？"最后，作者像谈心一样劝说："我办报人，劝我一班后生勿嫖，实在是一片苦心哩！汝后生家勿看作笑谈呵。现在外国人，欲来分割我地方，灭绝我人种。后生人，不管天，不管地，心想快乐，我想将来欲快乐，亦是快乐不得了！唉。"

从《潮州白话报》各期的目录看，每期的"论说"，内容涉及方方面面，不

仅有关注本地的经济、实业如《论潮州有天然地利惜潮州人未能实力兴办》（第二、五期），地方教育及妇女教育如《论潮州人宜人人学习官话》（第九期）、《论女学堂当趁紧举办》（第八、九期），还有地方时政如《论中国今日时局及潮州现在之情形》（第十、十一期合刊）等。

在《潮州白话报》中，"潮州新闻"和"中外新闻"每则新闻后面，经常还附有几句评论，这样做方便了文化不高的普通大众读者对新闻的正确理解，但直白的报道及评论，怎能不让统治者时不时地感觉芒刺在背呢？如第七期"潮州新闻"中有一则《勇丁横行》的新闻，介绍汕头埠的升平街横街，因修街路将通往该路段的栅门暂且闩闭，过往群众也都自觉绕道行走。一天，经费局的勇丁二十余人强行从该路段通过，修路工人上前阻止，却遭他们一阵暴打，"且叱骂曰：我经费局是奉官开办，我勇壮是局员派来行查的，你敢阻我行路，必定欲锁你到局，问你抢摊场的罪。那工人因受伤过重，不能出声，闻有性命之忧云"。新闻本来到此为止，但编者却还在后面加上评论："嗳，地方开起经费局，人民已是不堪了，况且有此如狼似虎的勇丁，人民其将何堪。"

"潮州新闻"和"中外新闻"每期大约有七至八个版面，约占整份报纸版面的四分之一。从目前所能看到的第七期《潮州白话报》的内容看，该期"潮州新闻"有新闻五则，其中有关教育的二则，其他社会新闻三则；"中外新闻"也有新闻五则，其中有国内新闻四则，国际新闻一则，国内新闻中，有关教育的新闻二则，其他社会新闻二则。由此可见办报人对教育之重视了。

"教育""传记""曲本""歌本""小说""选述"等栏目，并不是每期都有，如第七期便只有"小说""曲本""歌本"

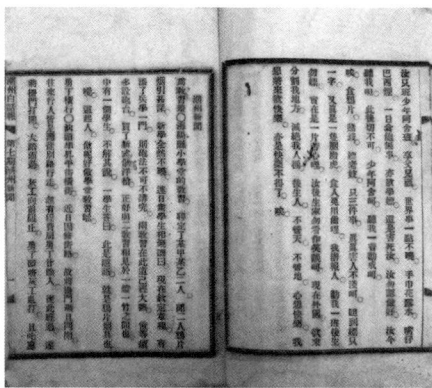

图20　《潮州白话报》

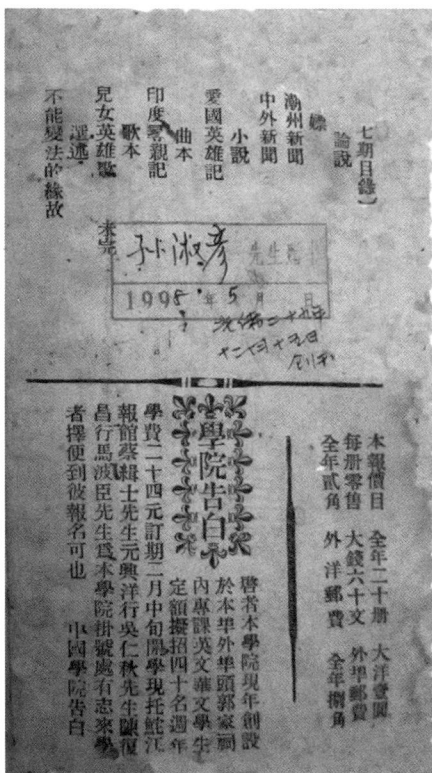

图21　《潮州白话报》

和"选述"。

小说一般都是连载。第七期连载的小说《爱国英雄记》，是继第一、二、三期《最新爱国英雄记》之后的连载，至第八期《爱国英雄记》连载完，中间间隔四至六期没连载。该期《爱国英雄记》讲的是苏国被英国侵略，英国的使臣和军队在苏国横行霸道，欺压人民，人民不堪欺压，向当局控告，但因政府软弱无力，不敢向英使抗争，人民于是准备起来推翻政府、赶走侵略者……

《潮州白话报》刊登的歌本，其形式就是潮州妇女所熟悉和喜欢的潮州歌册，七字一句，用潮州方言押韵，如"自古英雄男子多，女子英雄有亦无，若有英雄个女子，姑娘好供俺说么（《儿女英雄歌》)"。曲本是潮州戏曲脚本，用的亦是潮州方言韵。

《潮州白话报》刊载的小说、歌本和曲本，语言均是通俗易懂的潮州方言，内容上则是以史讽今，以唤醒国民及开通民智为己任。正是这些通俗易懂又朗朗上口的歌本和曲本，使报纸贴近广大普通民众，因此亦颇受读者喜爱，每期销量达 2 000 多份。

《潮州白话报》自 1903 年 12 月 19 日至 1904 年 8 月 19 日，8 个月共出版了 11 期，其中第十、十一两期合刊出版。"本报于十一月朔日出第一期同人订定本年内共出三期其第四期定于明年正月十五日接续凡订阅者全于出第二期后均一律先收报资本报始得按期照寄也特告"。从这则潮州白话报社刊登于光绪癸卯年底（1903）《岭东日报》上的广告来看，其出版日期并不是准确执行其宣称的"朔望发行"，自癸卯年（1903）十一月初一日至甲辰年（1904）正月十五日，两个半月出版四期，且自第五期后，常常拖期出版。具体可能有多方面的因素影响，不过我们从《岭东日报》上刊登该报甲辰年四月廿二日（1904 年 6 月 5 日）第八期目录预告广告前端的一段话："本社同人前因学界纠葛社稿凌乱未能编辑致不能应期出报负渐之至兹于本月底前准出第八期先将目录预告于后"可略知端倪，报纸逾期出版的一个重要原因，便是内部编辑人员因学术等观点不同而致拖延，甚至导致第十、十一期合刊出版后便停报。

为了让读者更多地了解这份报纸，兹将刊登于《岭东日报》上各期的《潮州白话报》目录抄录如下：

第一期（部分） 癸卯年九月二十八日（1903 年 11 月 16 日）出预告 十一月初一（12 月 19 日）出版

论说，潮州新闻，中外新闻，最新爱国英雄记（小说），山西风水案（曲本）。

第二期 癸卯年十一月初三日（1903 年 12 月 22 日）出预告

论潮州有天然地利惜潮州人未能实力兴办（论说），潮州新闻，中外新闻，最新爱国英雄记（续）（小说），山西风水案（续）（曲本）。

第三期 甲辰年正月初七日（1904 年 2 月 22 日）出预告

戒烟俚言（论说），潮州新闻，中外新闻，最新爱国英雄记（续）（小说），山西风水案（续）（曲本），蔡古愚君上丁道宪陈（杂说）。

第四期（部分）　预告于甲辰年正月十五日（1904 年 3 月 1 日）出版

论说，潮州新闻，中外新闻，潮州新教育议（教育）。

第五期　甲辰年二月十五日（1904 年 3 月 31 日）出版

论潮州有天然之地利惜潮州人未能实力兴办（论说），潮州新闻，中外新闻，潮州新教育议（续）（教育），豪杰姻缘（歌本），看潮州白话报有益论（杂录）。

第六期　甲辰年二月二十八日（1904 年 4 月 13 日）出预告

论人贵自立（论说），潮州新闻，中外新闻，丛谈五则，山西风水案（续）（曲本），儿女英雄歌（潮州新歌本第一）（歌本），潮州新教育议（续）（教育），陈质庵君演说稿（续）（杂录）。

第七期　甲辰年三月十五日（1904 年 4 月 30 日）出预告

论嫖（论说），潮州新闻，中外新闻，爱国英雄记（小说），新造儿女英雄歌（歌本），印度寻亲记（曲本），不能变法的缘故（选述）。

第八期　甲辰年四月廿二日（1904 年 6 月 5 日）出预告

二大惑篇（论说），论女学堂当趁紧举办（教育），潮州新闻，中外新闻，爱国英雄记（续）（小说），豪杰姻缘（续）（歌本），不能变法的缘故（选述）。

第九期　甲辰年五月十四日（1904 年 6 月 27 日）出预告

论潮州人宜人人学习官话（论说），论女学堂当趁紧举办（续）（教育），潮州新闻，中外新闻，英雄国（小说），女英雄拉培那传（传记），豪杰姻缘（续）（歌本），陈质庵君演说（续）（杂录）。

第十、十一期　甲辰年七月初九日（1904 年 8 月 19 日）出预告

论中国今日时局及潮州现在之情形（论说），潮州新闻，中外新闻，爱国英雄记（续）（小说）、英雄国（续）（小说），印度寻亲记（续）（曲本），经英国谈（歌本）、豪杰姻缘（续）（歌本），丛谈二十五则。

《潮声》

图 22　曾杏村

《潮声》由曾杏村于 1906 年 4 月 24 日（丙午年四月初一日）创刊①，报社地址设于外马路大峰庙（现存心善堂）后座。

曾杏村（1870—1933），字恒存，汕头人，早年留学日本时结识孙中山先生，1905 年加入同盟会，不久后回汕头从事革命工作。

① 史和、姚福申、叶翠娣编：《中国近代报刊名录》，福州：福建人民出版社 1991 年版，第 358 页。

《潮声》是曾杏村继 1903 年创办《潮州白话报》后，又一次以白话报形式在潮汕地区创办的报纸。此时，也正值中国各地白话报刊创办高潮时期，它与上海、浙江等地风行白话报刊遥相呼应。

取"潮声"之名有多层意思，其一，报纸行文为潮州地方方言，读起来是潮州的声音，潮州人的口气，让人倍感亲切；其二，潮汕地方近海，枕海听潮，会使人动心，《潮声》如若能办得如此，让读者动心，是办报者的最大愿望；其三，《潮声》也代表革命浪潮的声音，其寓意是欲全潮的人惊醒魂梦，唤起精神。

图 23　《潮声》报头

曾杏村为了让平民百姓读懂报纸，大胆地用潮汕方言编报，报中无论新闻还是时事、谈丛、调查以至军谈、杂录、告白等，都用潮汕方言写成，让读者读报就像拉家常一样亲切，直白易懂。如在第九期有一则新闻，题名叫"和尚学堂"，这则新闻这样写："京城有个和尚，叫作觉先，前年走去日本游历，看见伊许块个和尚，都兴旺过他个，独独俺中国个和尚，做会衰小衰小，都无乜色水，到返来后，就在京城想心事开学堂，听哩开两个乞平常人读，一个乞和尚读，甲开一个叫作佛教个总公所，只件事，管学大人也大块赞成伊。所以去年三月就开办，共主和尚觉先，真有道行，今年又走来杭州块招攀，物阿物，杭州个和尚也就听伊，开一个学堂乞平常人读，一个学堂乞和尚读，又开一个工艺院，乞穷人去学习……"

为了让读者易于理解新闻内容，《潮声》除了用潮汕方言编写之外，还适度地在新闻报道中，加入作者的评论。如第十三期《潮声》的"潮纪"有一则新闻，标题"汕头欲开加二间报馆"："汕头一埠，是潮州个门户，数年以来，商务渐渐会兴盛，风气渐渐会开通，但是无乜报馆，甚是可惜。近日有某君谋创一报，叫作《潮报》，又有潮州某君，谋创一报，叫作《汕头公报》，闻这九月内，全吓欲开张。开，开，开，开愈多，公里（理）愈更明，地方愈更兴"。《汕头公报》出版后，第十四期《潮声》又在"潮纪"做报道："本报上期曾哩汕头欲开加二间报馆，只九月初四日，汕头公报，已经出报了。这报馆个物件，愈出多愈好，大家伙，恁猛猛好去买加撮来看，口会开通，正好预备做将来立宪个国民。公报个代表处，潮州府哩在大街府巷头广荣昌、旗杆巷寄梧山房，海阳

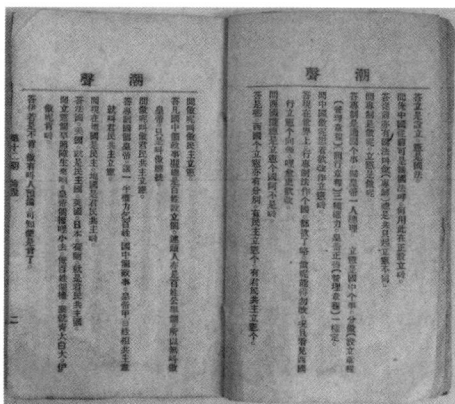

图 24　《潮声》

庵埠打铁街阅报所，潮阳哩在城守府衙前松兴公记，揭阳哩在北门内强华公司，澄海哩在西门外倚云山庄，诸君欲看报哩好去许块买"。

在《潮声》中，报道、歌颂新女性，一直是曾杏村等人所追求的。如在第十二期《潮声》的"时事"版，报道李鸿章之子李伯行在安徽芜湖开设女子学堂；第十四期《潮声》的"潮纪"版中，报道揭阳陈宝莲女史开办"揭阳闺秀女学堂"甚有成效，最后还评论说"将来潮州个女子，从此就有出头天个好日"；第十五期的"时事"版，以"中国奇女子"为题，报道云南太和一位年仅9岁的小女孩，名叫李怀兰，"因伊父在日本留学，也想要去，约书房女友同行，无人应承"，于是，怀兰单身从云南太和步行，行了百多天，终于至京城，她父亲听知此事，特地从日本回京城接女儿一同去留学。报道最后又评论说："你看伊一个柔弱女子，有障生冒险进前个胆量个志气，也是俺中国女子中个大翘楚人了。"

宣传科学、民主，揭露丑陋、愚昧，也是《潮声》的一大特色。在第八期《潮声》的"潮纪"中，有一则报道，就是揭露汕头埠那些说来就来说去就去的地痞流氓，叫"好个来歹个去"："本埠地方，本来杂沓，更兼风气不好，许班食蛇配虎血个，就窝娼妓，开排馆。又因为赌钱打做正饷，更有零个平日叫作开通个，也去在物来物去。近来孙军门到潮州一吓，欲认真办理，许撮野恶，去到稍甚个，走到犟直走不去个，总是只班人。平日听来听去，都多过地个一吓，欲掠就少。无非敢实在，是放落屠刀，就做罗汉，正会使到人，只见佛面不见贼面哪？奇怪！"

要告别丑陋及愚昧，就要让平民百姓懂得什么是民主，什么是科学。光绪三十二年（1906），清政府迫于国内外政治压力，准备试行立宪，《潮声》及时跟踪和报道了相关消息。如第九期"时事"，便有"会议立宪个消息"，报道清廷派大臣到国外考察，等他们回国后，便要召开会议，研究立宪事宜。第十期，又在"潮纪"上刊载评论性文章《上切要是选举权》，指出："……这选举权，外国人人想做上切要，所以争生争死，必欲争到有，俺中国多多人掠做无切要个，俺潮州人哩愈甚，全不想选错一个不好人，地方上个事，就乞伊害到不知做呢吧。"因此，呼吁人民"至切切不可模模糊糊"。

《潮声》还利用歌谣形式来宣传科学，揭露迷信。如第七期《降乩骗人歌》，第十期

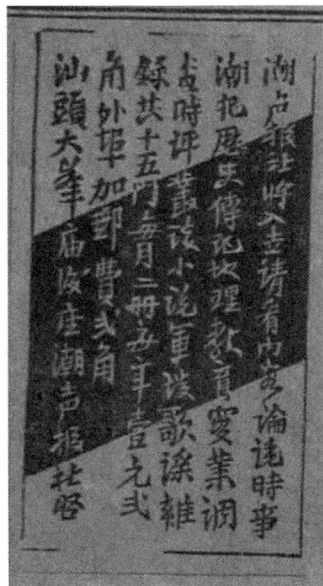

图25　《潮声》上刊登的广告

《郎君好》。有意思的是，早在一百余年前，《潮声》便号召人们要晚婚，在第十期《潮声》的歌谣版中，发表了这样一首歌谣，叫"缓婚配白话歌本"，开编就写道："夫妇五伦算一伦，非是人生免结婚。但欲结婚勿过早，过早就会害人群。"接着便列举了早婚的害处"少年身体未成熟，做呢好共伊置家"，"不信请看印度国，行年十五产婴孩"，"印度早种虽出名，先先即入枉死城"，又指出欧美文明国家的国民大都实行晚婚"西洋各国文明人，三十常未有妻房"。歌谣最后劝告青少年要好好读书，掌握谋生本领之后再成家也不迟，"愿我少年齐奋志，三十而娶理当宜"。

《潮声》版面设置有"论说""时事""潮纪""历史""传记""地理""教育""实业""调查""时评""丛谈""小说""歌谣""军谈""杂录""告白""谜解"等，每期视内容而调整，逢初一、十五出报，为半月报。

《潮声》用16开纸单面铅印，中间留折，可以折成32开装订成册，每期出版16开纸报纸20张，对折后成为40个32开版面，每月出版两册（二期），逢朔望日（即每月初一和十五）出版，每年定价1元2角，闰月照加，外埠加邮费2角（途远或不通邮者邮费另议），国外加邮费8角，本地订报费逐月收清，外埠在第二期发报时全缴。

由于该报刊登文章，能直言社会，评论时弊，其文全部用潮州方言写作，风行一时，发行量达2 000多份。目前所见的《潮声》共有19期。

图26　《岭东日报》上关于《潮声》的广告

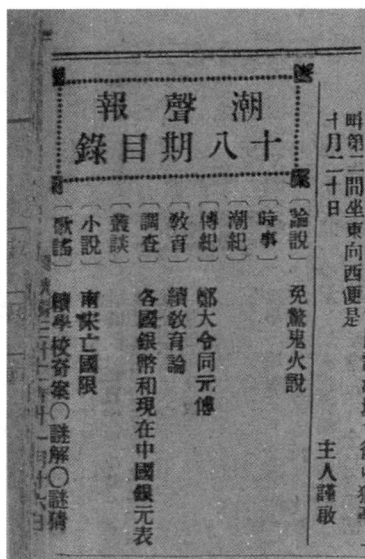

图27　《潮声》第十八期上的广告

《潮声》1 ~ 19 期目录

潮纪：

潮州新闻

历史：

亡国镜白话歌本

传记：

翁万达公传后

黄都司梦选传

教育：

教育为立国之根源

调查：

潮州全年戏班费闹热费总表

歌谣：

银行倒闭侦探案曲本

说谜

谜解

又猜

杂录：

外沙做豆酱法

生鸡卵好耐久

第三期

丛谈：

大叹气

告白：

新鲜牛乳精粉发售（元兴洋行）

第四期

丛谈：

食物（林子勋来稿）

齿操

克苦

食饱无益

开山大工程

告白：

新鲜牛乳精粉发售（元兴洋行）

杂录：

做酱甜瓜法

记高丽学生被逐事

歌谣：

谜解

又猜

第五期

歌谣：

通俗歌（羊公来稿）

调查：

各国及国民个富并每人担任欠公债表

第六期

潮纪：

农业渐渐会进

好官好绅

置业不易

又有半夜学堂

所长无脸

电震死人

歌谣：

澄海学务浅言

劝勿械斗歌

第七期

潮纪：

跑马伤人

中国人到新加坡免脱丢衫裤验病　使中国人无容身之地　有冤无伸

广东学生比别省出色

捐助公学

蔡氏家族兴办国民捐
杂录：
身体做呢会烧热个问答（北洋军医学堂杨益之来稿）
歌谣：
降乩骗人歌（序）
劝勿缠脚歌
谜解
调查：
中国个茶生理

第八期

潮纪：
一举两得
还夭欲骗人食斋
好个来歹个去
真是劝捐个热心人
纺纱厂欲开了
公益会
时事：
扶助工业
扬州扰乱
不许乱保
防预法国
王子当兵
赔款艰难
丛谈：
谈引
调查：
中美往来货价表

第九期

时事：
云南危了
女学生实在荣耀

欲当兵着割辫

会议立宪个消息

税务大臣个权限

实任督抚

和尚学堂

潮纪：

子日行倒账

致意服饰

潮州解足会

难得个做生理人

三都会禁恶俗

军谈：

军人

歌谣：

谜解

又猜

第十期

时事：

决意立宪

立宪须知

吴兆泰御史被辱

俄国终是野心

学生上书

尔看杭州个商会哪

戏仔高升做学堂教习

上切要是选举权

潮纪：

野蛮被责

真是北山大王

本埠欲激水了

赌祸害人实在大

杂录：

身体做呢会烧热个问答（续第七期）（北洋军医学堂杨益之来稿）

食物

血液

歌谣：

缓婚配白话歌本（屏）

郎君好（澄海梅卿女史来稿）

第十一期

时事：

税务欲开学堂

外人刺心话

先禁官府无食鸦片

公使自量

奏开地方官个会议

江西省个制造

潮纪：

立先祝典

法国新创领事府

烧钱纸几乎惹到火烧铺

杂录：

身体做呢会烧热个问答（续）（北洋军医学堂杨益之来稿）

缓婚配白话歌本（续）（蘋）

丛谈：

疑神疑鬼

世界之纪年

调查：

各等人命数长短表

第十二期

时事：

女学堂个整齐

邮政新律

法国占秦皇岛个地方

改银元个重数

京城开博览会

日本无乞中国人读大书

打手天津试办地方自治了

潮纪：

出告示禁恶俗

革除媚神

和尚闹学堂

恶俗可恨

赌钱无和

花捐无定

调查：

普宁县先今开设各等学堂一览表（方亦珊氏）

第十三期

时事：

米价可望会减

块块欢喜立宪

欲除鸦片个害

看看看中国人乞人欺负到障生

人认皆有良心

潮纪：

活老爷赢过死老爷

巡警笑话

为地方除害

汕头欲开加两间报馆

盗贼做向多

杂录：

身体做呢会烧热个问答（续第十期）（北洋军医学堂杨益之来稿）

第十四期

时事：

朝廷催办开矿

山西着知预防

朝廷议欲调查各省个女学堂

贵胄女学堂开张

中国个兵数

限期禁烟

潮纪：

揭阳闺秀女学堂甚有成效

汕头公报已出版了

唉老爷到只来真是衰在

揭阳风灾

再纪揭阳巡勇事

不晓事中个晓事

杂录：

新闻纸个起始

火船个起始

铳炮个起始

邮政个起始

显微镜个起始

寒暑表个起始

风雨表个起始

汽机个起始

第十五期

时事：

议欲裁厘

学费定章

俄占俺利

妇人会选举会员

中国奇女子

禁烟章程

会变法真是好

潮纪：

潮汕铁路欲开车了

揭阳棉湖埠亦办巡警了

普宁盗贼向多

革武生已死还欲霸收书租

酒戏真误人

沉船失人

杂录：

和尚讲报应

假睡掠贼

第十六期

时事：

做官艰苦

广厦铁路已在查勘

英法争伸势力线

平等亦有不平等

改好文字

女工艺大兴

废约艰难

潮纪：

大井坪欲开做埠头

禀办澄海到汕头个车路

梅林湖有抢劫

又欲神游

学堂举行运动会

丛谈：

和尚影相馆

调查：

看看看美国招中国人个伊开巴拿马河中国人千万不可去万万不可去

又看美国罗省忌利埠中国人来信

第十七期

时事：

佛教设会

看看欲掠缠脚女子个父兄了

看看子弟不乞于读父着食罪

朝廷已行禁鸦片法

租界与商埠不同

潮纪：

蔡烈士为国民捐而死

整顿做糖生理

洁净局开办

老爷失去肠肚

猪牛屠不宜在街内个地方

杂录：

各国纸料用数

地球各教

各国入大学人数

各国寿人数

指纹

引电别法

妇女自食其力者

锯石

小孩长大

调查：

续巴拿马河工事

第十八期

时事：

中国欲改历日

教会学堂要求立案

银钱改铸做各省通用

报律未议

烟馆开加六个月定

英国妇人亦欺凌中国人

广东亦欲征兵了

潮纪：

不准守寡妇人醮夫

江苏水灾劝捐

清乡换办

有心有力

尼姑报应

婚姻不自由的结果

丛谈：

博物丛谈

汕头埠老报馆

调查：

各国银币和现在中国银元表

第十九期

时事：

官府好歹易见

美国总统吩咐议院勿议华工禁约

各部皆设专门学堂

严查诱骗人出外

管待留学生章程

潮纪：

法国注重汕头之商务

自来水有好开办之机

潮阳县真是好官

潮州欲实行禁鸦片了

厘金局招呼洋行发财

缶业出多

同文学堂开运动会

杂录：

世界最大之戏园

世界最大之浮桥

世界最大之炮台

世界最大之石塔

世界最大图书馆

世界最大之纺织厂

军谈：

营居

调查：

各国语言加减表（王德茂口述、幸存记）

《潮声》（白话报）已知共出版 19 期。本目录依据蔡仰颜先生收藏的《潮声》合订本整理，其中第一、二期资料抄自《岭东日报》第 1161 期（光绪三十二年三月初六）和第 1184 期（光绪三十二年四月初四）。

《潮声》并非只用白话文

桌上放着一本泛黄的 32 开本《潮声》，封页已缺失，正文页是无框双面铅印。从插图到正页，每一页的天头（或称报眉）均印有"潮声"两字。每页 11 行、每行 32 字（包括句读）。每页接近书口处的上端还印有"第廿四廿五期"字样。在正页前面有 8 幅漫画插图，已丢失 4 幅，余下的 4 幅中，可看出系出自揭阳画家王逊之手的作品。插图是用 16 开纸单面印刷，版心鱼尾上端印"潮声报"三字，对折成 32 开，装订在正页前面。正页见有 120 页，第 1 页右下角和第 120 页左下角均钤有收藏者朱色私章。

从背面的纸钉处还残留有封底残纸、首尾收藏章以及现存最后一页的内容判断，正页 120 页应该完整。正页内容按顺序设有"论说""地理""传记""教育""小说""记事""丛谈""诗词""杂俎""谜解""猜谜""选录""时事""潮纪"共 14 项，正页行文用文言文。

图 28　文言文版《潮声》1

上面描述的诸多特征，无论形式还是内容，跟清末曾杏村创办的《潮声》基本相同，所不同的只是行文，前者是文言文，后者是潮汕方言。那么，眼前这份《潮声》，是否就是清末汕头埠著名的《潮声》呢？

曾杏村创办的《潮声》，是用潮汕方言行文的方言报。创刊时间是 1906 年 4 月 24 日（丙午年四月初一）。用 16 开纸无框单面铅印，中间留折，对折后便成 32 开。每期出版 16 开纸报纸 20 张，对折成 40 个 32 开版面，装订成册，每月出版两册。笔者原来所见到的《潮声》，是根据汕头著名画家蔡仰颜先生家藏本摄制并制成的 PDF 电子书，共 19 期。该藏本没有报头，每页均在报眉处印"潮声"两字，各期均没有出版时间，只有出版期号，19 期被装订成一册。每两个书页（即二版）拍摄成一页电子书页，整本电子书有 52 页，故原来该藏本应该只有 104 页（即 104 版）。若按每期 40 版计，19 期应该是 760 版，即完整合订本应该有 760 个页面。

《潮声》在出版之前，曾在《岭东日报》刊登广告称，该报设有"论说""时事""潮纪""历史""传记""地理""教育""实业""调查""时评""丛谈""小说""军谈""歌谣""杂录"共十五项内容。① 第一期出版之初，也在《岭东日报》刊登目录预告，其内容则只有"论说""时事""潮纪""历史""传记""地理""调查""小说""歌谣"计九项。② 第二期同样在《岭东日报》上刊登目录预告，内容有"论说""时事""潮纪""历史""传记""教育""调查""丛谈""歌谣""杂录"十项，③ 比第一期增加了"教育""丛谈""杂录"三项，减少了"地理""小说"二项。可知每期内容并没有按当初预告的十五项全部出，而是按当期具体内容而定。蔡老家藏的《潮声》，每期均有缺项，最多的也就五六项，大多数只剩二三项，缺失较多。笔者阅读这本19期的《潮声》，行文都是用潮汕白话。

笔者曾经跟汕头另一位藏有《潮声》的朋友交流，他亦说他收藏的《潮声》是19期。如果《潮声》（白话报）共出版19期，其最后一期是在光绪三十三年（1907）正月出版。

桌上的这本《潮声》，同样每页均在报眉处印"潮声"两字，没有出版时间，只有出版期号，该份《潮声》是第二十四、二十五期合刊出版的。120个页面，即是120版装订成一册，若按二期平均，每期也要60个版，比前面的每期40版多出50%的版面。

笔者注意到在"时事"栏中，有一则《山西创设汇兑银行于日本》的报道，跟1907年2月9—10日（光绪三十二年十二月廿七至廿八）刊登在天津《大公报》的"告白"称山西祁县和盛元票号在日本的东京、横滨、神户、大阪开设了分号的内容相同。

如果说，第十九期《潮声》按半月出版周期推算，应在光绪三十三年（1907）正月出版，再按顺序推，第二十四、二十五期便是在光绪三十三年（1907）的三至四月份出版。从这则山西票号在日本开分号的新闻既作为"告白"刊登于1907年2月份（光绪三十二年十二月底）的天津《大公报》，又作为时事刊载在这份第二十四、二十五期合刊的《潮声》上，对比推算，出版时间比报纸所刊载新闻内容发生时间要晚三个月左右。

图29 文言文版《潮声》2

我们再从内容考证，亦可看出其与前19期的传承关系。

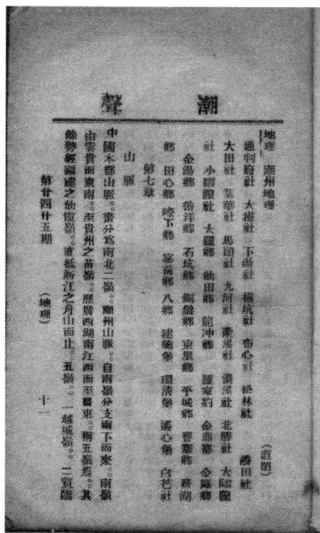

---

① 《岭东日报》，光绪卅二年（1906）三月初六。
② 《岭东日报》，光绪卅二年（1906）三月十三。
③ 《岭东日报》，光绪卅二年（1906）四月初五。

揭露愚昧和迷信，是曾杏村等人一贯坚持的办报立场。在这份第二十四、二十五期合刊的《潮声》，开首的"论说"，标题是"兴利除弊以祛蔽为先论"。文章开头便指出："中国近代以来，进步未闻，人民智识，反形劣陋。是何故乎？盖由迷信之蔽不祛，阻碍文明之发达之故也。"作者指出，这其实是自晋唐以来中国士绅功名，虽经考录而得，然"多以幸得"，"非由真实学问而来也"，因此便给那些想考取功名者一个错觉，只要运气好，便能功成名就。于是乎"推星命相形色以卜运气者"亦就有了市场，"故天神地祇、鉴察予夺之说起，而祈求禳祷、灾祥禁忌之事尚矣"。文章还特别举例"吾潮人之迷信，尤有甚者。择风水也，至有数世不葬之棺，聘一地师，不吝千金之费……故江西地师，每以潮州为利薮，赤手而来，囊载而归者，比比皆是"。"故今日言潮事者，必当以除迷信之蔽为先务"，"夫然后乃施以应时之教育，则风俗可成，文明可进也"。

在"潮纪"中，有一则《乡愚无识之可笑》的报道，讲述饶平某乡演戏酬神，有一次演了杨继业撞死李陵碑，"适邻乡杨姓子弟在场观看，以为有意相辱"，于是"返乡纠率多人，将与滋闹"。虽幸被老者劝阻，但这些人竟到祠堂发誓"世世子孙，不相嫁娶"。末尾，编者评论道："杨继业在宋，颇著功名。今即此出而论，能舍性命，以见忠节，正乃极有名誉之事。何谓耻辱？乡愚无知，实真可笑。"

在"谈丛"中，则有以连载方式介绍欧美文明风尚的《欧美公德美谈》。该期共登了第五节至第九节，分别是"公园及游览场""饮食店及旅馆""私会及公会""吉凶""商业及商人"。编者借此开阔读者视野、宣传文明风尚之意显而易见。

《潮声》敢于针砭时弊、讽刺官场腐朽的办报风格，在该期合刊中也得以尽情显露。如本期刊登笔名为唯明氏的短篇政治讽刺小说《癫社会》，描述一位用钱买官的贪官，被朝廷革职回乡，遂成癫狂，被家人关在村外的破屋子。某年七月十三日，为朝廷颁布立宪纪念日。癫官日夜梦想重回京城做官，于是就跟"衣服褴褛、乱发垢面"的秀才，还有一位想劫财却劫不成的贼，三人结伴坐船北上想重谋官职。不料坐错了船，被载至东洋。贼身上的银财被东洋人骗去，却误为被癫官偷去，于是癫官跟贼两人扭打成一团，打得头破血流。秀才见两人打架，在极度惊恐和愤怒之下投海自尽。癫官跟贼因打架被东洋人抓走。获释后，贼在东洋成为自食其力的工人，癫官则沦为乞丐。

这份《潮声》的插图是揭阳画家王逊所作，其实王逊跟曾杏村是好朋友，曾杏村1909年创办《图画新报》时，美编便是王逊。

此前的资料一直都认为《潮声》是白话报，从来没人知道还有文言文版的《潮声》。这份第二十四、二十五期合刊的《潮声》，可以说是一个新发现。

现在的问题是，第一至十九期可以确定是白话报，但第二十至二十三期《潮声》是否仍是白话报？文言文版的《潮声》自第几期开始？《潮声》为什么要改用文言文？《潮声》最终出版至第几期才正式停刊？这些都有待作进一步的资料发掘及考证。

《潮声》（文言文）的第二十四、二十五期合刊，下面为该合刊目录。

插图一（丢失）
插图二（丢失）
插图三（丢失）
插图四（丢失）
插图五漫画：卓兮政权中央独操，呜呼民权万古云霄
插图六榕江敏广
插图七漫画：学堂好大自在
插图八碧藻朱鱼
论说：
兴利除弊以祛蔽为先论
论民气之原盾
地理：
潮州地理（第七章山脉、第八章河流）
传记：
广东女杰列传（二）
潮州尚武精神之一斑
教育：
论潮州女学堂宜以广东女杰传为乡土历史教科书
教育谈
小说：
癫社会（短篇小说）（唯明氏著）
记事：
记甲申福州中法战争（南台故老琐录、幸存考纂）
谈丛：
欧美公德美谈（再续）
诗词：
丙午杂感七律十首步乙公原韵（润）
赌博小述二首（戊申旧稿）（乙）
杂俎：
古物发现
议用万国通用语
好酒之害

欧美妇女之职业

蛛网捕鱼

无声烟火

养（氧）气致死

沧桑年数

果子汁之益

用地中热力

鲑鱼

电能医哑

创用氢气球搭客

电线传影

无线电机之进步

养虫

烟纸之毒

椰子蟹

橡皮出产最多之地

美国烟叶之消费数

日本风气

魂之重量

地球年岁

冰力之强

机器制人

尸骸化石

长寿法十二条

白发

牛乳去墨水迹法

无水活鱼法

谜解（略）

谜猜（略）

选录：

德律风

俄国六年官界贵族被民党谋杀表

时事：

议设海军总督

决以舟山为海军根据地

邮传部议设四司

度支部拟定银本位

上控案责成督抚审办

示禁冒用洋牌

琼州兵变

勘定商场

广西巡抚张鸣岐之历史

江浙饥荒

云南大饥荒之惨状

各省不允教士任意置产

请商改商葡萄牙澳门审犯定章

禁烟汇闻

创设博物学会

华学生往美之例

广东人在京都师范馆毕业名数

设立环球通报社

更定学堂假期

山西创设汇兑银行于日本

上海开办万国珍品陈列会

派员采伐森林

御赐匾额

饬查锑砂

英国大学赠送学额

法国不保护在中国全国天主会

万国青年会在日本开会

永任县统

潮纪：

提学司饬更正乡土教科书

教育研究会之创设

设侦探员

潮汕铁路兴造支线

委商栽蔗办法

海阳县饬改造工艺厂

渔业获利

布业竞争

妥立乡规

勇于御贼

劫及城内

指控巡勇行劫

请办揸佃

互掷砖石之恶俗

开办平粜

拍卖地基

拐术奇闻

日本汎爱会到埠

乡愚无识之可笑

拟泒赴湖北学织业

《潮报》

汕头埠自清末光绪壬寅年（1902）诞生首份报纸——《鮀江辑译局日报》，至宣统三年（1911）清廷灭亡，十年间先后出版了近二十种报纸。然而，随着岁月流逝，战乱频仍，政权更迭，这种纸质大众传媒，或是在当时便被人们不经意地随看随丢，或是毁于兵荒马乱的年月，更抑或因内容刺痛执政当局而导致报馆被封、报纸被销毁，以至今天我们除了在一些较大型的图书馆、档案馆的角落里偶然还能找到一两份残缺不全的老报纸，便再难觅其踪、难睹其貌。即便是今天我们所能知道的这十多种报纸名称，亦是从一些民国早期文献和保存下来的几种报纸实物及其上面的广告讯息搜集而来的，或许当年的报纸还远不止这十多种。

图30 《潮报》报头

《潮报》算是汕头埠清末有记载的十多种报纸之一，因至今未见一纸实物，只在《潮声》第十三期的"潮纪"中见过关于其即将开办的一句话式的报道，除约略知其创办于1906年底，创办人熊长卿，其他讯息便一概没有。

一次偶然的翻阅，让其庐山真貌露出一角。翻开一本馆藏的《岭东日报》合订本的隔页，赫然是将《潮报》割开后的"废物利用"（见图30）。《岭东日报》是8开报，装订成16开册。我们从这几页被割成16开后的《潮报》报头和文字、边框规格特点目测，该报至少应是一份4开4版（即二中张）或对开4版（即一大张）的报纸。此种规格跟当时的《岭东日报》《图画新报》《潮声》等现存清末报纸的规格大为不同。《岭东日报》和《图画新报》均是8开报，且都可装订成16开册。《潮声》

是 16 开报，也可对折装订成 32 开册。而《潮报》则是跟现在的报纸一样的规格了，因而让人看上去更像一张报纸，而不像是一份杂志或一本书。

《潮报》总发行所设在汕头埠第一津街西向。第一津街在哪里？笔者为此曾请教了几位"老汕头"，他们亦都不清楚。最近，新加坡陈传忠兄送笔者一册他编著的《汕头旧影》，书中第 28 页有两张完全相同的摄影版明信片，一张在正面画面下边注明"汕头永平马路"，另一张用文字注明是"第一津街"。编者的说明是："本页两幅明信片，景物完全相同，惟上图注明'永平马路'，下面此张由日本大阪神田原色印刷所印行者则写着'第一津街'。到底哪一张才是正确的？"受到这两幅明信片及说明的启发，笔者找来 20 世纪 20 年代初和 40 年代的汕头地图做对比。果然，在 40 年代的汕头地图上称为永平马路的道路，在 20 年代初的地图上是同一条路，却称为第一津街。查《汕头市志》可知，永平马路修建于 1923 年，其时，位于路头的"永平酒楼"刚刚建成，这就说明，永平马路是由当年的第一津街扩建后，借"永平酒楼"的"永平"两字命名而来的。

该期《潮报》出版于光绪三十二年十月十九（1906 年 12 月 4 日），列新闻纸第九号。由此可知《潮报》的创办时间应是在 1906 年 11 月间。不过，出版频率还不清楚。

笔者从《潮报》报头及第二版的"本报告白"知道，《潮报》社除了出版报纸外，还开办印务有限公司，承印各种书籍、文件，经营各种洋纸、色纸、印墨等新闻出版印刷用品。由此可知其是一家具有一定资本的新闻出版和经营的企业。

由于所看到的《潮报》是被裁剪成几页的 16 开隔页，每页都难以有完整的文章内容，只能瞎子摸大象般地根据每一页隔页上的文字内容、版号，作一大概的复原，且也只能略知第一至第四版的大概讯息：第一、四版主要刊登各类广告。该期《潮报》第一版除了刊登一篇《本报征论告白》外，还有《汕头邮政局辖境邮章》等广告。第四版则被潮汕铁路公司的广告占去大部分版面，其他还有《汕头晶华影相楼》《良医到汕》等广告。栏目设置可看到的只有"论说""潮州新闻""京省新闻""外国新闻"等区区几个，"论说""潮州新闻"在第二版，"京省新闻"和"外国新闻"在第三版。

至于报纸内容的风格特点，就几件剪片是难以领略的。不过，我们从第一版的《本报征论告白》或可一窥端倪：

本报征论告白

启者本报之设原为开通起见近来文明进化道德日新士大夫怀抱热诚通晓时事者大不乏人本报有搜罗贡献之责所望海内外同魂志士凡关于政界商界学界以及一切有益人心世道等论不妨惠寄多多以便刊刻广行其有公德心之君子谅不以鄙言为河汉来稿刊否皆应珍袭照章不寄奉还不胜企祷敬问　　　撰安

本报披露

所谓"征论告白",即是该报为"论说"栏的征稿启事。"论说"虽然不是报纸的社论,但多少也可看出该报纸的价值取向和时政观点。"关于政界商界学界以及一切有益人心世道等论"就是该报为"征论"所设定内容的"告白"。

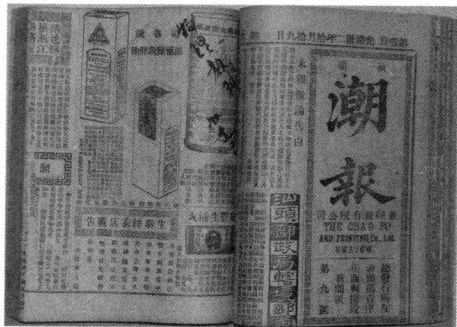

图31　被作为隔页的《潮报》

从《新中华报》到《中华新报》

《新中华报》和《中华新报》,都是孙中山先生创立的同盟会汕头支会所创办的报纸。我们目前所能看到的只有《中华新报》,《新中华报》因清廷的查封、销毁,至今难觅踪迹,一些记载常常将两者混淆或搞错了出版时间的先后,特别是对创办人和主编等都弄错了,如把《中华新报》时期的主编叶楚伧写成报纸创办人等。其实,报纸创办人不是叶楚伧,而是当年同盟会汕头支会的负责人谢逸桥。

图32　谢逸桥

谢逸桥(1874—1926),名延懿、元骥,梅县松口镇铜盘村人。祖父谢益卿和伯父谢梦池均为清末南洋侨领,父亲谢国生为邑中宿儒,生有八子,逸桥是长子。

谢逸桥少年时,目睹列强入侵中国,腐朽的清政府懦弱无能,中法战争、甲午战争,每次无不以中国最终战败赔款而告终。此时,康有为、梁启超的维新思想,给他带来深刻的影响。

1895年,孙中山策划了第一次广州起义,因事机泄漏而失败。起义参加者程壁光逃到南洋槟榔屿谢逸桥之伯父谢梦池家中至次年才离开,谢逸桥因此结识了程壁光,知道了孙中山及其领导的革命团体兴中会,对孙中山产生了敬慕之情。

1900年,兴中会在香港开会,谋划广东独立和惠州起义。谢逸桥当时正协助丘逢甲、温仲和、温廷敬等人创办岭东同文学堂,得知消息后专程赶赴香港拜见孙中山,请求加入兴中会。为探得救国之路,谢逸桥于1904年毅然决定东渡日本留学。

1905年7月,孙中山到日本,倡导成立中国革命同盟会。同年8月20日,中国革命同盟会在东京成立，后改名中国同盟会，孙中山被推举为总理。孙中山提出的"驱除鞑虏，恢复中华，创立民国，平均地权"十六字成为同盟会的政治纲领。当时正在日本留学的谢逸桥，积极参与同盟会的筹组工作，并成为同盟会首批会员。1906年，受孙中山的委派，谢逸桥以同盟会岭东地区主盟人身份回国。谢逸桥回国后，在潮汕铁路局任高级职员，他利用此有利身份，秘密进行"往来运械递信诸务"，为在潮汕地区发动武装起义作准备。1907年春，他创办了《新中华报》，名为宣传新学，实为进行公开的革命思想宣传和鼓动工作。在他的组织领导下，先后吸收了萧惠长、姚雨平、李次温、林修明、郭典三、古直等一百多位岭东知识人加入同盟会。1907年5月，受孙中山的委托，谢逸桥组织部分同盟会员配合潮汕会党许雪秋、陈芸生（均已加入同盟会）等策划丁未黄冈起义，试图在岭东建立革命根据地。黄冈起义军与清军进行了七天七夜的血战，最终因寡不敌众而失败。

黄冈起义失败后，清吏到处搜捕革命党人，《新中华报》也被当局查封，谢逸桥不能再在汕头立足，只能潜回梅县，之后又出国到南洋一带继续进行革命活动。

1908年4月17日，在梅州籍华侨丘燮亭、梁映堂、廖煜堂等人的鼎力支持下，谢逸桥又在《新中华报》的基础上改办《中华新报》。《中华新报》每日出版两大张，星期天停报，星期一停派，每月报价银六角。1908年9月25日起，进行体例改良，栏目设置为："社说""谕旨""要闻"（京事述要、学力述要）、"政界纪闻""学界纪闻""岭东纪闻""专件""选论""专电"，附刊有"小说""丛谈""杂文""词苑""投书""小言""谜猜""图画"。特别创设"嘉应党狱志"专栏，支持学界展开争民主、争人权的斗争。

《中华新报》先由梁千仞任报社社长[1]，陈去病担任主笔[2]，林百举任总编

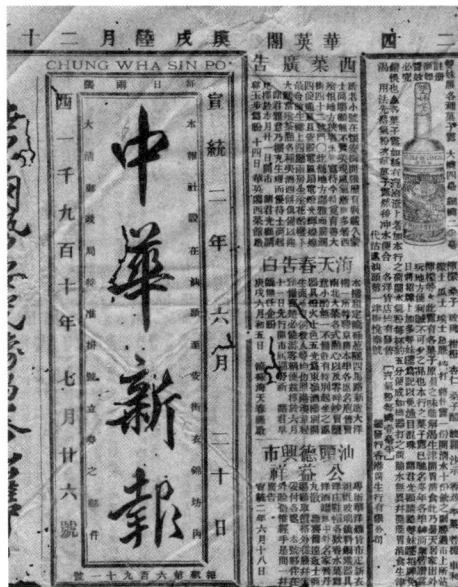

图33　《中华新报》报头

辑。1908年8月，因在杭州组织"秋瑾遇难周年纪念"活动而遭当地清吏追捕的陈去病受聘来到汕头主持编辑工作。陈去病原名庆林，字佩忍，号垂虹亭长，

---

① 黄志平、丘晨波主编：《丘逢甲集》，长沙：岳麓书社2001年版，第635页。
② 林抗曾：《林一厂先生年表》，见《林一厂日记》，北京：中华书局2012年版，第892页。

江苏吴江同里人，是南社创始人之一，1904 年曾任上海《警钟日报》主笔。陈的加入，大大壮大了《中华新报》的编辑力量，他在报上大力宣传革命，使这份报纸成为革命党人在岭南的一个重要宣传阵地。1908 年 11 月 14 日，光绪皇帝和慈禧几乎同日死去，消息传至汕头，陈去病和林百举等报社同人狂喜，通宵庆宴于酒楼。不久，陈因病辞职回上海，叶楚伧于 1909 年春到汕任《中华新报》主笔。①

陈去病返回上海后，经常将南社社员的诗文寄投《中华新报》发表，如 1909 年 5 月 15 日登载柳亚子词《满江红·祝〈民呼日报〉出版，用岳鄂王韵》，1909 年 6 月 17 日发表高天梅为本人诗集题的诗，抒发"誓将词笔挽山河"的志向与感奋，以文笔鼓吹革命主张。

1910 年 10 月 10 日，继《民呼报》《民吁报》被清廷查封后，于右任又在上海创办《民立报》。创刊号上，登载汕头《中华新报》发去的祝电"贵报出版必为国民作气，敬祝前途万岁！"10 月 15 日，又发表《中华新报》的祝词，期许《民立报》维持文运，唤醒国魂的责任："《民呼》既咽，《民吁》不闻，而钳口镧舌，长苦吾民。然智者不画于未成，勇者不慑于已败。故春江人返，秋水潮生时，吾凤麟遗爱之《民立报》，遂勃然兴也。嗟夫！溯伟功于已往，不胜广陵绝散之悲；深期望于将来，可无民立无疆之！"②

《中华新报》因陈去病、叶楚伧相继担任主笔，名声大振，蔚为岭东乃至广东革命喉舌。报纸发行日盛，发行范围不仅包括岭东各地及省内外，还远播南洋各埠。发行量达 13 500 份，其中在海外华侨中发行了 7 000 份，这在当时的汕头埠可是一份无论发行量还是影响力都很大的报纸。

《中华新报》与北京、上海等地的革命报刊相呼应，不但以言论抨击清廷，还暗中成为联络海内外志士的中转站。时任广府中学监督的丘逢甲每次返汕，必到报社与林百举、叶楚伧相聚，以诗唱和，凡作诗文辄投寄该报发表。

《中华新报》还常常刊登南社消息及各地社员投寄的作品，并作为南社刊物《南社丛刻》在潮汕地区的分发行所。南社借助《中华新报》的声望迅速深入到文人之中，为南社在岭南、岭东地区的发展打下坚实的基础。如同盟会汕头分会会员谢良牧、钟动、古公愚（古直）、饶芙裳、温静侯、姚雨平等相继入社，并以报社为聚集地。

1911 年 4 月 8 日，同盟会会员、马来亚华侨温生才在广州刺杀了副都统兼广州将军孚琦，《中华新报》以大量篇幅报道事件的发生经过，并发表评论文章加以赞扬。1911 年 5、6 月间，四川保路风潮暴发，《中华新报》又发表社论《新七杀碑》，引起清廷注意。1911 年 6 月 18 日，广东巡警道以"莠言乱政，妨害

---

① 林抗曾：《林一厂先生年表》，见《林一厂日记》，北京：中华书局 2012 年版，第 892 页。
② 林抗曾：《林百举与南社》。

地安"为名，查封了《中华新报》并禁止其发行。[①]

1911 年 7 月 26 日，由林百举到香港商得美籍华人梁女士到汕将《中华新报》重新改为《新中华报》出版。《新中华报》出版后，持论更加尖锐激烈。时柳亚子、高天梅等南社元老率先作诗投寄相贺。《新中华报》的文艺栏版面，几乎被南社社员的稿件占领。[②]

1911 年 10 月 10 日，武昌起义爆发，经过一夜激战，起义军占领武昌全城。11 月 9 日，广东省城光复，广东宣布脱离清廷独立。

1912 年惠潮梅镇守使吴祥达借驱除占领潮汕的军阀林激真，公报私仇，将黄冈起义领袖陈芸生、许雪秋、陈涌波、余永泰先后诱杀。7 月，竟率部袭击同盟会汕头支会本部，焚毁汕头革命党人喉舌——《新中华报》报社，《新中华报》遂毁于一旦。

图 34　《中华新报》

---

① 本文部分资料参见方汉奇：《中国近代报刊史》，太原：山西人民出版社 1981 年版；黄伟经主编：《客家名人录》第一卷，广州：花城出版社 1992 年版。

② 林抗曾：《林百举与南社》。

《图画新报》

1884 年英国人美查与其友人伍华德等人在上海创办《点石斋画报》。《点石斋画报》每十天出版一期，由吴友如主编。画报以白描画的绘画形式，配以简洁文字，反映时事、人物、风景名胜、发明创造、风土人情、朝廷官场、盗贼活动、妓院生活、僧道尼姑、烈妇孝子、人民灾难、无稽异闻等。由于其形式通俗生动，图文并茂，在中国影响很大。

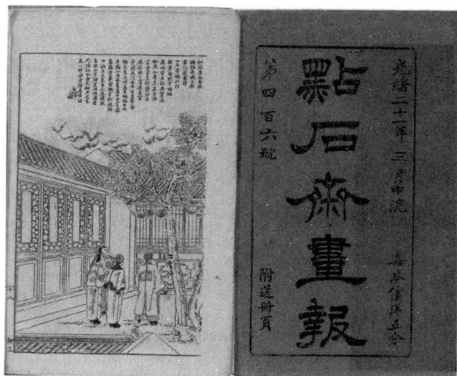

图 35　《点石斋画报》

1906 年，曾杏村创办《潮声》，第二年《潮声》停刊后，曾杏村显然受《点石斋画报》的影响及启发，遂又创办《双日画报》。《双日画报》聘任吴子寿为画报主笔，主要编辑还有郑唯一、许唯心、吴梦林、林国英等，均是潮汕一时名彦。该报馆址设于外马路大峰庙（即存心善堂）后座（同《潮声》馆址）。《双日画报》用石版印刷，除图画外，还用潮语报道新闻及常识、文艺等，深受民众喜爱，销量达 2 000 余份。该报因常常敢于言别人所不敢言而得罪当局。1908 年底，该报报道光绪皇帝之死系为慈禧太后所毒杀，触怒当局，画报被封，曾杏村也被捕入狱，一年后清政府才迫于舆论将其释放。

图 36　《图画新报》插图

光绪三十四年（1908），清廷正式批准颁行《钦定宪法大纲》，汕头成立自治研究会，杨源被推为会长。第二年，成立汕头镇自治议事会，推举萧秋南、吴子寿为正副议长。吴子寿利用此合法身份，于宣统元年（1909）创办《图画新报》（谢雪影《汕头指南》一书称为《图画日报》）。该报馆址设于汕头顺昌街，吴子寿自任社长，时曾杏村已出狱，随被吴子寿邀为该报笔政，吴子寿还邀请揭阳籍名画家王逊（号敏庵）为美编。该报沿用石版印行，设"论说""要电""广东新闻""本国新闻""岭东新闻""谈丛""告白""选录时评""时评""时事短评""代话"等栏目，其中"论说""广东新闻""本国新闻""岭东新闻"为常设栏目，其他则视当天内容适当调整。每天出报一张，第 299 期起扩充至每天出报两张，为 8 开双面印刷，星期一至六出报，星期日和各大节日停报。报价全年 3 元 2 角，闰月另加，单月定价 3 角 2 分，零售价每张一分半。订全年者，可分三次还报费，第一次于农历三月半前交 1 元 2 角，第二次于七月半前再交 1 元 2 角，第三次于冬至前交 1 元 1 角。

曾杏村出任《图画新报》主笔后，仍然发扬其耿直敢言的办报风格，报纸语言虽然不再沿用潮语白话，但内容同样常常言别人之不敢言，新闻也常常用夹叙夹议或加编者按语等方式，抨击时弊，揭露愚昧。如在第 187 期《图画新报》"岭东新闻"版中，登载了一条《澄邑宰之求雨》新闻：

澄海范大令，以天时亢旱，遵例于上月廿七八九等日，在城隍庙北帝楼地方，设坛祈雨，并禁屠宰三天，迨至第三日之晚，果然浓云密布，雷电闪烁，雨声也接续随之而下。虽未能满农人之望，而得一滴数点，也可谓久旱逢甘也。按求雨救日救月之事，在中国古时则然，而当此科学昌明时代犹复沿此陋习，以愚黔首，是真不值识者之一笑也。

汕头埠时虽已成立自治镇，然仍属澄海县管辖，这则新闻如此取笑县令大人，可见曾、吴两君之胆量。

"岭东新闻"是《图画新报》中最有潮味的版块，其新闻采集报道范围覆盖整个潮汕，内容大多是反映民生、民意、民风、民情。汕头开埠后，汕头港成为潮人出洋的必经之地，一些不法客头利用"赊单"形式（即先为出洋华工支付路费，到达南洋后，常常被卖为"猪仔"做苦力还债），变相拐骗华工，因而"赊单"这种出洋方法受到了政府的禁止。第 284 期的"岭东新闻"头条，就有一则这样的新闻，题名为"客头赊单仅以罚款了结耶"，报道了汕头洋务局委员，在惠兴隆客栈查获了四名身无分文的劳工，愿跟一位名叫蔡有贺的客头以"赊单"方式前往荷属吻哩洞（今印度尼西亚勿里洞）打工，被查获后，居然只是对客头罚款了事。

第 182 期的"岭东新闻"，刊载了两则消息，一则是报道普宁县阳县令任内贪污出入口抽税款，该税款是被用来作为常年开浚河道的经费，有公推董事专门管理。然而，阳县令即将离任时，公推董事请求他把余款"核明移交新任大令"，阳县令"怒然拍案，谓所存之款以调别用"，"故阖邑商民咸怀不服，于是廿三日聚盖图章，拟请道府宪核办"；另一则报道潮阳后溪警局违法欺压、干涉百姓婚姻：

潮阳后溪某社郑某，有女十六岁，许与潘某为媳。本月间潘某着媒到郑家催娶，郑某必候明年方准，彼此交涉未楚，潘某即托北局某巡佐，传郑到局，责其何故违约？郑答婚姻之事有自主之权，我若悔婚，方是悖理，潘家若居施压力，强我必行，我唯执理对待。某巡佐谓本年若不准娶，将来恐不免演出抢婚之剧也。

在《图画新报》中，每天的"论说"，内容最为广泛，或是对国家时政、外交等重大事件的评说，或是对社会现象、观念的议论，无不针针见血。第289期的"论说"，刊载了杜国庠先生论外交国事文章《东三省之危机一发》，杜老时年方二十，血气方刚的他，怀抱一腔爱国忧民之心，开篇便浩叹："呜呼，我国瓜分之惨祸，其将不远矣。"接着罗列了其时东三省接连受到日俄的觊觎和掠夺："数月以来，安奉之约，龙川之侵，伊藤满洲之行，俄相东来之举……"文章既揭露了"列强此等举动，皆露其封豕长蛇之真相，而示其鲸吞蚕食之野心"，又分析了清廷在列强面前的懦弱和无奈。第170期的"论说"，标题为"哀哉中国之报馆痛哉中国之前途"，矛头直指清政府对报纸舆论的禁锢，认为"报馆之责任在代表舆论，针砭时政，其所持之言论即有过于激切者，也不过急不择音"，是因为"爱吾君国之极而然耳"。而政府对舆论的禁锢，"使欲谈者卷舌而同声"，则"中国之前途其危乱正不知何所终极耳"！

"论说"有的有绪名，也有的没绪名；文章有长有短，短者一期一论，长者长篇大论，跨期连载。如有一篇题为"功名真诠"的"论说"，绪名觉民，全篇共18章，分20多期连载，从什么为功名，到功名的种类，追求功名之心理、利弊等进行分析、归纳。最后得出结论认为，所有功名可归结为"人爵"和"天爵"，为一己私利者是为"人爵"，为群体公利者是为"天爵"。"古来不乏帝王将相，虽当时则荣，没则已矣，孔子一布衣，而为万世尊为素王"，"盖一则有益于群体而天爵不灭，一则无益于群体而人爵易灭"，并指出："吾国人向来对于人爵抱积极主义，对于天爵抱消极主义者，今则当易人爵为消极主义而思时以破除之，以天爵为积极主义而思时以恢复之，盖必先养成有高尚之人格而后有高尚之事业出见矣。"

《图画新报》的另一看点，当是每期必登的图画，实则是讽刺性漫画。漫画均由王逊创作，内容同样以讽刺时弊为主。如针对当时清廷的所谓立宪，在第162期上有一幅漫画，名为"立宪活剧"，画一小丑站在一个写有"宪"字的球上，尽情玩耍。讽刺"立宪"实已成为某些政治小丑脚下的玩物（见图37）。在第170期上又有一幅漫画，题为"潮州复选议员之影相"（见图38），这幅漫画描绘那些候选者，为了争得一席位，斯文尽丧，打斗争攀，群丑乱舞，无所不用其极。

图 37　《图画新报》漫画之《立宪活剧》

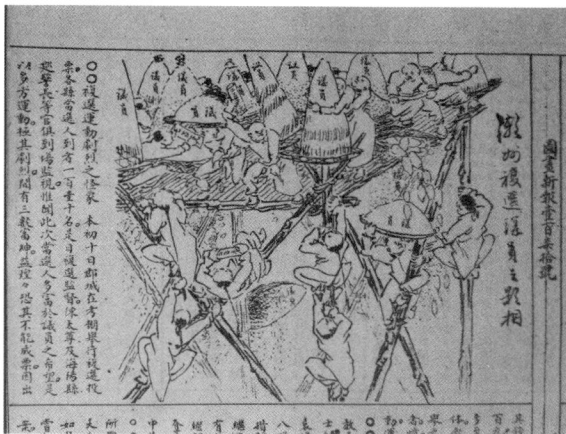

图 38　《图画新报》漫画之《潮州复选议员之影相》

　　第 245 期的一幅漫画，画一差捕手执一网，正将一群赌徒一网打尽（见图 39），该漫画是配合该期"岭东新闻"版刊载的新闻《特别之赌匪》而画的。据该新闻报道，汕头因连年来经济萧条，赌场牌馆也生意冷淡，于是，一些不法之徒，"乃穷极生计……专派赌匪赴搭暹罗、实叻等轮，去时固少所得，唯在回华之际，洋客旋梓，虽多寡不同，总必略有蓄积。乃于轮中开设番摊、万六、

图 39　《图画新报》漫画之《禁赌》

宝场、牌九，种种赌法，作伪诓骗，无所不至，垂囊而去，盈篋而归。一免经费，二免官衙干涉……"，"盖洋客辛苦经营数十年，仅得些少，冀望重返家园，少图安乐，而竟于桑梓在望之顷，顿失所资，其痛切愤恨为何如！故每有中途赌输蹈海之人，此等恶风，实为社会大害，断不可容。但愿官吏勿惮其烦，认真设法，磋商干涉，使洋轮中一律禁赌，其为我华侨益者，当不可量矣。"

　　第 167 期上的这幅漫画，题为"强弱不敌"（见图 40），画上有一群老鼠，叠成一叠，正在向一只猫行膜拜之礼。漫画旁边的文字，是该期"岭东新闻"

图 40　《图画新报》漫画之《强弱不敌》

中的一则，题为"车夫野蛮"。内容是："本埠自有人力车已来，行者称便，然车价无定。若辈小人，动即奢索，时有龃龉之事，未始非地方官无以善处之病，达者憾焉。而人力车中，又有数等分别，如官银号洋行等车夫，常恃势欺凌人力公司之散额车，以故散额车夫畏之如虎。昨晚间八九下钟之际，葱陇地方，因私家车欺凌散额车，中路巡官出而干涉，怡和车夫，竟毅然欲与巡官为难，巡官避其威势，同往见其主人萧君琼珊，萧君知车夫之是非，乃向巡官道歉，谓明天当送往责办……"此则新闻看来虽是市井小事，但恰恰反映了《图画新报》不仅敢于针砭时政，也敢于为平民百姓鸣不平。

第三章
民国汕头埠报业

《汉潮报》与《汉潮日报》

《汕头市志》第六十六卷第一章《报纸》的第一节和第二节，分别有两段对汕头埠清末及民国初期报纸现状的描述。第一节有一段话："汕头的《岭东日报》，于清光绪二十七年（1901）创办，……于光绪三十四年（1908）停刊①。同年出版的还有《汉潮报》②（主持人谢安臣）。"③ 第二节中的另一句是："民国元年（1912）7月创刊《汉潮日报》……"④

鲁本斯的《辛亥革命时期潮汕报刊一隅》一文，则说《汉潮报》与《岭东日报》同年出刊，都是1902年。⑤

有关《岭东日报》的创办、停办时间，笔者已经有另文讨论。现在主要谈《汉潮报》与《汉潮日报》的关系。

《汉潮报》至今虽没见实物，但从各种历史记载看，当时的《汉潮报》，亦即是《汉潮日报》的简称。在上引文字中，《汕头市志》的说法是《汉潮报》创办于1901年（鲁本斯先生说是1902年），《汉潮日报》的创办时间则是1912年7月。显然《汕头市志》是把《汉潮报》跟《汉潮日报》当成出版于不同时间的两种报纸了。

人们对彼此熟悉的人或事物，常常会用简称，家人之间一般只叫昵称，叫名也不会带姓。在汕头，现今人们习惯称《汕头特区晚报》为"晚报"，称《汕头

---

① 1994年3月出版的《潮汕百科全书》和1997年10月出版的《汕头大博览》中，《岭东日报》的释条，均由王琳乾撰写，其创办时间都是1902年5月5日，停刊时间是1911年8月（现在见到的实物最迟是1909年），但在1999年由王琳乾等主编出版的《汕头市志》却说成是1901年创刊，1908年停刊。

② 史和、姚福申、叶翠娣编：《中国近代报刊名录》，福州：福建人民出版社1991版，第358页。

③ 王琳乾、邓特主编：《汕头市志》第四册，北京：新华出版社1999年版，第315页。

④ 王琳乾、邓特主编：《汕头市志》第四册，北京：新华出版社1999年版，第316页。

⑤ 陈汉初主编：《汕头文史资料精选·文教卫体卷》，香港：天马出版有限公司2009年版，第440页。

日报》为"日报"，称《汕头都市报》为"都市报"或"汕都报"。清末，汕头埠市民对报纸名称的称呼同样常常用简称，如《岭东日报》习惯简称为"岭东报"，《汕头公报》习惯简称为"公报"，《图画新报》习惯简称为"图画报"。其实，对报纸的这种习惯性简称，在当时当地一般不会引起误会，但过了一定时间就不一定了，《汉潮报》和《汉潮日报》便是一例。

潮汕诗人陈龙庆在光绪丁未年（1907）写的文章《重九旅行记》[①] 中，有"汕头蕞尔微区耳，而岭东报、公报、潮报三家鼎足并峙，潮声报则以浅白文字为一般社会说法。近且将有双日画报出现……"句，"岭东报""公报""潮报"即《岭东日报》《汕头公报》和《潮报》。《汕头公报》《潮报》和《潮声》均创办于光绪三十二年（1906）。据笔者所知，谢安臣跟陈龙庆是好友，谢几次从福建将乐县到汕，陈均邀请他到鮀浦游龙泉岩，并留有诗文唱和（两人的诗文唱和均收入陈编著的《龙泉岩游集》）。陈对汕头埠报业界可谓敬重有加，他本人亦是《岭东日报》的编辑，经常邀请汕头埠报界同人游龙泉岩。如若《汉潮报》跟《岭东日报》同年创办，在其《龙泉岩游集》中一定有所提及。

诚如《汕头市志》所说的，《汉潮报》的主持人是谢安臣。谢安臣名锡勋，字安臣，号鹦尘，海阳人。光绪己丑（1889）举人，1901—1911 年任福建省将乐县知县，辛亥革命后脱职回乡。其实，我们还可从谢安臣跟潮汕文友的诗文唱和中找到答案。谢于 1913 年去世，其子嗣在民国十三年（1924）为其结集出版《谢鹦尘先生诗集》，其中在《小草堂诗集》中，便收有《乞假放归喜赋时应汉潮日报之聘》和《赋归未果汉潮日报又被林激真蹂躏叠韵志感答李亦俦》两首

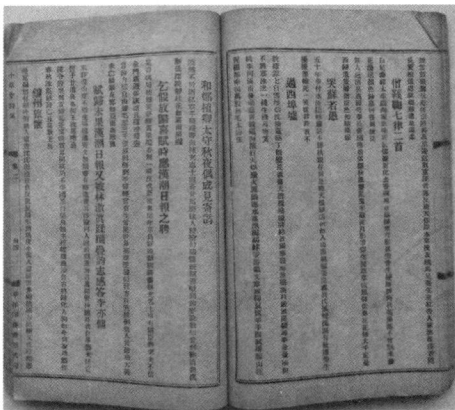

图 1　谢锡勋诗

诗。而王佐时 1924 年为该书写的序言中，亦有"民国初由闽挂冠归来两袖清风主持汕头汉潮报笔政予乃时时草评论就正于先生"句，这都充分说明《汉潮报》即是《汉潮日报》。

还有，《汕头市志》称《汉潮日报》创办于 1912 年 7 月，亦有问题。蔡起贤的《缶庵论潮文集》曾披露张永福 1912 年 5 月致孙中山函[②]，控诉军阀林激真"违抗都督命令，于陈宏萼安抚潮州统一军队之后，突统大兵，雇轮犯汕，迭经都督严电阻止，仍悍然不顾，……于 3 月 12 日再犯汕头"，"围攻安抚使署，

①　陈龙庆编：《龙泉岩游集》，民国七年（1918）刻本，汕头市图书馆藏。
②　蔡起贤：《缶庵论潮文集》，广州：广东人民出版社 1995 年版，第 142 页。

枪杀潮军无数。旋复击商团，抄商会；毁演说所，毁筹帐所；毁《汉潮报》，毁《图画报》；劫掠由暹回汕侨商……"说明《汉潮日报》于 1912 年 3 月间便被林激真抄毁了。由此可知，《汉潮日报》若创办于 1912 年，亦应在 1912 年初，而存在时间最多不会超过 3 个月。

《汉潮日报》的创办人有陈友云（见图 2）、王师愈、王雨若、卢浩川等人，据悉该报以敢于抨击地方恶势力而著称。报社被林激真抄毁后，陈友云赴南洋，先后在新加坡和泰国曼谷与廖正兴、高晖石等创办《天声报》及《振南报》。等到潮汕稍定，陈重回汕头恢复《汉潮日报》，鼓吹共和，反对袁世凯专制[1]。遗憾的是，《汉潮日报》至今未发现有实物保存下来，其具体的创办时间亦就难以推断。此外，陈友云什么时间回汕恢复《汉潮日报》？复刊时间有多久？均未见有其他文献记载。

图 2　陈友云

《大风日报》

《大风日报》创办于 1913 年 2 月 12 日[2]，创办人为谢逸桥、古公愚、林百举、张怀真等。先后出任主笔的有古公愚（见图 3）、叶菊生、张怀真、陈素（见图 4）等。

图 3　古公愚

图 4　陈素

《大风日报》的创办人和主笔大都是同盟会的老会员，谢逸桥还曾于 1908 年创办过《中华新报》，《中华新报》因宣传推翻清廷的革命文章而一度被清政府

---

①　杨启献主编：《庵埠志》，北京：新华出版社 1990 年版，第 395 页。
②　阙本旭：《清末民初时期潮汕报刊出版钩沉》，《图书馆论坛》2005 年第 6 期。

查封。辛亥革命胜利后，袁世凯窃夺革命果实，《大风日报》在1913年4月16日，便发表题为"万恶政府"的时评，揭露袁世凯政府结党营私、丧权辱国、排除异己、杀戮党人的种种罪行，发出了广东舆论界讨袁的先声，同年9月16日，《大风日报》被当局勒令停刊[1]。

目前能见到《大风日报》的实物，只有民国七年（1918）五月二十八日的第五、六、七、八版和民国八年（1919）十一月四日的第五、六、七、八版两天的残报，而这两天的第一至四版均已缺失。

从保存至今的这几个版看，第五版全是广告；第六版有"本省新闻""潮梅新闻"；第七版是"潮梅新闻""本埠新闻"和"时评"；第八版设"世界新潮""社会问题""劳动问题"和副刊《隽纂部》，几个栏目轮换出版。副刊《隽纂部》又设"新闻屑""小说""粹言"等。

虽然只能见到几张没有报头的残报。但我们从其中民国七年（1918）五月二十八日第六版上看到的一则"时评"，还是可再次领略当时主编们的政治敏感度和办报水平。

1917年，以孙中山为首的资产阶级革命党人为维护临时约法、恢复国会，联合西南军阀共同进行了反对北洋军阀的独裁统治，发起了护法运动。同年8月25日，非常会议开幕，31日，通过《中华民国军政府组织大纲》，规定中华民国为戡定叛乱，恢复《临时约法》，特组织中华民国军政府。军政府设大元帅一人，元帅三人，由国会非常会议分别选举。9月1日非常国会选举孙中山为海陆军大元帅，陆荣廷和唐继尧为元帅。但是陆荣廷与唐继尧等追求的是建立护国战争时期军务院那样的合议制政府，按各方实力排定座次，实现他们称霸西南的野心。其时，广东省长亲军司令兼任惠潮梅军务督办的陈炯明也反对孙中山的政策，并且主

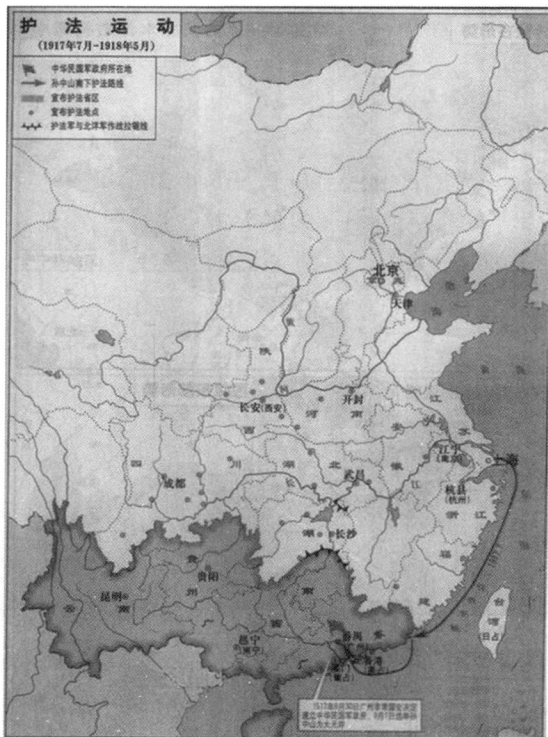

图5　护法运动

张南北各省军阀政权以联邦制形式实行"联省自治"。

1918年3月，段祺瑞再次出任国务总理，即指令驻日公使章宗祥，与日外务大臣交换《中日陆军共同防敌军事协定》草案，5月16日《中日陆军共同防敌军事协定》在北京签字，21日，北京大学等学校学生2000多人至总统府，请求废止《中日陆军共同防敌军事协定》，并要求公布内容条文。当时刚任广东非常国会政务总裁的唐继尧也通电反对段祺瑞的丧权辱国行为。

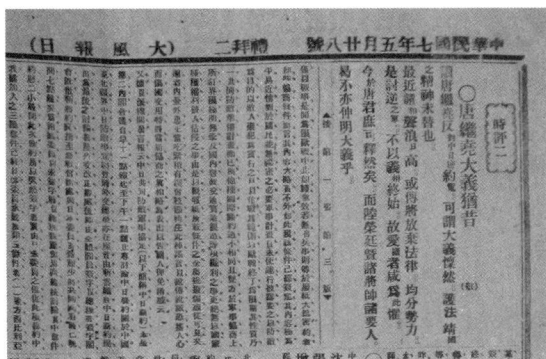

图6 《大风日报》

《大风日报》在同年5月28日发表时评《唐继尧大义犹昔》（见图6）："读唐继尧反对中日密约电，可谓大义凛然，护法靖国之精神未替也。最近议和声浪日高，或传将放弃法律，均分势力，是讨逆之军，不以义相终始，故爱国者咸为此惧。今于唐君庶可释然矣，而陆荣廷暨诸将帅诸要人，曷不也申明大义乎？"以唐继尧反对段祺瑞的卖国行为，直指陆荣廷、陈炯明等人"放弃法律，均分势力"，反对孙中山的护法运动，"不以义相终始"，将让"爱国者咸为此惧"。

《大风日报》是继《中华新报》之后同盟会汕头支会的另一份机关报。1913年2月创办，9月停刊。现在所看到的，是重新复刊的残报。因为没有报头，不清楚复刊期号，故具体何年复刊尚不清楚，有待进一步的资料挖掘与研究。

掞张国华之《掞华报》

《掞华报》创办于民国二年（1913）四月八日，初为双日刊。时创办人郭见闻在《民权报》任编辑兼撰述，与同事杜英陔、张孝陔等谈及自己想另创办一报，得到两人的支持。杜英陔还为该报拟名为"掞华"，意为"掞张国华"，即抒发宣传我中华民族之国粹精华。

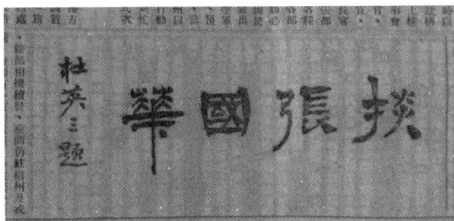

图7 掞张国华

《掞华报》出版后，大力宣传孙中山先生之三民主义，时因袁世凯窃国想当皇帝，该报遂发表文章，反对袁世凯复辟称帝。1913年7月爆发"二次革命"，广东宣布独立。袁世凯任命龙济光为广东宣抚使，率部进入广东，在广东实行白色恐怖统治。当时统治汕头的军阀吴祥达，公开通电拥护袁世凯，接受委任为潮梅镇守使。吴祥达随即于9月间封了《挨华报》，并把报社设备捣毁。郭见闻、林仔肩、蔡彦士三人被捕，吴子寿、曾杏村、黄虞石、郑唯一被通缉，逃亡海外。1915年12月爆发反袁护国战争，黄虞石从海外回广东，被推为全粤总指挥，郭见闻等人也设法出狱，投入讨袁运动中。

1916年6月6日，袁世凯死后，郭见闻等七人得以重获自由。不久，《大岭东报》复刊，郭时任《大岭东报》编撰，因"同是为党工作，固不必定要还我挨华"，《挨华报》遂没有复刊。民国十八年（1929），《大岭东报》歇业，《挨华报》遂拟重新复刊。1929年11月5日，《挨华报》正式复刊出版。

复刊后的《挨华报》，仍由郭见闻任社长兼总编辑，报址设于汕头市新马路43号。《挨华报》为日报。每天出报两大张，对开双面八版，星期日停刊，星期一停派。版面设置，第一版设"译电""国内新闻"，第二版设"本省新闻"，第三版设"岭东新闻"，第四、五版为广告，第六版设"本社专电"和"本市新闻"，第七版设"市间简录"，第八版为文艺版。零售价每份10仙，每月本埠定价大洋1元，外埠定价1元1角，国外定价1元6角；半年本埠定价5元5角，外埠另加5角邮费，国外定价9元；全年本埠定价10元，外埠定价11元，国外定价17元。

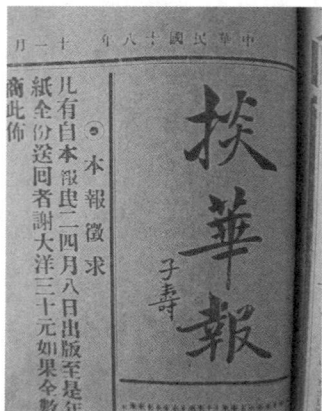

图8　《挨华报》报头

值得一提的是文艺版，在复刊首日，便以连载方式，刊载了许无畏的《潮汕革命史略》和郭外的《守一草庐笔记》。《潮汕革命史略》主要描述潮汕人民为推翻清朝统治，建立民国政权的革命历程。《守一草庐笔记》则主要记录清末民初潮汕民间各种奇事异闻，为此，作者特意在首期加以声明："予意此书，事虽涉于不经，理当无乖呼劝善，尚不忍弃也，若以迷信目之，则左矣。"

郭见闻等人，一生追随孙中山先生的革命事业，《挨华报》正是宣传三民主义的阵地和喉舌。诚如其复刊辞所写："……以期三民主义得以实现，一切险艰在所不顾，一切危难在所不恤。主义所在，生死与之。河山可移，此志不渝。兹当复版，掬诚以告，邦人诸友，幸有教之，谨此宣言。"

图9　《挨华报》

《公言日报》

《公言日报》创办于民国二年（1913）十一月十日，报社地址初设于育善后街60号，之后搬至育善前街24号。该报是由张裕酿酒厂老板、大埔人张弼士创办经营，由张秩卿主持。创刊之初，聘请温廷敬（丹铭）为笔政。温廷敬有感于当时中国社会军阀割据、党派纷争，"暴民猾吏"利用报纸这种舆论工具，为自己的利益服务，因而报纸常常可以阿谀奉承、颠倒黑白，混淆是非。因此，在其《发刊词》中说："创为是报，本其稳健之政见，权以今日之大势，而合乎同然是人心，不以小己之私，而害一党之公。不以一党之私，而害国家之公。其合于公言者，则吾从而发扬之。……故夫公言者，非一人一党之公言，而国家天下之公言也；非一时片晷之公言，而千秋万世之公言也。"

图 10　公言日报

图 11　温廷敬

1916年桂系军阀莫荣新赶走广东督军陈炳焜，自己坐上广东督军之位，梅县人刘志陆时在莫军中任军长，在此战役中，立下了汗马功劳，被委任为潮梅镇守使。刘时年28岁，人称"少年将军"。为了歌颂新到任的镇守使，报社主持人瞒着温，将一篇颂扬刘志陆的文章登于报上，温见报之后，对这种有违其创刊初衷的文章，感到很生气，遂辞去该报主笔职务。

《公言日报》最初的副刊叫《杂箸》，1919年后改名《谈丛》，至1922年，又改名《新诸子百家》。早期的副刊多刊登一些清闲文学，如鮀浦人前清秀才陈龙庆（芷云）常邀请汕上时贤到鮀浦龙泉岩游玩，写下一些游记唱和之类诗文，投于该报副刊。

1917 年 7 月，张勋复辟失败后，冯国璋代理大总统，段祺瑞出任国务总理。段祺瑞为了其所谓的"武力统一"中国，不惜出卖国家主权，先后跟日本签订了《中日陆军共同防敌军事协定》《中日海军共同防敌军事协定》，使日本人取得了在我国驻军以及军队自由出入我国东北

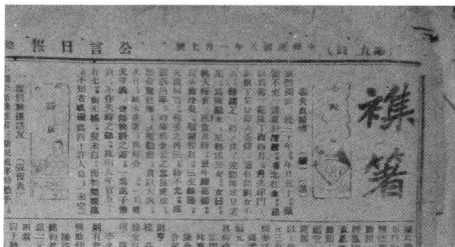

图 12　《杂箸》副刊

和蒙古的特权。段的卖国行为，遭到全国人民的坚决反对。1918 年 5 月，留日中国学生在东京举行示威游行，抗议段祺瑞与日本签订军事协定，遭到日本当局的殴打镇压，留学生们纷纷罢课回国，组织救国团体，进行爱国宣传，《公言日报》对此及时进行了报道。1919 年五四运动爆发后，《公言日报》在汕头率先进行报道，发行号外，在潮汕各地引起强烈反响。《公言日报》还辟专栏"神州义愤"，报道全国及潮汕各地反帝反封建的爱国运动，并发表短评，鼓励潮汕青年学生的爱国行为。

图 13　《公言日报》报头 1

图 14　《公言日报》报头 2

1923 年，《公言日报》改由大埔人邱星五经营，邱星五遂重邀温丹铭为《公言日报》主笔。

《大东报》

《大东报》创办于民国二年（1913）底，创办人陈义，报社地址设于永和街466号，民国四年（1915）后，社址迁至升平街69号。

图15　《大东报》报头1

图16　《大东报》报头2

该报每天出报两大张，对开八版，设"中央要闻""各省要闻""粤东新闻""粤省要闻""时评""潮梅详闻""本埠杂闻""世界纪闻""国外纪闻""华侨近闻""时评""告白""政论""特电""社论""选论""编辑余谈""专件""竹头木屑""丛谈""韵言""小说""传记"等栏目。民国三年（1914）六月粤东设潮循道，该报遂把"潮梅详闻"栏目改名为"潮循详闻"。

《大东报》设立关注华侨的版面，因而在东南亚有一定的读者，其订阅价格说明也较其他报纸具体。如在民国三年（1914）正月初四出版的报纸上，刊登了该报的订阅价格："每日二十五文，每月六角，全年六元。订阅全年，先收半费，如由本埠商号代订报费，向本埠收者也便寄阅，空函订报恕不奉寄。外埠每月加邮费一角五分，全年加一元五角。国外，已入邮会者（即寄达国已加入万国邮政联盟——笔者注），全年四元；未入邮会者，全年八元。其未设邮者酒力自理，其或由邮局转寄虽交邮费，而民局酒力仍由阅者自理。"

不久，第一次世界大战爆发，国际市场上新闻用纸价格飞涨，该报跟《公言报》联合刊登公告"增加报费告白"：

欧战方殷，百物腾贵，报馆纸墨犹难支持。近日纸价较之前年已涨至加倍，收报费与纸墨费相较以至亏本。兹暂维持起见，自旧历丙辰元月二十一日起拟增加报费，借资弥补，特将拟定章程宣布于后，阅报诸君希为原谅：

一、报费：每份每年增加二元阅全年者定价直平九元每月九毫零售每份三十五文邮费照旧毫子照市计算

二、告白费：论说前每百字每星期六元正面四元副面二元也均七兑计算。

三、代派处折扣：此次增价原系弥补纸墨起见各代派处原系八折现增二元便不折扣每份每年仍以一元四毫为酬金。

四、声明：此次加价原非永久盖法俟纸价平复届时当再布告仍复旧价以广招徕。

公言、大东报同启

《大东报》的"潮梅详闻"办得很有特色，贴近民生。民国三年（1914）三月二十六日的"潮梅详闻"，有一则消息题为"愿寻死路"，现录如下：

潮汕铁路，日昨由郡开驶至彩塘附近地方，有一外方妇人年三十许，卧于铁道，经由驶车者响烟筒数次，彼终不动，以致辗毙。嗣探其身中有书一封，内云因无父母兄弟子女，家贫如洗，且染病数年医治不起，故思生不如死之为快。现已由路局雇工收埋云。

这则消息至今读来仍然令人唏嘘不已。

最值得一提的是该报的"编辑余谈"和"谐文"。前者登在每天报纸第七版的左下角，并不起眼，稍不注意就被人忽略；后者同样放在第七版，不过位置稍靠上。"编辑余谈"主要就近期的主要新闻作评价，这就很容易看出该报编辑乃至办报人的新闻取向和政治取向。民国四年（1915）八月十八日该报的"编辑余谈"中，有一则消息题为"县长包赌"，消息源于该报几天前的"潮循详闻"报道了惠来许多地方公开设赌馆，且得到当地警察的保护，县长也默许这种做法。因此，编者便就此新闻作评论："县长包赌，各县几居大半。在警长作掩耳盗铃之计，也不用探究，有禁赌之名，无禁赌之实。难怪开赌被拿者，不俯首贴服，地方官的行政如是，清夜扪心，能无愧否？"

1915 年 12 月 25 日，袁世凯废除共和制，恢复帝制，宣布第二年改元"洪宪"。其实，早在年初，袁世凯便利用各种办法大造舆论。当时许多反对者都被袁世凯打击报复。然而，在潮汕的报纸上，还是可以看到不同的声音。就在袁世

凯称帝的前夜，民国四年（1915）十月三十日，《大东报》在第七版，登载了一篇署名"宇澄"的"谐文"《送别共和文》："今也正值君四龄初度，谢绝人世……君也何憾而自伤呼？余与君相交四载，视君之死，能不伤情？爰为文以送之，吊之以歌曰：哀君之不寿兮，历四载而夭折。痛吾民之无依兮，君何忍而长别。爰举首而西望兮，空凭吊之先烈。杀身以成仁兮，原野洒乎碧血。国事之扰攘兮，吾民心甚郁结……"最后，作者向天长呼，祈盼共和制"魂兮归来"！

文章用拟人化手法，把刚刚诞生的共和制当作一位稚童因"自伤"而谢世。文章作为"谐文"登出，表面上看是戏谑，实则是抨击、控诉。

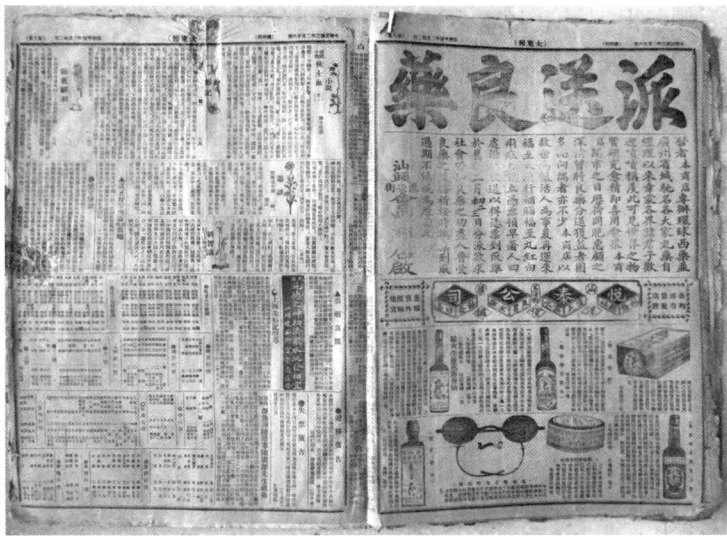

图17　《大东报》

《观潮报》与《观潮日报》

前面曾经谈到，人们习惯用简称，如《岭东日报》简称为"岭东报"，《汕头公报》简称为"公报"。但在现当代，报纸的名称有时就是一字之差便完全不同，不同时期、阶段的同一家报纸，有时因不同阶段办报宗旨不同，亦故意略为改变报名，如《新中华报》与《中华新报》。

那么《观潮报》是否就是《观潮日报》的简称？或者是否是同一家报纸的两个不同时段的名称？我们可通过相关资料的记载对其进行研究。首先，在谢雪影的《汕头指南》中，对汕头报业的介绍便只说到"观潮"二字，是《观潮报》

还是《观潮日报》？具体创办时间和创办人等信息书中均没有说明①；《汕头市志》对汕头埠的报业记载则是："……民国元年（1912）七月创刊《汉潮日报》《观潮报》《晨钟女报》……"②；《图书馆论坛》2005 年第 6 期阚本旭先生的《清末民初时期潮汕报刊出版钩沉》中，其附录只有《观潮日报》："观潮日报 1909 汕头埠、不详、又名观潮报，引自《中国近代报刊名录》福建人民出版社 1991 年版"。笔者直接查《中国近代报刊名录》（福建人民出版社 1991 年版），原书释文是"《观潮报》1909—1911 年间在汕头发行的报刊"③。可见《清末民初时期潮汕报刊出版钩沉》一文把《观潮报》直接当成《观潮日报》，且其在引用时，也直接把"1909—1911 年间"简略成 1909 年。

本来，《观潮报》为《观潮日报》的简称是说得通的。问题是《中国近代报刊名录》称《观潮报》的发行时间是"1909—1911 年间"，即其创刊在 1909 年；《汕头市志》记载其创刊时间的则在 1912 年 7 月。同是《观潮报》，前者从创办到整个发行时间都在清末时期，而后者单就创办时间则属民国了。鉴于《观潮报》目前尚未见实物，而笔者所见的《观潮日报》，是民国六年（1917）五至六月间出版的报纸。其六月三日上的期号是 120 号，五月二十六日上的期号是 113 号，依此反推，笔者所见的《观潮日报》的创办时间应在 1917 年 1 月左右。

那么，发行于"1909—1911 年间"的《观潮报》或"创刊于 1912 年 7 月"的《观潮报》跟实物看到的、发行于 1917 年的《观潮日报》究竟有没有关系？缺乏实物的佐证，难以下定论。但还是可以作几方面的假设：①《观潮报》跟《观潮日报》没有关系，是两种报纸；②《观潮报》即是《观潮日报》的简称。《观潮报》虽然曾于"1909—1911 年间"发行（或于1912 年 7 月创办），但因我们尚不清楚的原因停办，1917 年重新复办，期号照续；③《观潮日报》的前身即是《观潮报》，1917 年复办时改名《观潮日报》；④"观潮报"即是《观潮日报》的简称，创办于 1917 年，发行于"1909—1911 年间"（或创办于 1912 年 7 月）的信息错误。

按《观潮日报》（见图 18）上的记载，该报的发行人叫陈汝诚，主编寄鲓，报纸由名利轩印刷，报社地址设于汕头埠永和街 11 号。报纸由邮政部门登记确

图18 《观潮日报》报头

---

① 谢雪影：《汕头指南》，汕头：汕头时事通讯社 1933 年版，第 115 页。

② 王琳乾、邓特主编：《汕头市志》第四册，北京：新华出版社 1999 年版，第 316 页。

③ 史和、姚福申、叶翠娣编：《中国近代报刊名录》，福州：福建人民出版社 1991 版，第 180 页。

认为新闻纸，但该报纸上未见订阅办法及报价。

该报每天出报对开两大张共八版。第一版为广告，第二版设"社说""本报专电""电信""中外新闻"。有时碰上新闻太多，"社说"便暂停。第三版设"中央命令"（"中外新闻"有时也放在此版）、"粤省新闻""批评"，第四、五版全部是广告，第六版设"潮梅新闻"，第七版设"汕埠新闻""特别纪载"。第八版为副刊《挥尘谈》（见图19），设"文坛""小说""笔记""杂俎""益智录"等。

该报在当时，也属于敢言一族。其"批评""社说"甚至"副刊"，均时不时便会登载一些直言时政利弊的文章。如民国六年（1917）六月三日第三版的"批评"，刊登署名"亚针"的文章《强权与公理》（见图20），对当时的军阀利用手中之权，强奸民意、蔑视公理予以抨击，最后指出："昔袁氏尝强权钳制国民，而我国民几无公理之可言矣，竟不旋踵而覆灭。此无他，凡世界共和国家，唯以法治之主权统一之，断不能以势力威权统一之也。"

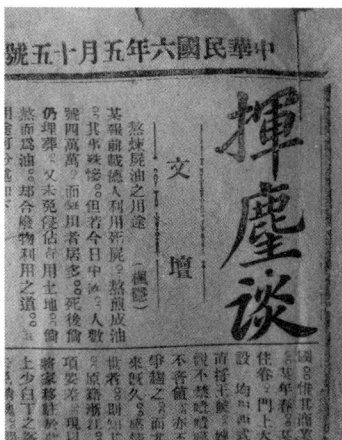

图19　《挥尘谈》副刊　　　　　图20　《强权与公理》

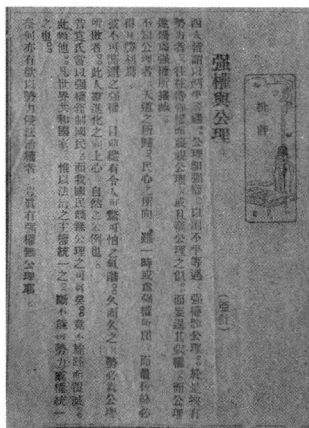

民国六年（1917）五月二十六日第二版的"社说"，刊登了当时"江南三名士"之一江苏人高吹万的文章《论中国不振之大原因》。文章一针见血地指出中国之"不振"，皆"由于官僚派之腐败也"。文章分析了"中国官僚，本无学术、目不识丁者有之，其进身也，攀援推挽，如狼狈之相倚而行；附势趋炎，如蝼蚁之寻膻而食；……纳贿者不以为耻，受贿者不以为贪，一登仕途，国弱民贫，如无闻见。源不清者流必浊，恶种流传，愈积愈甚，故为官者，庸愚奸黠，阁院部署，实为钻营奔竟之门，酒馆茶楼，可为藏垢纳污之所，纪纲之堕落，不堪问矣，纵有一二贤明官吏，欲挽狂澜于既倒，也戛戛其难矣。政治愈趋愈下，原非无因。"

中国官僚"知有身不知有国，以一身之荣枯得失为荣辱，不以国家强弱存亡为荣辱。政权在握，有利于己者，靡所不为，害于国家，也所不恤。积习相沿，弊重难返"。因此，以"斯人而治斯国，即至千年，必无进化之希望，不亡何待？""前清之官僚专制亡国，民国之官僚，岂欲以受贿亡国乎？"

文章最后直指段祺瑞政府："呜呼，官僚派之腐败，而今日之段内阁其尤甚者！"

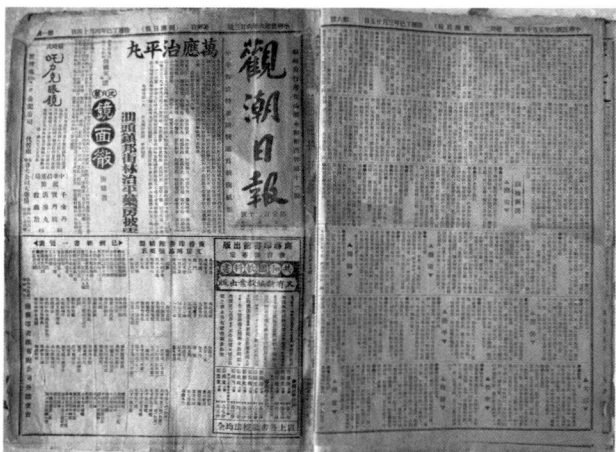

图21 《观潮日报》

孙中山亲自题写报名的《大岭东日报》

《大岭东日报》是继《图画新报》之后吴子寿创办的又一份在潮汕报业史上有影响的报纸。该报的具体创办时间现在尚不清楚，20世纪30年代的《汕头指南》在介绍该报时，没有写具体创办时间。吴子寿的孙子吴游在《清末民初吴子寿在潮汕开拓了新闻事业》一文中，认为《大岭东日报》的创办时间是1920年，还有另外的书则说其创办于1923年。但笔者所见到的最早实物是民国七年（1918）十二月九日，而在另一份民国十二年（1923）十月三十日的《大岭东日报》上，其编号期数是第1339号（期），若以每年出报300期（除掉每年约50多个星期一和10多个节假日停报）计算，1339期也要4年多时间了，因此以1339期反推，该报的大致创办时间应是1918年。

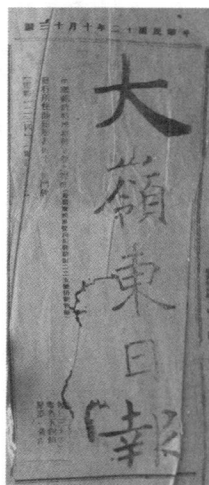

图22 《大岭东日报》报头

《大岭东日报》创办后，吴子寿自任社长，张凌云任总编辑，报社社址设于汕头顺昌街 11 号（民国十七年后改为 12 号，应是门牌号调整，不是社址改动）。最初每天出报多少张尚不清楚，在上面提到的那份民国七年（1919）十二月九日报纸，版号是第七、八版（实物只是半张对开报纸），可知当年每天出报至少是对开两大张。而在另一份于民国十年（1921）五月发行的报上，已见有第九版的版号，民国十二年（1923）十月三十日那份报纸，则已标明每天出报三大张（即对开三大张十二版）。因此也有一个可能，该报一创刊便是每天出报三大张十二版。报纸经批准，为中华邮政特准挂号立券之报纸，广东邮政管理局发给第二二五号挂号执据，零售价每份五铜仙，至民国十六年（1927），零售价每份调为七铜仙。值得一提的是，1924 年之后，《大岭东日报》得到孙中山先生亲笔题写报头，这在当时汕头埠乃至潮汕的报业来说，都是绝无仅有的。

图 23　孙中山题写的《大岭东日报》报头

《大岭东日报》每天出报三大张之后的版面设置是这样：第一版基本是广告，第二版设"评论""各报电讯""译电"，第三版设"世界大事记""本国新闻"，第四版、第五版、第八版、第九版全部是广告，第六版设"岭东新闻"，第七版设"党务消息"和"本市新闻"，第十版设"农工消息""街谈巷议"，第十一版是各种副刊或周刊版，第十二版设"商情"。

吴子寿早在办《图画新报》时，便是大力宣传民主、科学的先锋之一，《大岭东日报》创办不久，五四运动爆发，潮汕的一批青年如许美勋、冯瘦菊、洪灵菲、邱玉麟、戴平万、陈也修等人，响应五四运动号召，积极提倡新文化、新思想。吴子寿时年虽已近五十，但他十分支持青年人追求新思想，提倡新文化。为此，他特地在《大岭东日报》第十一版上开辟副刊《新文化》（见图24），以刊载他们的作品。

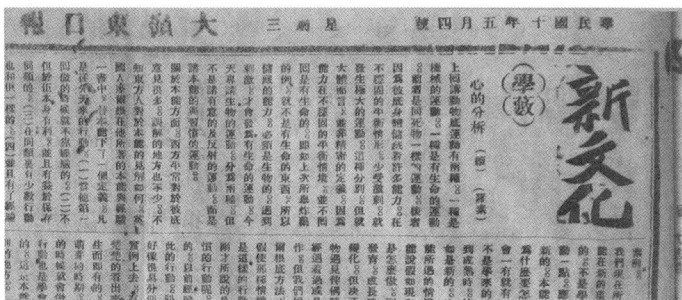

图 24　《新文化》副刊

1923年1月，许美勋在《大岭东日报》发表《和潮汕学界磋商组织文学团体书》，同月31日，《大岭东日报》发表了蔡心觉的《组织文学团体的商榷》，对许的提议表示支持。时在广东高等师范学校（即现在的中山大学）就读的洪灵菲（见图26）、戴平万（见图27）等人得知此消息后，致信支持。不久，火焰学社在潮汕成立，主要成员有许美勋、冯瘦菊、洪灵菲、邱玉麟、戴平万、陈也修、曾万年、罗吟甫、谢友梅、蔡心觉、钱杏邨（见图28）、吴青民、詹昭清、张良启、李应滋等以及金山中学的学生、教员和北京、上海、武汉、广州、天津等地高校的潮汕籍学生，南洋各国的青年华侨等。火焰学社成立后，在《大岭东日报》设《火焰》周刊。《火焰》周刊于1923年8月5日正式出版，由许美勋主编，刊名"火焰"两字由戴平万的父亲戴仙俦题写。1925年后，许美勋兼任《汕头星报》编辑，《火焰》周刊的通信处便设于《汕头星报》社内。

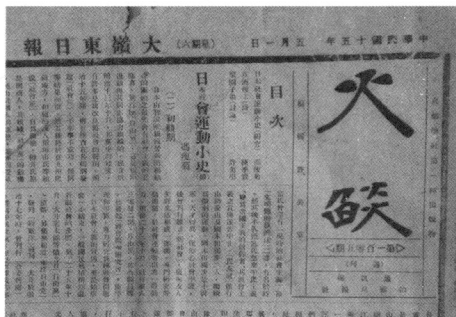

图25 《火焰》周刊

图26 洪灵菲　　　　图27 戴平万　　　　图28 钱杏邨

《火焰》周刊主要刊登新诗、白话小说、散文、随笔、译著、连载以及对苏俄文学和日本社会运动历史的介绍等。《日本社会运动小史》由冯瘦菊编写，对日本自明治维新之后的社会发展史作简明的介绍，目的在于给当时中国社会作他山之石。许美勋除了创作大量的新诗和散文外，也写了一些有分量的论说，如第

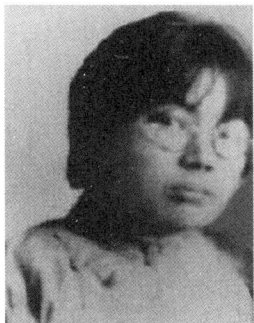

图29　冯铿

103期的《火焰》上，刊登了他的《中间阶级》一文，便敏锐地指出，许多承认唯物史观的学者只注意到资本与劳工两个阶级的存在和斗争而忽略了在两者之间，其实还存在一个阶层，即是中间阶级。他提醒人们在研究阶级斗争时，也要注意对中间阶级的研究。《火焰》周刊办了近三年，由于其明显的"左倾"思想，在1927年"四一二"事变后停办。许美勋跟冯瘦菊的妹妹冯铿（见图29）辗转于桑浦山谷一带教书，1929年前往上海，在上海参加了中国左翼作家联盟。

　　几乎在火焰学社成立的同时，礐石中学学生及部分老师也成立了彩虹文学社。1927年下半年，彩虹文学社在《大岭东日报》设《荒塚》周刊，由林影主编，同样也刊登新诗、散文和小说等作品。彩虹文学社还有另一周刊《微音》，也于1927年下半年在《大岭东日报》第十一版创办，其稿件则由澄海西门外四古山房的吴其敏收转。《大岭东日报》还设有文艺副刊《岭东公园》和娱乐副刊《游艺场》。

　　1929年，《大岭东日报》歇业。[1]

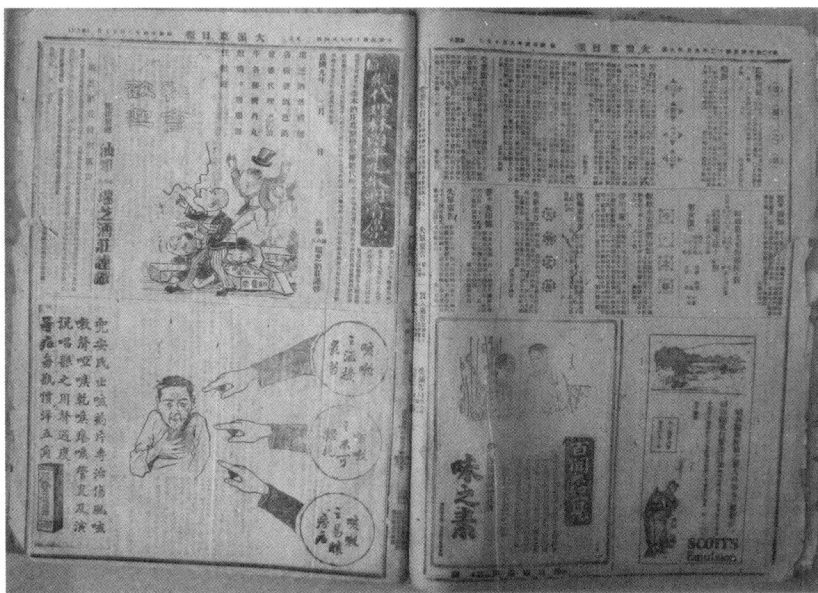

图30　《大岭东日报》

①　郭见闻：《复版宣言》，《揽华报》复刊号，1929年。

《民声日报》

　　《民声日报》至少在 1921 年 6 月 24 日前，名叫《民声报》。谢雪影在《汕头指南》中，介绍《民声日报》的创办时间是民国十二年（1923），《庵埠志·人物传》中，则说"一九一八年，得汕头华安水火保险公司（王少文）支持，在汕头创办《民声日报》"①。笔者所见实物最早有发行于民国十年（1921）六月二十四日的报纸，且其报头编号期数已是"新闻纸第四百十四号"，可知此前《民声日报》已出版 413 期了。413 期若按日报发行周期推算，《民声日报》至少应是有一年半的出版时间。就是说，《民声日报》应在民国八年（1919）底或民国九年（1920）初出版。当然，这种推算是建立在《民声日报》在此期间没有停办、停刊或改变发行周期的基础上。至于《庵埠志》记载的 1918 年的创办时间，虽未能见实物佐证，亦有一定的道理。

图 31　《民声日报》报头 1　　　　图 32　《民声日报》报头 2　　　　图 33　《民声报》报头 3

　　《民声日报》最初的创办人是陈小豪，后由谢伊唐接任。1923 年 6 月后，又由陈友云继任。1934 年 1 月 1 日起，社长一职改由杨世泽接任。报社地址也几经变换，最初在汕头永和街 47 号，后改在永安街 23 号，民国十八年（1929）调整为永

---

　　①　杨启献主编：《庵埠志》，北京：新华出版社 1990 年版，第 394 页。

安街 24 号，旋又改为 28 号，民国二十一年（1932），门牌又调整为永安街 25 号。

《民声日报》在 20 世纪 20 年代每天出报基本都是对开三大张十二版，20 世纪 30 年代后才改为对开两大张八版。20 世纪 20 年代，其第一版一般均为广告，20 世纪 30 年代后改为"本报要电"；第二版设"社论""译论"或"特载"，1926 年后改为"本省要闻"，1936 年后改为"本报专电"；第三版最初设"汇电""本国要闻""时评"，1926 年后改为"国内要闻"；第四、五、八、九版一般均为广告；第六、七版为"潮梅新闻"；第十、十一版为"本埠新闻"；第十二版是副刊《博闻录》，设"笔记""杂俎""医学""文苑""诗界""瀛谈""新闻拾遗"等，20 世纪 30 年代后，报纸改为每天两大张，《博闻录》便改在第七或第八版，1936 年后《博闻录》又改在第四版。

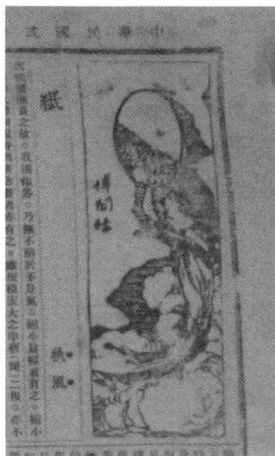

图 34　《博闻录》副刊

《民声日报》自创办后，虽然报社社长和地址几经变换，但其稳健、踏实的办报风格却始终未变，特别是对本地商情、商况的报道，及时且客观，因而也招来了不少的商业广告业务。汕头总商会各项活动情况、商会所属各行业拍卖通告和商会的各项通告，基本都是在该报刊登。此外，汕头存心善堂、诚敬善堂、汕头平民工艺院等慈善机构也经常在该报刊登对社会各界和个人的捐款鸣谢或募劝善捐的广告。

《民声日报》的副刊《博闻录》办得很有特色，既有科学普及知识如《宇宙有限乎抑无限乎》、世界知识介绍如《记世界最大赌城莽德洛》（即摩纳哥的蒙特卡洛），也有生活常识如《有特殊效用的几种蔬菜》《利氏长寿诀》，而温丹铭的《广东新通志列传稿》连载和温克中的《广东新通志宦绩录稿》连载以及翁辉东的《潮语雅训》、秋风的《潮州俗语考》等连载，也给《博闻录》增色不少。

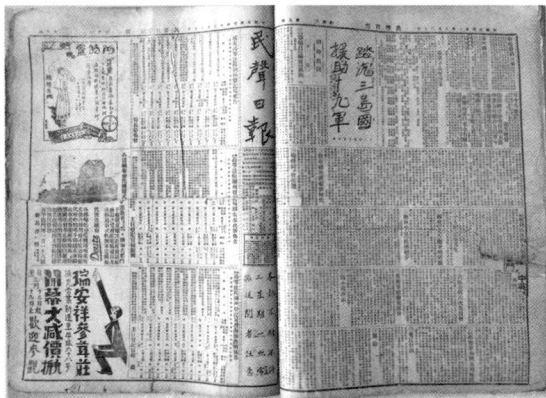

图 35　《民声日报》

《汕头晨报》

　　《汕头晨报》（见图36）创办于民国十年（1921）七月十五日，创办人陈箇民（广东揭阳棉湖人，民国十四年十一月至十二月曾任汕头市长）。该报创办之前几天在《民声日报》上刊载广告，宣称天天出报，即每星期出报七天，每天出报二张，4开8版，社址在汕头泰兴街6号。办报宗旨是"接受世界潮流改造国民思想"。[1] 主要设置有"世界要闻""国内要闻""本省要闻""地方新闻""本市新闻"以及"本市商况""华侨近讯""实业调查""社会写真""杂载""公布""公开邮件"等栏目，此外还有副刊《晨曦》。

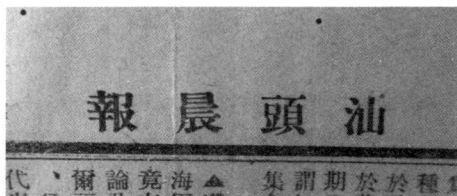

图36　《汕头晨报》报头

图37　《晨曦》副刊

　　作为一份地方小报，《汕头晨报》侧重的是对汕头这座新兴城市每天发生的、与广大市民息息相关的大小事件的报道以及潮梅各地的新闻。

　　民国初期，各地军阀混战，时常有散兵游勇流落他乡，汕头市区常有流窜的散兵，在市区偏僻处拦路抢劫，是汕头市治安长期不好的一个主要因素。民国十年（1921）十一月十八日《汕头晨报》的第七版"本市新闻"，就有一则标题为"派警梭巡预防路劫"的消息。这则消息报道了汕头警察局针对当时汕头市"中马路地方辽阔，常有散军夜间在该路段拦劫路人财物"，"特将该局游击队挑选十八人，分六小队……夜晚按照路线认真梭巡，……以补岗警耳目之不周"，同期相关报道还有《军人烂仔闹剧场》等。在"本市新闻"中，还有一些跟市民生活息息相关的报道，如《危屋何不速修》《去污水以重卫生》；还有对下层人民生活状况报道如《龟头酷禁妓女》《拘罚人力车夫》等。《拘罚人力车夫》的消息只有一句，却很耐人寻味："昨天有第八十号人力车夫，拖车进入街内，被

――――――――――――

① 《民声日报》，民国十年（1921）六月二十四日第二版。

至安街岗警拘回第二区署处罚，闻该车夫系因无送资与该岗警之所致也。"

民国九年（1920）上半年间，英商太古洋行在英国驻厦门领事默许下，在该行门前已非法匿占的海后滩填筑码头，欲将木质浮桥改建为钢筋水泥式飞桥，以利趸船与海后滩之间的货物运转，企图任意侵占中国领土，垄断厦港的交通、贸易。此事再次燃起厦门民众的反侵略怒火，厦门各民众团体组织保全海后滩公民会，指出英商太古洋行在海后滩公路前之海滩，擅筑码头，事关国权，属在国民，万难坐视，动员厦门民众起而抗争。厦门人民反对英国侵略者强占海后滩一案，迭经斗争，不断扩大影响，引起海内外民众重视，各民众团体函电交驰，声援厦门民众的反英斗争，时汕头、上海等地各界民众也纷起响应，支持厦门民众的反英斗争。《汕头晨报》1921 年 12 月 31 日的"本市新闻"便刊登了这样一条消息《旅沪广帮劝告太古行》，目的在于告诉太古洋行，他们在厦门的行为已犯我主权，"大背商民舆论"，虽然"贵行与华商交易多年，情谊素洽，想断不因此有失各商帮感情"，因此劝告其"顾全我国舆论，笃念商帮情谊，速为让步，以免有伤感情"，并限其"五日内函复"。

《汕头晨报》的副刊《晨曦》，是一综合性副刊，设"批评""言论""讲演""译述""诗""小说""随感录""公开邮件"等栏目，刊头"晨曦"两字由胡汉民题写。1921 年下半年，"译述"栏连载了由梁实秋翻译的格塞甫的《托尔斯泰与革命》。

图 38　《汕头晨报》

《平报》

1911 年的辛亥革命推翻了清王朝，建立了中华民国。其时，西方民主思想传入中国。1919 年五四运动爆发后，民主的理念很快深入人心，民主理念的核心，即所谓"民粹主义"或"平民主义"，也成为国民追求自由、平等的代名词，"平民"一词在中国也变得十分流行。

蓝逸川、钱热储在 20 世纪 20 年代初期创办的《平报》（见图 39），或许就是"平民日报"之简称。在其每天对开八版的报纸中，常设的栏目不仅有"平民常识"，还有"平民俱乐部"或"平民之友"。

"平民常识"设在第八版，分别有"常谈""农业常识""家庭常识""卫生常识""余兴"等栏目，其中"农业常识""家庭常识"和"卫生常识"常常是以连载形式刊登。如 1923 年 11 月 29 日第八版刊登的"平民常识"（见图 40），其中"农业常识"便连载了署名"彭国瑞"翻译的《饲养之原理》；"家庭常识"介绍《醉蟹制法》；而"卫生常识"则刊登笠亚的《小孩子的卫生和看护法》。作为综合文化版面，第八版除了"平民常识"，还有副刊《改造》。《改造》副刊设"评论""专载""译论""讲演""小说""诗"和"自由谈话"等小栏目，各栏目文章，多以白话文刊出，诗歌则是新诗。此外，第八版还有商业广告、分类普通广告、银业行情、入口船期、出口船期等。

图 39　《平报》报头

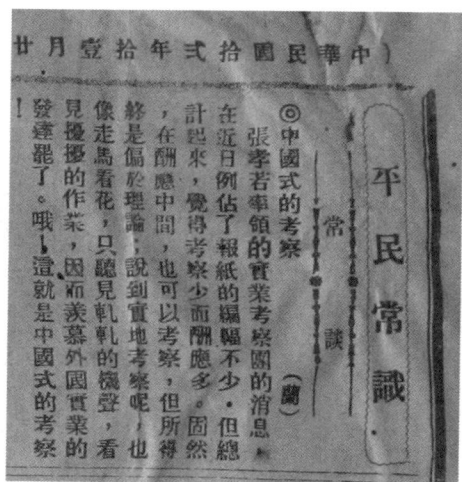

图 40　《平报》之"平民常识"专栏

副刊开设之初，每期连载戴贯一、黄业初合译的美国国立大学教授士卡特尼所著的社会学论著《社会正准》，解剖、分析社会环境对人的影响。"自由谈话"则刊载一些富有现代哲理的小言论或时论短评，如民国十年（1921）九月十三日刊载两则短评，第一则只有一句话，其意思是欧美国家，是社会促使学校改良，而我国则是学校促使社会进化，"两者之间，相去何远哉"；另一则是批判学校教育只重视学分和毕业率，不注重基础教育，"如唉果子一般，取其软的果肉，去其粗硬的果核，取其可以耀人的积分，厌其无味的教授"，"举校皇皇，相率而为自私自利的个人竞争，这不是科举的精神发挥无遗吗？"

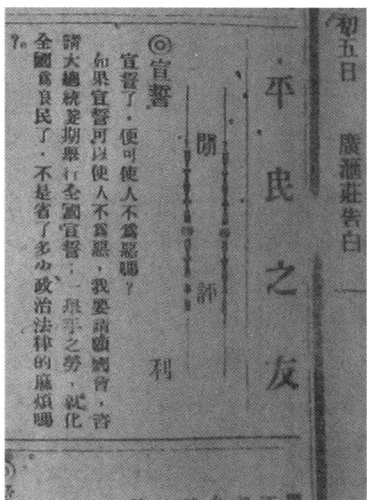

图 41　《平报》之"平民之友"专栏

"平民俱乐部"（1922 年后改名为"平民之友"）、"工余杂兴"设在第七版。"平民俱乐部"分别又设有"谈话"（或称"闲评"）、"剧本"（或称"戏剧"）、"诗歌""小说""浪漫谈"；而"工余杂兴"则设"谈话会""小说林""小说""剧本""杂货箱""杂货行"等，所设栏目虽多有重叠，然均定期出版。不过，从其具体内容看，还是略为有所侧重。第七版除了以上栏目外，还有"本埠新闻"（1922 年 11 月 28 日后改名为"本市新闻"）、"世界要闻"和"商务调查"。

《平报》第六版的常设版面是"地方新闻"。它相当于同时期汕头其他报纸的"岭东新闻"或"潮梅新闻"，所登新闻以潮安、潮阳、澄海、饶平、揭阳、大埔、普宁、丰顺、梅县等地分开报道，第五版则全是广告。

《平报》报名及报纸栏目设置所体现的平民主义理念，我们从报纸内容也可以感受得到。如 1922 年 11 月 28 日的"本市新闻"有 21 则，几乎都是对下层平民方方面面的报道，《无产者的结果》报道市区一乞丐因夜晚冷空气骤降被活活冻死；《妇女不能独立之害》报道市区一袁姓妇女，16 岁时嫁给谢某，因谢常不给她生活费而经媒婆介绍又重嫁给梁某，被谢发现后暴打，一干人等被传至区局解决。而《收留穷儿》则报道一流落街头的少女正徘徊哀哭，岗警见其可怜，随上前询问，其自称自幼父母早丧，寄养堂兄，屡遭苛虐，因此漂流来汕，寻无栖身之地，饥寒不能自给，岗警随后将她送往同济善堂。

值得一提的是，1922 年 8 月 2 日，潮汕遭百年一遇的超强台风袭击，单汕头市区，死亡人数达 3 000 多人，房屋损毁无数。平报社 8 月 2 日晚因印报厂房受水淹，致使 3 日、4 日两天不得不停报。但自 5 日起，便以号外方式出版，并对风灾情况作全面详尽的特别报道，受到各界的关注和赞许。5 日、6 日两日每天出版号外 4 000 份，并很快售完，特再版 2 000 份，也很快售罄。为了满足读者，自 8 日起，除每天正常出报两大张八版外，将第二大张的第六、七版"地方新闻"和"本埠新闻"栏按号外款式，改设"汕头赈救大风灾"系列报道和各县"八二大风灾汇志"两大栏目，以"平报临时特刊"名称加印 2 000 份发行。

1926 年 1 月，《平报》因被《岭东民国日报》接管而停刊。

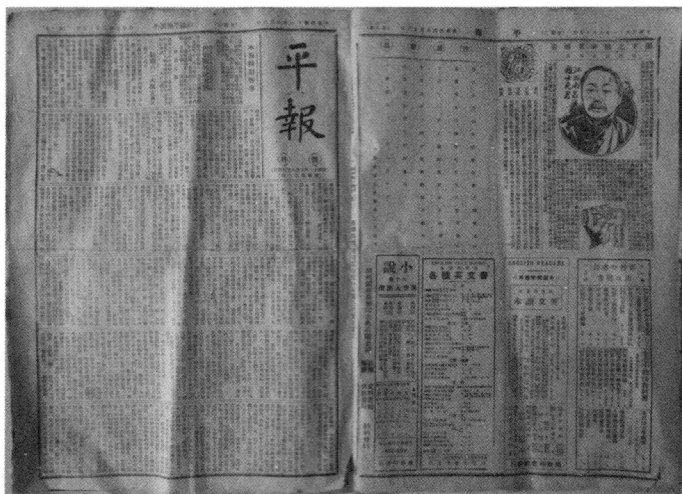

图 42　《平报》

《天声报》和《天声日报》

《天声报》创办于民国十二年（1923）八月八日，创办人詹天眼，报社地址在汕头市公园前 24 号（民国二十年后门牌号调整为 25 号）。

天声，本是指自然之声，如风雨之声、雷电之声，故而，有对声威盛大者喻为"天声"。如汉班固的《封燕然山铭》："下以安固后嗣，恢拓境宇，振大汉之天声"，章炳麟的《民报纪念祝词》："自兹以后，惟不懈益厉，为民斗杓，以起征胡之铙吹，流大汉之天声"。"天声"亦暗喻佛音，唐孟郊《读经》诗："海萍国教异，天声各泠泠"。

以"天声"作为报纸名者，并不是詹天眼之独创。早在光绪三十年（1904）的汉口，便有汪姓安徽人创办出版的《天声日报》。民国初年，陈友云因《汉潮日报》被林激真抄毁后，出走南洋，并与友人创办《天声报》。1921 年，蕉岭人吴郁青、吴公辅等人在印尼创办《天声日报》，宣传孙中山领导的国民革命思想，成为印尼著名的华文报纸。

詹天眼（见图 43），原名金源，字天眼，号玄靖，1908 年生于潮阳。玄学家、慈善家、报人。曾就读于潮阳四序小学、东山中学等学校。1923 年创办《天声报》时，才 15 岁。不过，从其五年后为潮汕善堂所作出的一件大事，或可看出他出色的办事能力。

图43　詹天眼

民国十七年（1928），国民政府内政部颁发破除迷信、废除一切淫庙之命令，同年 12 月 3 日潮汕各县（市）政府发出废除决定，各地善堂均在应废除之列，对此众皆哗然。是月 7 日，由潮阳棉安善堂总理、汕头存心善堂董事詹天眼主持，于存心善堂召开潮汕各地善堂代表大会，通过决议公推詹天眼为大会主席。詹结合当时国民政府内政部所颁发的废除标准，列举潮汕善堂的种种善行实事，指出善堂实是为弘扬大峰祖师慈善博爱精神而创办的正当的慈善组织，终得政府批示保留。

《天声报》亦称《天声日报》，在民国十七年（1928）之前每天出报一大张对开四版，全年定价 7 元，半年定价 3 元，单月定价 7 角半，零售定价每份 5 仙；民国十八年（1929）之后，每天出报扩至二大张对开八版，全年及单月定价不变，半年定价 4 元，零售价每份 6 仙，星期日停刊。报纸由心心印务公司承印。

图44　《天声报》报头

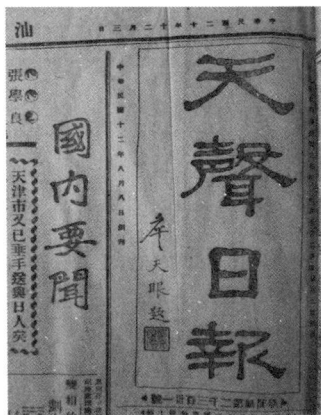

图45　《天声日报》报头

《天声报》的报名几经变易，民国十四年（1925）二月所见该报报名是《天声日报》，民国十五年（1926）十月，报名为《天声报》，报头处特别注明每天下午五点后出报，可视为晚报；民国十六年（1927）二月后，报名仍为《天声报》，但报头处不再注明每天下午五点出报；1930 年 3 月 19 日，《天声报》在《汕报》上刊登广告称，将于当年 3 月 20 日起，报纸改为每天同时发行早报和晚报，早报两大张，晚报一小张。民国二十年（1931）后，又改为《天声日报》，报端处的报名叫"汕头天声日报"。《天声报》和《天声日报》的报头都是詹天眼亲自题写（见图 44 和图 45）。

一份出自玄学家和慈善家亲自主持的报纸，联系到其报名"天声"，笔者的思维定式自然便认为，此乃一份以弘扬佛道和善德之类为己任的报纸。然而，现存实物较少，难以一窥报纸这方面的价值取向。

《天声报》在 1928 年 2 月之前，其副刊《小汕头》一直均放在第一版，内容大多是供一些市民茶余饭后消遣的闲闻、趣谈。如笔名"扫非"的系列故事《奇女学生传》，每期介绍一则故事，讲述发生在追求女性解放的城市女学生身上的故事、奇闻。此外，也刊登一些笑话、俚语、警句，如有一篇叫"大字一打半"的笑话小集中有"慈善家的德行大""游历者的眼光大""赌博徒的脾气大""各政客的欲望大""吹牛皮者口吻大""挥霍家的债务大""时髦者流讲究大""国民党军声势大"等句，无意间却也能让我们一窥当时市民的智慧。1929 年 2 月起，第一版变成了纯广告版，1931年后，副刊《小汕头》换成《天籁》，放在第八版即最后一版，而其第四版则有文艺副刊《花月》。

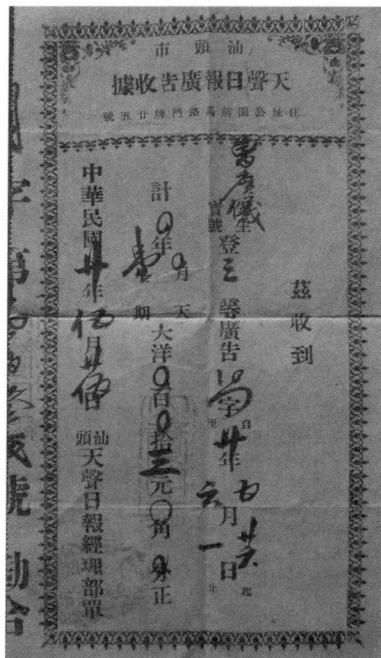

图 46   《天声日报》广告收据

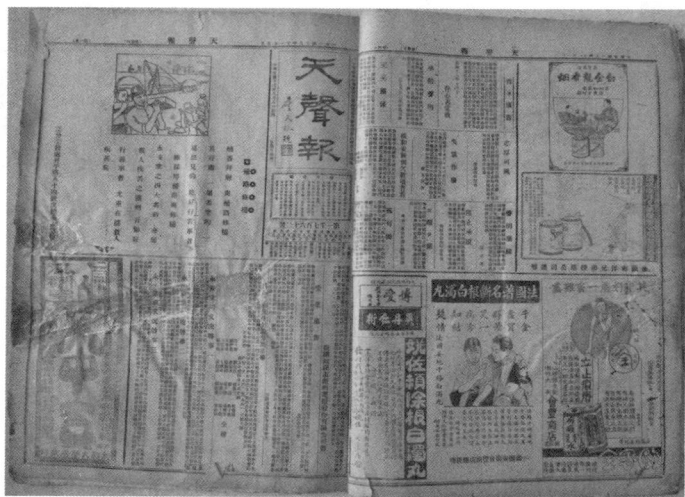

图 47   《天声报》

《真言日报》

　　《真言日报》创刊于民国十三年（1924）九月九日，创办人顾百陶。报社地址设于升平路 121 号，民国二十年（1931）十二月十五日，迁至新马路 25 号（即功德林旧址）。

　　《真言日报》在当时是一份大报，其办报风格比较稳健，至 20 世纪 30 年代初才停办。每天出版对开三大张十二版，第一版是"中外要闻"，第二版为"国内要闻"或"国内要电"，第三版"广东省闻"，其他版如"社会写真""汕头要闻""岭东新闻"以及副刊，则视当天报纸内容多寡而在第四至十二版中登出。最初的副刊叫《极乐世界》，后改名为《真趣》（见图 49）。副刊所载内容多为诗歌、小说、杂议、小品等。反映的内容比较贴近现实，如在民国十七年（1928）八月三十一日第十二版的副刊《极乐世界》中有这样一篇题为"呜呼哀哉"的文章，绪名"老个"，文章不长，采用戏逆口吻："呜呼哀哉，潮州之盗，可谓盛矣，掳人劫物，报不绝书，天之施惠潮人，抑何其厚矣，呜呼哀哉。呜呼哀哉，澄海之盗，可谓盛矣，掳人劫物，报不绝书，天之施惠澄人，抑何其厚矣，呜呼哀哉。呜呼哀哉，当局苟不意澄人之呜呼哀哉，再谋善后，而听其呜呼哀哉，则澄人其先呜呼哀哉，全潮之人其也后澄人而呜呼哀哉……"

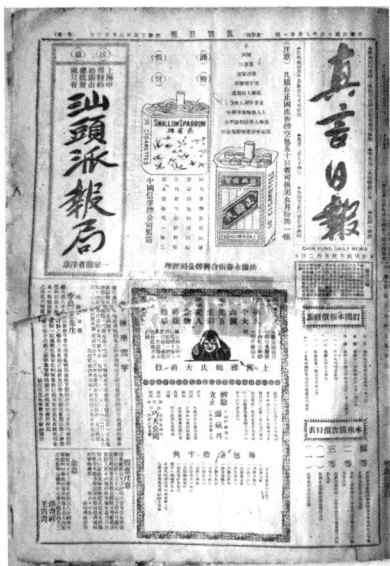

图 48　《真言日报》

图 49　《真趣》副刊

　　这篇小文虽然无具体所指，但敢于对当时潮汕社会上盗贼猖獗而当局又无动于衷的态度作直白的批评，可见《真言日报》还是敢为民众道真言。

　　值得一提的还有"社会写真"栏目，这个栏目经常关注、报道下层社会平民的生活故事。在民国十九年（1930）三月二十一日"社会写真"版中，刊登一则新闻，题为"无告女被逐之苦况"，报道潮阳詹陇 12 岁女子陈銮娇，因家贫被其父带至汕头卖给一杨姓人家做童养媳，屡被杨大奶虐待，时遭挨饿。前夜大奶嘱咐她煮夜粥，又嫌她浪费燃料，一顿毒打之后还把她赶出家门，流落到至平路，在马路坐至天亮被警察带走……

　　《真言日报》售价大洋 5 分，本埠全年定价 10 元，半年定价 5 元 5 角，单月定价 1 元；外埠全年定价 11 元，半年定价 6 元，单月定价 1 元 1 角半；国外全年定价 16 元，半年定价 8 元，单月定价 1 元 6 角。

　　1927 年 7 月之前，《真言日报》的报头为行书书写（见图50），至 1929 年改为隶书书写（见图51），1930 年后，"真言日报"四字又改由于右任所书（见图52）。

图50　《真言日报》报头 1　　图51　《真言日报》报头 2　　图52　《真言日报》报头 3

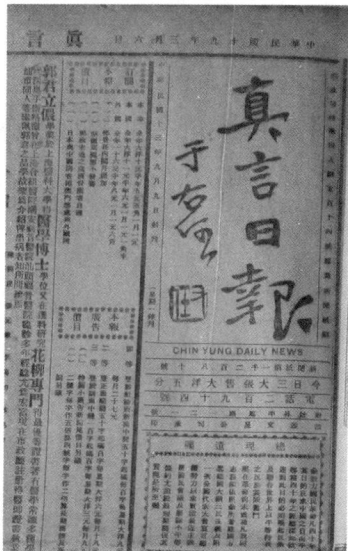

《铎报》

　　辛亥革命推翻了两千多年的君主专制制度，建立了民主的民国政权。辛亥革命也摇撼了传统的中国社会，使之发生了急剧变化，这是以前任何一次历史变革所无法比拟的。社会、政治秩序之解体，不可避免地破坏了传统的文化与道德秩序。推翻一个作为权力中心象征的清朝皇帝，反而造成了公开的军阀割据，内乱不已。中国社会于是出现了政治上内乱，思想道德上失堕，呈现出空前的信仰危机。挽救国人信仰危机，重构国人道德信仰体系成为迫切的现实需要。1912 年，康有为、陈焕章等人在上海创立孔教会，并谋求立孔教为国教，正是基于传统道德失范、信仰缺失的现实，希冀通过倡导孔教以维护传统，以建立"国教"的方式填补民初国民的信仰危机。

　　康、陈等人创立之孔教会，虽最终未在当时的立法机构得以通过，且在 1919年五四运动后，迅速失去市场。但其所提倡的尊孔思潮，却在相当长时间里得到当时社会的回应。尊孔思潮客观上成为民国时期一股重要的社会思潮。

　　1924 年 6 月，王延康、温廷敬、郑国藩、杨雪立、姚梓芳等人在汕头埠创办了孔教总会，并在同年 8 月 27 日孔子诞生日举行成立大会。汕头孔教总会成立后做了两件事，一件是创办国粹学校，另一件就是创办《铎报》。

图 53　王延康　　　图 54　温廷敬　　　图 55　郑国藩　　　图 56　姚梓芳

　　《铎报》于民国十三年（1924）十一月初一正式出版，是汕头孔教总会的机关报。取名"铎报"，其意即为"宣传孔教，唤醒人心"，"取仪封人称孔子木铎之义命名"，"非敢自谓代圣立言，也聊尽发聋振聩之责云尔"。《铎报》发行之初，即到邮政办理特许挂号登记为新闻纸类，向全国发行，这跟今日的正规报纸是一样的。

　　《铎报》报址设于汕头升平路 128 号孔教总会内，由王延康（约公）任总主任，温廷敬（丹铭）任编辑主任。《铎报》的发行周期比较长，每月发行一期，于每月农历初一日出版。每期大洋1毫，全年定价10毫，外埠另加邮费每期定价半分，全年定价6分，国外定价每期1分，全年定价12分。《铎报》为32开铅印报，设有"通论""专著""选言""文艺""补白"等栏目。

由于《铎报》是为"宣传孔教，唤醒人心"而办报，因此《铎报》在选稿方面就比较专一、单调，主要就是宣传孔子思想，介绍一些符合孔子的礼教、道德行为的人或事。如在第三期的《铎报》中，刊登了郑晓屏（国藩）的《詹贞女传》，内容主要是介绍饶平人詹氏，自幼被父亲许配给海阳陈孝廉之子，但陈孝廉因在甘肃做官期间病逝，一家人流落他乡，詹氏因而为她从未谋面的"丈夫"守节一生。在第三期的《铎报》中，还有温廷敬的《论孔教的知行并重》《为旌表杨节母诗启》、陈训慈的《托尔斯泰对于时流美术之攻择》、黄照峰的《评烈妇辞》等文章。

图 57 　《铎报》封面

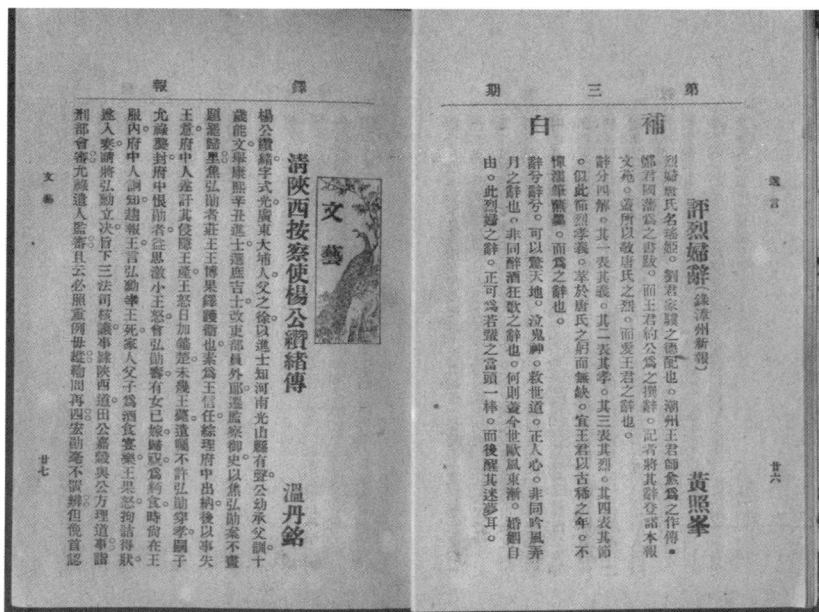

图 58 　《铎报》

《民报》

《民报》创办于 1925 年 3 月 11 日，创办人周辉甫，主笔张怀真，报社地址在万安街 10 号，每天出报对开两大张八版。

《民报》第一版为各项启事和广告；第二版 2/3 的版面设"社论"和"国外要闻"，最上端 1/3 的版面刊登各方启事或公告；第三版是"国内新闻"和"本省新闻"；第四版全部刊登广告；第五版设副刊之一《怎样干》和广告；第六版《本市新闻》；第七版一半版面设另一副刊《快活林》（1927 年初改名《我们的乐园》），一半版面为"岭东新闻"；第八版续第七版"岭东新闻"，另设"公布栏"，刊登汕头至香港、西贡（胡志明市）、实叻（新加坡）、小吕宋（马尼拉）等地的船期，承盘广告以及遗失声明等。

图 59　《民报》报头

跟《平报》一样，20 世纪 20 年代的《民报》所关注的也是平民百姓生活的方方面面。只不过，《平报》侧重的多是城市平民琐事，《民报》所关注的则是大革命时期轰轰烈烈的工人运动和农民运动。

1925 年 11 月，东征军光复汕头后在汕头成立东江各属行政委员公署，管辖惠、潮、梅 3 地 17 县，成为国共两党合作的最佳典范。从 1925 年底至 1927 年 3 月这一年多时间里，东江各地人民开展了轰轰烈烈的打倒帝国主义、军阀、土豪劣绅的运动。在城市，组织工人成立工会，在农村，组织农民成立农会，《民报》均作积极报道。

1927 年 2 月 23 日，首届潮梅海陆丰农民、劳动童子团代表大会在汕头永平酒楼召开，《民报》除了作全程报道外，还以"农工商学联合起来——为东江第一次农代会而发"为题发表社论，指出："在国民革命的过程中，固然，农民占着很重要的地位，但单靠农民去孤军奋斗是不会成功的。同其他任何一个阶级不能单独干成国民革命一样，国民革命的成功，需要一个坚固的农工商学各阶级的联合战线。如果我们的联合战线做得不好呢，我们的敌人便会乘隙侵入我们的战线之内，把我们的队伍冲破了，国民革命的成功便发生危险了！""很多人误会，他们以为农工是可以合作的，但是农或工与商的联合却很困难。这种误会是很可怕的很危险的。他们没有注意到，现在中国的革命是国民革命，是站在各阶级的共同利益上来革帝国主义和军阀的命的……"文章接着分析了军阀、土豪、买办阶级怎样跟帝国主义狼狈为奸，掠夺、剥削、欺压人民，造成"商业凋冷，农民失于耕，工人无工可做"。"土豪是封建制度的余孽，其在乡村鱼肉人民，勾结土匪，扰乱地方秩序。"文章还分析了农民减租、工人加薪能更好地提高购买力，是有利于商业的行为，因此农、工、商各方并无实质性的矛盾。文章最后总结："总之，农工与商应当合作，造成一个坚固的国民革命联合战线，以削减我们的共同敌人！"

1927年3月1日《民报》在第六版全文刊登了《东江一次农民代表大会宣言》（见图60），并把《宣言》的要点"农民没有枪但有尖串，没有钱但有兄弟，土豪劣绅不但剥削农民且反对国民政府，誓联合革命民众力量打倒土豪劣绅，实现七项共同要求建筑民主的政治"摘出，用"△"作标示，置于标题下方，让人一目了然。

《民报》创办人周辉甫是梅县人，早年在南洋加入同盟会，曾追随孙中山从事推翻清政府的革命活动，参加过北伐

图60　《民报》

战争。1932年"一·二八"淞沪抗战时，被十九路军军长蔡廷锴任命为大刀队队长。1925年《民报》创办时，特请其在上海南洋大学读书的同乡周志初题写报名，周志初当时已是南洋大学学生会领导人，共产党员，后因叛徒告密在上海被捕，1931年病逝于狱中。新中国成立后被追认为烈士。

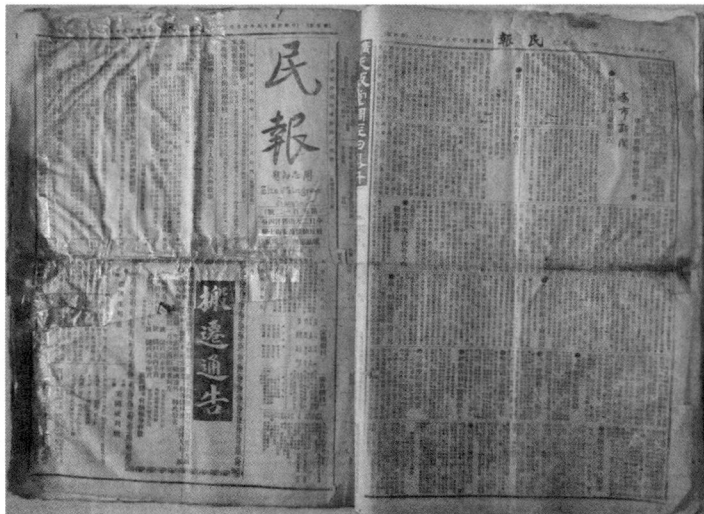

图61　《民报》

《汕头星报》

图62　《汕头星报》报头

创办于民国十四年（1925）八月的《汕头星报》（见图62），报社地址设于汕头杉排二横街5号，创办人为蔡纫秋，主笔为陈素、许美勋等。陈素是庵埠文里乡人，青年时就读于广东法政专门学校，18岁在学时便加入同盟会，辛亥革命时参加学生军光复潮汕，曾先后主笔于《大风报》和《民甦报》。

《汕头星报》每日出报4开8版（即两张），每周出报6天。报价每日大洋4分，每月先交大洋9角，每半年先交大洋5元，每年先交大洋9元。邮寄本国及日本，每月定价1角半，欧美及港澳，每月定价6角。不通邮处邮费自理。

《汕头星报》虽然是一份小报，但其在创刊伊始，便很重视对时政的报道。1925年5月30日，上海的工人、学生在英租界举行示威，抗议日本纱厂资本家枪杀工人顾正红（共产党员）的暴行。英帝国主义的巡捕竟开枪打死打伤数十人，逮捕数十人，造成了震惊中外的"五卅"惨案。6月19日，为了声援上海人民五卅反帝爱国运动，广州和香港爆发了规模宏大的省港大罢工。香港的海员、电车、印务等工会首先宣布罢工，其他工会随即响应。罢工工人不顾英帝国主义者的阻挠和威胁，回到广东各地。香港各工会联合会向港英政府提出严正要求，拥护并坚持上海工商学联合会的17项条件，包括撤退外国驻华武装等，并要求港英当局要保证华人享有集会、结社、言论等自由和权利。汕头也积极响应广州、香港的罢工运动，成立了汕头各工会对外罢工委员会，统一行动，并在运输、洋务等行业实行罢工，支持省港罢工工人。

《汕头星报》对汕头工人的罢工行动作了大量的跟踪报道。在1925年8月13日的《汕头星报》的第六版上，对罢工的相关新闻作报道，如《华人洋务职联会前晚议案》，报道该会选出陈介仁、黄进高为罢工委员会执行委员；《公安局指驳英领事函》，报道市公安局对英国驻汕头领事馆因英美烟公司被盗而无理指责汕头市"无法律之可言"，汕头工人罢工运动是"排外运动"等无礼言论，提出严正抗议，并要求赔偿名誉损失；同日的第七版上，还登出了《轮船工会坚持抵制之通告》《潮汕电船公司致罢工委员会函》等新闻。

1924年国共两党合作的局面形成，孙中山决定创办黄埔军校，委任蒋介石为校长，中国共产党则派周恩来出任该校政治部主任。1925 年 2 月，为巩固革命根基，在广州的元帅府大本营，决定讨伐盘踞在东江的军阀陈炯明。经广大官兵的浴血奋战，东征军很快把陈炯明部逼退至福建省，东征取得了空前胜利。正当人们兴高采烈之际，滞留在广州的滇系军阀杨希闵、桂系军阀刘震寰在穗作乱，企图搞垮广东革命政权。5 月 21 日东征军右路军决定回师省城平定杨、刘之徒。潮梅重被陈炯明干将林虎、洪兆麟占领。10 月，国民革命军再次东征。11 月初东征军向潮汕推进，11 月 4 日，周恩来率总政治部人员进驻汕头，受到群众热烈欢迎。

《汕头星报》继对汕头工人支援省港罢工运动的连续报道之后，对国民革命军第二次东征也作了重点关注及报道。在 12 月 6 日的"潮梅新闻"版中，《追悼东征阵亡将士详志》记述式地介绍了东征军在潮安西湖召开国民革命东征军追悼阵亡将士大会。在此之前的 12 月 3 日、5 日的报纸上，连续刊登东征军筹办追悼阵亡将士大会的通告和周恩来寻找陈卓凡、查光佛、郭若愚等人的广告（见图 63）。12 月 2 日，周恩来等参加了汕头市收回教育权委员会成立大会，《汕头星报》以"收回教育权委员会成立"为题于 12 月 3 日登载（见图 64）。同一天，还刊载了周恩来函达汕头学校教职员联合会请其"参加收回教育权委员会事"以及东征军政治部对潮阳、揭阳、饶平、普宁等县长的任命消息等新闻。此外，还以"本社特别启事"方式，告"关心地方利病"的读者，东征胜利后，蒋指挥将在总商会演说，"并将由何督办周主任积极为我潮梅人兴利除弊"。久积潮梅的各种利病，"实有详为讨论之必要"。故呼吁关心桑梓的各界人士，"值此可为地方积极造福的时候"把自己的"金玉尔音"或"鸿篇巨制"惠寄本社编辑部发表。

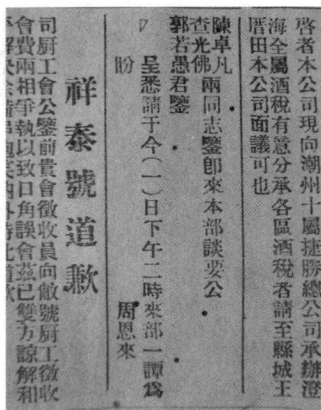

图 63　周恩来达汕头学校函

图 64　《汕头星报》上关于收回教育权的报道

《汕头星报》的版面设置主要有"国际要闻""时事要电""国内要闻""潮梅新闻""本市新闻""小评""公布"等栏目，此外还设有文艺副刊《芒光》（见图65），《芒光》由许美勋任主编，主要刊载诗歌、小说、艺谈、笔记等。

图65　《芒光》副刊

《岭东民国日报》

图66　李春涛

1925年11月4日，国民革命军第二次东征军收复潮汕，东征军总指挥部随之进驻汕头。总指挥部政治部主任周恩来看到汕头市尚没有一家国民党的地方党报，便派李春涛等人筹备创办。1926年1月20日，利用《平报》原址和设备创办的《岭东民国日报》正式出版，李春涛（图66）任社长，赖俊任总编辑，李春蕃任副总编辑，许美勋任副刊《文艺》主编，编辑还有丁愿、冯河清，报社地址在中马路永平里7号。[①]

《岭东民国日报》创刊伊始，由于内容新鲜、版面活泼

① 20世纪30年代报社地址在汕头中马路永平里5号，汕头沦陷后搬至揭阳西门玄真庙旁，抗战胜利后搬到汕头中马路56号。

而受到各方读者的欢迎，报纸不仅行销至惠潮梅和海陆丰各地，国内其他地区和国外读者也都来信订阅。

《岭东民国日报》最初每天出报二大张八版，不久便改为每天三大张十二版，而且每天三大张的规模一直延续至20世纪30年代末汕头沦陷，报社转入内地。

从1926年创刊后至20世纪30年代，《岭东民国日报》各版的设置常有作调整或改变，每天出版报纸三大张，有时是直接从第一版排序至第十二版，有时则先按张，再按版排序，即第一张一至四版，第二张一至四版，第三张一至四版。

但不管怎么变，其第一大张的第一版至第三版基本都是新闻版，第一版刊登国内外重要新闻，第二、三版则登载"社论""本报专电"或"本省要闻"，第四版为党务版和国际版。1935年9月8日，第四版开设"生活常识"专栏，有"卫生问答""法律问答"，逢星期天出

图67　《岭东民国日报》

版。还有"教育与学生"专版，介绍国内外教育状况，如《世界各国教育之比观》、《华侨学校应注重本国的史地教材》（1936年8月20日）。第二大张的主要版面有各种副刊、经济和地方新闻。副刊先后有《革命》《农工》《小岭东》《青年之路》《斗争》《文艺》《绿星》《新生》《草原》《大众论坛》《人间》《橄榄》等。其他栏目还有"社会常识""商业经济"（分经济、国内实业商况、本市商况、轮船出入表）、"教育消息"。第三大张辟有《卫生周刊》（每逢星期二出版），还有"党声""党务""咖啡座闲话""书报评坛""岭东故事"以及副刊

《新园地》。1929年8月广东省高等法院第一分院及汕头地方法院在《岭东民国日报》辟《潮梅司法日刊》（见图68），1934年改名《汕头司法日刊》，1935年后又再改名为《司法日刊》。该刊有"布告""通告送达""公示送达""诵题""裁判""批词""讯案日期"等。1935年1月起，在第三大张还辟有副刊《农业》（星期五

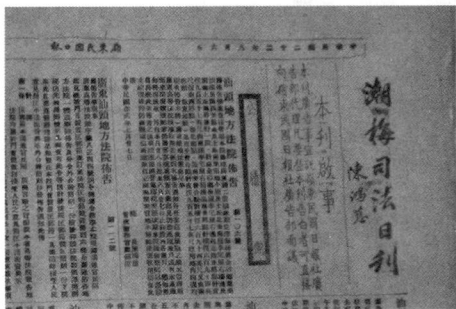

图68　《岭东民国日报》之《潮梅司法日刊》

出版）、《合作》副刊（在第十二版）以及"岭东学生"栏目（在第八版，由汕头私立海滨师范学校学生自治会编）。

《革命》（见图69）副刊的刊头由周恩来亲自题写。据许美勋回忆，《岭东民国日报》创办后，决定设《革命》副刊，社长李春涛便派许美勋前往东征军总政治部请周恩来主任题写刊头。许美勋来到总政治部，见客厅坐满前来汇报工作的各界人士，当许美勋向周恩来说明来意后，周恩来当即走到桌旁，挥毫写下"革命 恩来题"几字，并自谦地说："我的字不太好吧，就这样，你们决定，好便用，不好就算啦。"李春涛见到周恩来的题字，连连说好，还对许说："你怎么不请周先生再题几个副刊刊头"。

《革命》副刊辟有"短兵""谈话""转载"和"特载"等栏目。"短兵"内容短小精悍，如短兵相接，寥寥几句便能击中要害。"谈话"针对当时青年的思想认识和实际工作中的问题，引导青年正确认识人生，探索革命道路。"转载"和"特载"则大量刊登和介绍马克思、列宁的著作，如马克思的《1848年6月巴黎无产阶级之失败》、列宁的《国家与革命》，都是由李春蕃翻译后直接转登在《革命》副刊上。1926年1月30日，转载《政治周报》上刊登的毛泽东的文章《国民党右派分离的原因及其对于革命前途的影响》。

波兰人柴门霍夫在19世纪80年代发明了世界语，很快传遍世界。20世纪初从日本传入中国。时留学英法等国的杨曾诰、华南圭、吴稚晖、褚民谊、许论博等人，率先学习了世界语，他们回国后也热心世界语的传播，创办《世界语科学文学》杂志和《新世纪》。当时一些进步知识人如蔡元培、鲁迅、周作人、胡愈之、巴金、恽代英等

图69 周恩来题写的《岭东民国日报》之《革命》副刊

人，也都学习世界语。由于世界语提倡世界大同，因而也得到了孙中山、陈独秀、钱玄同等人的赞同，使世界语在中国很快传播开来。上海、北京、广州、汉口是20世纪初期中国世界语运动最活跃的城市，汕头也于1928年前后成立了世界语学会。《岭东民国日报》的副刊《绿星》，便是汕头世界语学会的会刊。绿星是世界语运动的标志。绿星的绿，是生命的颜色，和平的象征，而星是美好的理想、光明的希望。

《绿星》副刊（见图70）创办后，主要刊登世界语运动的历史和各种新动

向，如连载《世界语运动大事年表》，翻译转载世界名著作品，如挪威作家安徒生童话故事连载，受到潮汕读者的广泛欢迎。

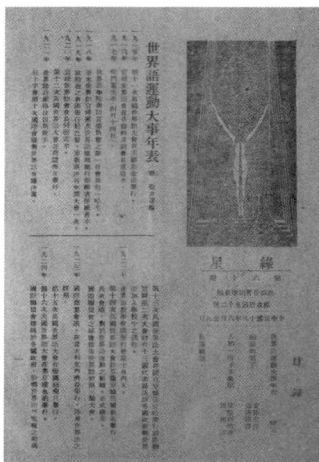

图 70　《绿星》副刊

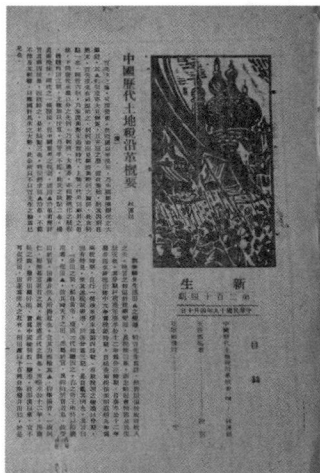

图 71　《新生》副刊

《新生》（见图 71）也是《岭东民国日报》有影响的副刊之一。《新生》创办于 1929 年 8 月前后，每天在第八版以一整版的篇幅刊载各种理论性的文章或古今中外文化博览、风情介绍。许多文章还以连载方式刊登，如 1930 年 3 月 2 日第 186 期傅思杰的《中国农村社会的建设》、1930 年 4 月 10 日第 214 期林运铭的《中国历代土地税沿革概要》、1931 年 12 月 3 日第 651 期林伯陵的《帝国主义的没落与民族运动的成功》、麦有德的《抗日救国论》、1932 年 8 月 20 日第 839 期署名"华"的《中国贫困的原因及其救济方法》、"守愚"的《青年学生的三大难关——经济、读书与婚姻》等文章均是长篇连载，而第 214 期署名"雯"的《雅歌的情诗》、第 186 期"亦修"的《如此越南》、第 839 期"逢壬"的《纽约的妇女生活》等文章，则是对外国文化的介绍。

1935 年 9 月创办的《草原》文艺副刊（见图 72）每逢星期三、六出版，主要刊登散文、随笔、译著、诗歌、书评等，1936 年改在第一张第四版出版。《大众论坛》则逢星期二、四、五出版。

1939 年 6 月 21 日汕头沦陷，《岭东民国日报》迁入内地。

1945 年 9 月 8 日，《岭东民国日报》在汕头复刊。复刊后的《岭东民国日报》

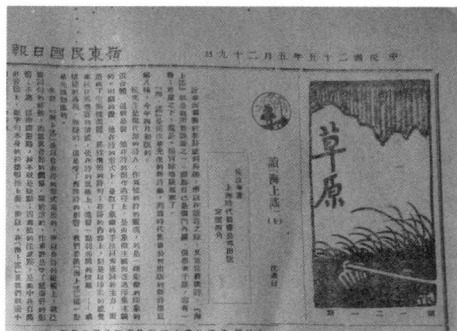

图 72　《草原》副刊

先以晚报形式出版，每天出报对开四版（即一大张），9月18日起又发行早报，也是一大张四版。这样便是每天出版早、晚报各一大张。但这种每日早、晚各发行一大张报纸的发行方式，虽然能最大限度地提高报纸的时效性，却也给编辑人员增加了不少的工作量，故只办了一个多月，从1945年11月起，便不再出版晚刊，每天只出版日报一大张四版。

复刊后的《岭东民国日报》，其第一版主要刊载中外要闻，但第二、三版仍然没有分工，国内、国外新闻都有，第四版辟有各种副刊和专栏，如《笔垒》、《论丛》（1945年10月13日开设）、《党务周刊》（1945年12月14日开设）、《方志》《岭海》等。

图73　《笔垒》副刊

文艺副刊《笔垒》（见图73）自1945年9月25日起开设，社长陈特向亲自写前言《笔垒随着胜利入汕头》，声言《笔垒》是为了"要洗涤日人七年来奴化教育的毒素，要唤起陷区同胞爱国的信念，要宣扬本党的主义，要沟通中外的文化"，并要求投稿文章"多谈人事，少谈物事；多写动态，少写静物；多把握建设性的问题，少发挥空泛性的议论"。无论"人物掌故、历史小品、抗战故事、山川风景、评论与纪述、散文与诗词，都需要细心剪裁。我们不迁就低级趣味，而需要提高读者水准"。复刊初期的《笔垒》确实也发表过一些精彩的好文章，如第24期（1945年10月26日）《笔垒》刊登了萧遥天的杂文《官盗之间》。作者开篇便说"官盗原不两立，然贪墨之官，招权纳贿，枉法殃民，为害更厉于盗"。接着，作者从古代的祖狄、石崇、麦铁杖、郑熏等人的也官也盗，到施耐庵笔下诸盗梁山聚义，锄奸去恶，劫富济贫，论述了官盗之间的辩证关系："盗如有道，则盗可官，官如无道，则官犹盗"。萧氏高明之处，在于文章看似在议古，实则在讽今。萧遥天在《笔垒》上还发表了许多精辟的杂文，如《说名》《水》《谈爱钱》《官之滥贱》等。

1946年10月25日，由潮州修志委员会主编的《方志》旬刊在《岭东民国日报》第四版与读者见面。诚如编者在《发刊词》中所说："惟是他山之石，端赖攻错，为此特创方志旬刊，借以联络各方，集思广益，并将志料足供参考者，随时编集刊布，抛砖引玉，就正通人，十室之邑，必有忠信，据怀旧之蓄念，发潜德之幽光，倘有投以琼琚，示我周行者乎，企之望之。"《方志》刊发的文章，许多都是编撰委员会成员们的力作，如饶宗颐的《清初潮州迁界考》《韩山志》、翁辉东的《民间流传翁襄敏轶事考证》、吴双玉的《旧志方言篇辨证》、林德侯的《潮州先正逸事丛辑》、陈筹的《清广东水师提督方公照轩事状》等，至1947年9月15日，《方志》共出版30期（第31期《方志》于1947年11月3日改在汕头《大光报》出版，并由旬刊改为周刊），如今《方志》上的文章，均已成重要之乡邦文献。

《岭东民国日报》从 1926 年 1 月 20 日创刊至 1949 年 6 月 1 日[①]，历经 23 年（汕头沦陷后曾经迁至内地），是汕头埠办报时间最长、影响最广的报纸。历任社长有李春涛、廖伯鸿、方乃斌（见图 74）、姚宝猷（见图 75）、罗瑶、曾介木、吴梓芳（见图 76）、陈特向等。《岭东民国日报》报头题字也换了好几人的手笔，最初的报头是由时任国民革命军第一军军长兼潮汕善后督办何应钦题写（见图 77），接着又由曾任国民革命军第四军师长、广东省南区绥靖主任、省政府委员陈铭枢题写（见图 78）。20 世纪 30 年代中前期，报头又换了三次，但题写者没有落款（见图 79、图 80、图 81）。20 世纪 30 年代后期，任国民政府主席的林森，亲笔为《岭东民国日报》题写报名（见图 82），此报名一直沿用。1945 年光复后，报头仍用林森字，但跟 20 世纪 30 年代的笔迹略有不同（见图 83），鉴于林森已于 1943 年去世，故估计是集字报头，1947 年改用于右任的书法（见图 84）。

图 74　方乃斌

图 75　姚宝猷

图 76　吴梓芳

图 77　何应钦题写的
《岭东民国日报》报头

图 78　陈铭枢题写的《岭东
民国日报》报头

---

① 1949 年 6 月 1 日起，《岭东民国日报》跟《大光报》《光明日报》《汕报》《和平日报》《星华日报》《建国日报》《商报》等八家日报发布联合启事，宣布"本报等为适应环境经共同议决定于六月一日起联合发行《汕头各日报联合版》，不再单独出版报纸"。

图 79 　《岭东民国日报》报头 1

图 80 　《岭东民国日报》报头 2

图 81 　《岭东民国日报》报头 3

图 82 　林森题写的《岭东民国日报》报头

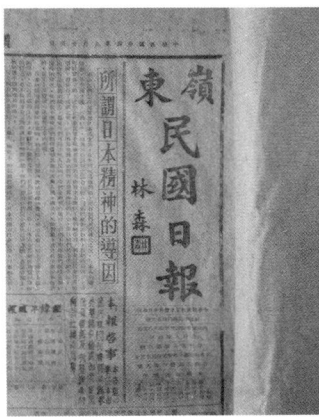

图 83 　集林森字的《岭东民国日报》报头

图 84 　于右任题写的《岭东民国日报》报头

《潮梅日报》

　　《潮梅日报》创办于 1926 年，是潮
梅警备司令部的机关报，社长江冷。
1928 年 4 月，潮梅警备司令部取消，改
设立东江善后委员公署，该报遂为当时
国民党党部执委陈特向接手主办。

　　《潮梅日报》每天出报三大张，对开
十二版。作为一份军方主办而又面向全
潮梅社会的报纸，主办者尽量淡化其军

图85　《潮梅日报》

方色彩而让其平民化、大众化和地方化。如在栏目设置上，"全国新闻"和"国
际新闻"自不待说，除"本市新闻""岭东新闻"外，还设有记录地方社会方方
面面的"汕头纪载"。"汕头纪载"分两大版面，小标题分别为"汕头纪载一"
和"汕头纪载二"。"汕头纪载一"主要刊登地方官方和潮梅警备司令部新闻，
如《市行政大会筹备会第七次会议纪》《市厅盐务会议第十五次议决案》《司令
部分部第一次筹备会议纪》《政治训练所消息》（1927 年 8 月 17 日第六版）（见
图86）；"汕头纪载二"则侧重报道城市的突发新闻、民事民生新闻，如《一宗
离婚案》《赵小二送孤儿院》《禁止私接电灯》（1927 年 8 月 17 日第七版）（见
图87）。

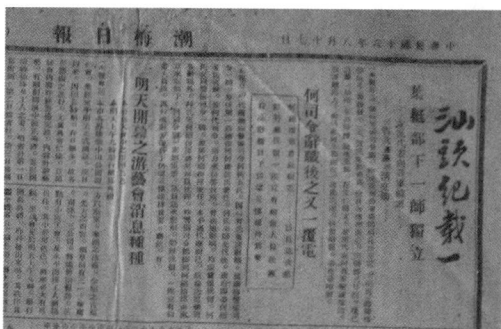

图86　《潮梅日报》之"汕头纪载一"

图87　《潮梅日报》之"汕头纪载二"

　　《潮梅日报》有三大副刊，分别是设于第五版的《大潮梅》（见图88）、第
八版的《新生命》（见图89）和第十一版的《说林》。

图88　《大潮梅》副刊

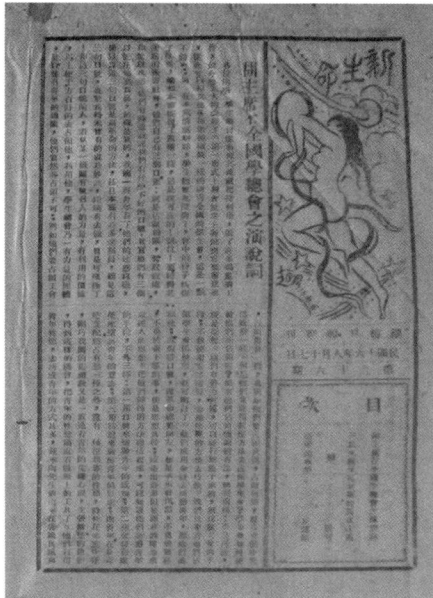

图89　《新生命》副刊

　　《大潮梅》和《说林》都约占报纸一半的版面。《大潮梅》内容主要有诗歌、小说、散文、故事、杂文，《说林》主要刊载一些军队生活文化。《新生命》占一整版面，用黑线划为四个小版面，刊载的内容都是一些连载文章或专题文章。

　　《潮梅日报》与其他报纸的不同在于它的广告。《潮梅日报》将商品广告外的其他广告分成三等，分别称为"一等广告""二等广告"和"三等广告"。"一等广告"主要是一些官方告示、官方广告，分布在报纸的第一版至第四版；"二等广告"主要是商会广告和机关、单位广告，在报纸第六、七版；"三等广告"主要是一些个人声明、启事、置业、受业、鸣谢等广告，主要分布在《大潮梅》《说林》等副刊版下端和"本市新闻""汕头纪载"等版面的空白处。

《汕头晚报》

《汕头晚报》创办于民国十六年（1927），创办人是曾逸民。该报为 4 开小报，每日出报一张四版，报社地址设在汕头万安二横街四号铸字局三楼。报价全年 7 元，半年定价 3 元半，月定价 7 角，外埠邮费及闰月照加，毫洋照市补水。报纸由汕头铸字局承印（见图 90）。

图 90　《汕头晚报》

该报为了安慰读者或给自己鼓劲，在正版头条位置，以"本报启事"方式，告知读者："本报本拟每天出纸两大张，奈以筹备时间无多又于匆忙中出版，工人未能一时募集，故特暂出纸一大张，嗣后当在最短期间招足工人，即行出纸两大张，以副爱阅本报诸君之雅望。"

《汕头晚报》最初或为每天出报两张八版，因其在另一则"本报启事"中，告知"本报原有副刊——《灯塔》，专载一切革命文字，现因篇幅太小无从刊出，故暂停刊。所有各项革命理论仍附论坛栏逐日登出。一候本报出纸两大张时，《灯塔》副刊自当恢复照常发表"。但该"启事"登出时间是民国十六年（1927）十一月三十日（跟上一则启事同时登出），而据黄开山 1928 年《新汕头》的调查资料，1928 年汕头市本市发行的报纸有七家，而该报未包括在内，换句话说，该报于 1928 年便停刊了。现因没有见其 1927 年 12 月份的报纸，故不能断定《灯塔》副刊有没有复刊。

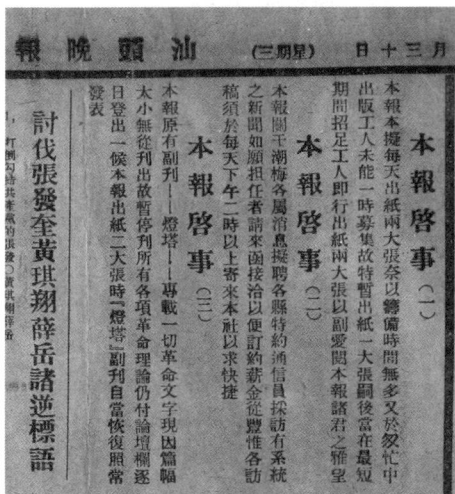

图 91　《汕头晚报》启事

《汕头晚报》设有"电讯""国际风云""国内纪载""本省要闻""岭东消息""本市新闻""汕头社会"等栏目以及副刊《鮀海涛声》。鉴于目前所能见到的《汕头晚报》是残报，报纸的许多细节也就无从谈起。不过，副刊《鮀海涛声》的版花设计得很有特色，内容也很符合晚报休闲文化的风格（见图 92）。

图92 《汕头晚报》之《鮀海涛声》副刊

在汕头出版不到一周的报纸——《革命军日报》

1927年的汕头埠，有一份只发行了三期的日报，这份报纸虽然只存在几天，但它却是我中国人民解放军创建过程的历史见证，这份珍贵的报纸就是《革命军日报》[①]。

《革命军日报》[②] 其实是北伐战争时期国民革命军总政治部的机关报。该报前身是创办于1925年的《政治日刊》，隶属于国民政府军事委员会政训部宣传处，处长吴明兼任该报主编，后来《政治日刊》更名为《军人日报》，主编是罗汉。

1926年7月，国民革命军誓师北伐，国民政府军事委员会政训部改名国民革命军总司令部战地政务处，不久又改名为政治部，《军人日报》遂改名为《革命军日报》，随军北伐。《革命军日报》是一份随军流动性报纸，先在湖南郴州、长沙出版，继而迁至江西南昌出版。

《革命军日报》每日出报三大张，对开十二版。其中正报二大张八版，副刊一大张四版。主要刊载国内外新闻、军事动态、农民生活、国民党对土地问题的看法和政策等消息与文章，并报道了中国共产党第五次全国代表大会、第四次劳动大会以及农运、工运等活动内容。该报由各参战军政治部通讯员直接撰稿，报道北伐军前线战况快捷准确，报纸出版后在军队中和社会上倍受青睐，风行一时。

1927年4月12日蒋介石在上海发起清党事变，4月25日，《革命军日报》由南昌迁到武汉编辑出版。社址先设在武昌粮道街总政治部内，后迁至汉口生成里107号。为避免国民党右派势力的干扰，社长杨贤江在经亨颐家办公，稿件不送总政治部设置的报刊检查组检查，而是经编审后直送长江印刷厂交黄理文副总编辑签发，由常驻长江印刷厂的王春生负责上机印刷。

---

① 《汕头市志》第四册卷六十六（王琳乾、邓特主编，北京：新华出版社1999年版，第317页）称该报为《革命日报》。

② 曾宪林主编：《国民革命事典》，武汉：湖北辞书出版社1996年版。

1927年5月21日马日事变后，该报曾发表过一些抨击蒋介石叛变革命的文章。1927年7月15日汪精卫召开"分共"会议，公开背叛孙中山的国共合作政策后，该报刊登了宋庆龄、邓演达和鲍罗廷取道西北冯玉祥防区前往苏联的消息，并发表了邓演达著名的告别书《告别中国国民党的同志们》。该报亦在同月停刊。

图93 南昌起义

1927年8月1日，周恩来、谭平山、叶挺、朱德、贺龙等领导南昌起义（见图93）。9月24日，起义部队进入汕头市，《革命军日报》遂在汕头出版发行。9月30日起义军撤出汕头，仅出版三期的《革命军日报》遂告最终停刊。

早期的《革命军日报》总编由郭沫若兼任，杨逸棠（见图94）、丘学训、罗伯先、刘百川等任编辑兼记者。1927年初，潘汉年任该报总编辑。"四一二"反革命政变后，报社由南昌迁到武汉，该报的总编辑和社长一职经恽代英同周恩来商议，委派杨贤江出任，原上海《神州日报》《东南晚报》经理蒋光堂任经理，黄理文任副总编辑，王春生任印刷部主任，编辑有林汉平、高歌、向培良、谭宝仁等。1927年9月24日八一起义部队进入汕头后，起义军总政治部主任郭沫若任命总政治部宣传处长杨逸棠①为总编辑。

图94 杨逸棠

---

① 黄伟经主编：《客家名人录》第二卷，广州：花城出版社1996年版。

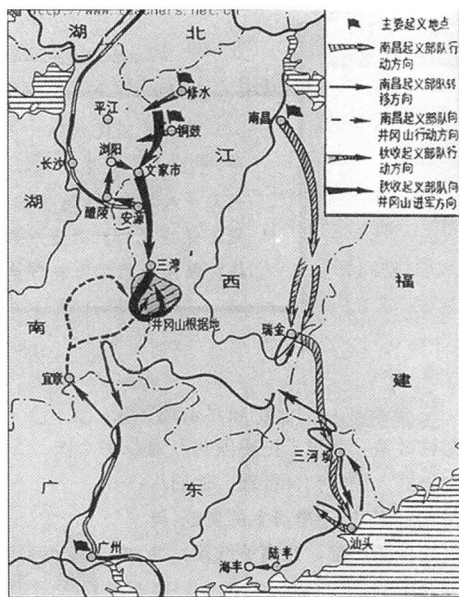

图 95　南昌起义、秋收起义和井冈山会师示意图

　　在汕头出版的《革命军日报》虽然只有短短几天，但它却是中国共产党武装反抗国民党的南昌起义的历史见证，是记载中国人民解放军建军历史的重要史料。

　　在汕头出版三天的《革命军日报》目前尚未发现原报。鉴于《革命军日报》史料的珍贵和重要性，中国科学院武汉哲学社会科学研究所于 1959 年编辑出版了油印本《革命军日报副刊选辑》（见图 96、97），因油印本数量有限，现也已经成为难得的史料了。

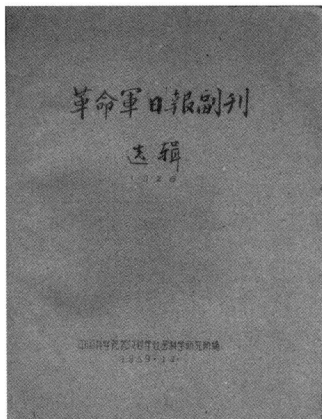

图 96　《革命军日报副刊选择辑》

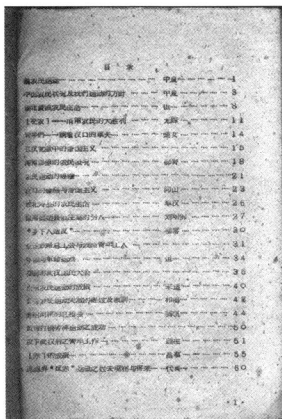

图 97　《革命军日报副刊选辑》目录

《潮梅新报》

　　《潮梅新报》（见图98）创办于民国十六年（1927）三月十五日，社址在外马路张园前。该报每天出版对开三大张十二版的报纸，由汕头盛璋印务公司承印。报头处特申明由国民党广东省党部立案和中华邮政特准挂号认为新闻纸类，且报名冠以"潮梅"两字，大有跟当时的《岭东民国日报》一比高低之势，但该报经营至民国十八年（1929）六月十五日，改为自行派送订阅。民国十七年（1928），黄开山任汕头市长时，曾做过一次调查，当年汕头市有七家报社，然而全市报纸销售量"每日不过一万份之谱"。像《潮梅新报》这样每天出报三大张的大报，尚且不得不以自办发行的办法苦心经营，便可知那些影响力不大的小报的日子之难过了。

图98　《潮梅新报》报头

　　《潮梅新报》的版面设置，算是比较丰富多彩，其第一版设"专载""启事"及标题新闻、广告；第二版设"社论""电讯""国闻""汕头新闻"，"汕头新闻"经常报道一些学校招生新闻、通告，还有各种会议纪要以及民生、市政话题等；第三版设"省闻"，报道全省一些军政要闻；第五版是专版，既有专为汕头市市立第四小学定期出版的副刊《市四学生》（见图99），还有副刊《复活》（见图100）和《新话匣》（见图101）等；第六、七版为"岭东新闻"或"汕头纪载"版；第十一版为"汕头社会"；而第四、九、十、十二版则全是广告。

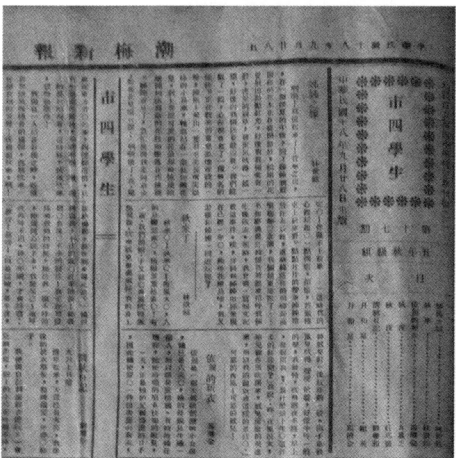

图99　《潮梅新报》之《市四学生》副刊

118

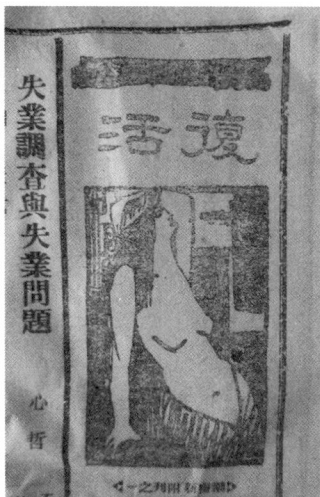

图 100　《复活》副刊

图 101　《新话匣》副刊

　　《潮梅新报》从其报名和所设版面可知，办报人是以全潮梅为新闻采访和报道对象的。但客观上，最好的版面还是第二版，其刊登的社论或汕头新闻比较敏锐、具体、及时。如民国十九年（1930）五月四日，是五四运动十一周年纪念日，《潮梅新报》第二版，刊载署名"敏生"的社论《民族心之自觉与新青年之精神》，既是对五四运动十周年之纪念，也是对五四运动后之社会总结。社论肯定了五四运动的意义和价值，认为"国家每当对外失败，或内政腐败，少数特权阶级滥施荼毒压迫，一致社会发生急激变动之时，感觉敏锐，富有民族自觉心之青年，常奋不顾身，负其可以不必负之责任，作为热烈之运动，唤起国人之醒梦……实为近百数年来最有价值最有影响之青年运动"；也对五四运动之后社会现象做反思总结，"故今后之青年学生，仍应本五四运动之精神，以民族自觉性为基点，以爱国心驱除虚荣心，以求知欲压制领袖欲，不为一人一派利用作工具"。

《汕报》

创办于 1928 年 10 月 10 日的《汕报》，是民国时期汕头埠报业中经营时间最长的民办报纸。创办人张怀真自任社长，报社地址在万安二横街 4 号。

《汕报》于 1935 年前，每天出报二大张八版。第一版设"时评""社评""本国要闻""本社专电"（1931 年 12 月 1 日首设）；第二版是广东新闻，"本社专电"有时也在此版；第三版为"岭东各属要闻"，1931 年 1 月起改名"岭东要闻"；第四版辟"潮梅司法日刊"，有"专载""公牍类"和"批词"等栏目，1934 年起改名为"汕头司法日刊"；第四版的下半版及第五版基本是各类广告；第六版有"本市要闻"和"最后专电"；第七版是"社会杂闻""市闻缩辑""教育消息""党务消息"，此外还设有"公布栏"，主要刊登一些民事广告等。第八版是副刊版，1934 年 2 月后，"时事要闻"也设此版。

图 102 　《汕报》报头

1935 年 11 月，每天出报增加至三大张，对开 12 版。其中星期一则只出一小张 8 开 4 版，各版内容遂作相应调整。20 世纪 30 年代后期，星期一版改为星期刊（见图 103），规格不变。

《汕报》创办后，很快受到广大读者的欢迎，报纸不仅在潮汕发行，还发行到东南亚各地。在汕头沦陷前，《汕报》在各处的发行站有：梅县、松口、五华、大埔、普宁、潮安、庵埠、潮阳、达濠、揭阳、澄海，马来亚的霹雳、怡保，印度尼西亚的日里、棉兰；汕头有五个发行点：中华派报处、汕头派报局、开通派报处、国民派报处、捷音派报处。

《汕报》的副刊《微笑》是综合副刊，主编者先后有阿罗（1929 年 10 月 24 日前）、半聋（1929 年 10 月至 1935 年 11 月）和弗灵（1935 年 11 月

图 103 　《汕报》星期刊刊头

后）。1945 年日本投降后，副刊改名《汕潮》。（潮汕乃木刻之乡，《汕报》的副刊版花图案，多采用木刻版画。版画线条简洁，刀法老练，实亦是不可多得的潮汕木刻画史料）。

图104　《微笑》副刊刊头

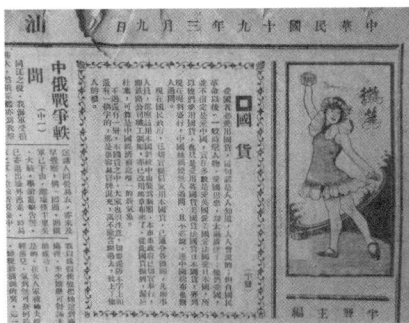

图105　《微笑》副刊1

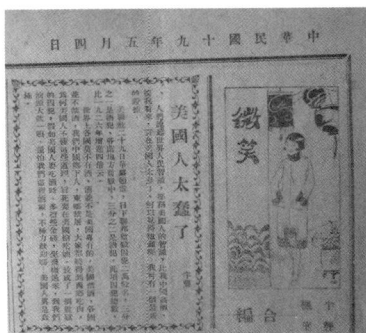

图106　《微笑》副刊2

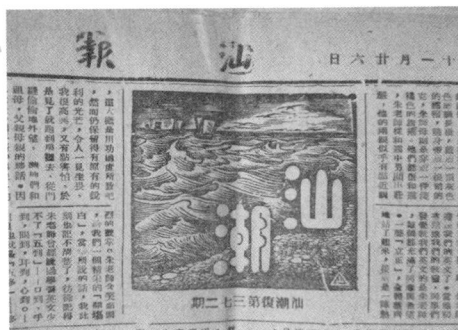

图107　《汕潮》副刊1

图108　《汕潮》副刊2

　　《微笑》在1929年10月后由半聋主编，半聋即是曾经主笔《平报》的钱热储，他几乎每天都写一篇"千字文"刊于刊首，笔调诙谐，颇得读者青睐。《微笑》还经常刊载杂文、小品文和议论性文章，时也不乏精彩之作。如民国二十三年（1934）三月二十日刊登笔名"半饱"（即陈筹）的文章《新救国与老救国》。文章分析了当时的中国社会所谓救国者有两类即"新救国"和"老救国"。爱国青年只凭一股热情，常常因缺乏斗争经验而吃力不讨好，到处碰壁。而那些"一般老救国之巨子，不特可以席履丰厚，且得以显盛名"。因为"新救国之人，为良心所驱使，热血所激动，其脑筋最纯洁。此时只知有国，不识其他。见有妨害于国者，概疾恶视而仇之，谓正可以胜邪，直可以胜曲"。但他们"往往因义愤所激，不能自制，或片言之失检，或一行之偶差，遂致误触法网，转授邪曲者以构陷机会"。而老救国者当然也曾经有过新救国的热情和经历，只是他们碰过壁之后，"顾以不能战胜恶劣环境故，致被利诱威怵，其气遂馁，噤若寒蝉"，正所谓"涉世既深，则趋避益巧"。

张怀真（见图109）一贯疾恶如仇，无论他主笔于《大风报》还是《民报》，都是以敢于揭露黑恶势力著称，因而也就常被报复。

1928年《汕报》创办后，随着北伐军的节节胜利，日本帝国主义者害怕中国统一，必不能任其肆意侵略，遂以保护日侨为名，制造了"济南惨案"。特别是1931年"九一八事变"爆发后，日本帝国主义者很快侵占我国东三省。故此，《汕报》的社评便以其旗帜鲜明的立场，抨击日本帝国主义者对我国的狼子野心，揭露国内那些无耻汉奸们的可恶嘴脸。

图109　张怀真

1931年12月1日，《汕报》发表社评《告一般供日人利用者》（见图110），揭露了"日帝国主义者，既有意无意地把人类的丧钟铿然敲动，不恤冒大不韪，牺牲世界的文明以求最后的一逞"。然而，在此"至危极险的时期"，国人本来应该同心一气救国救难，却不料国内一些民族败类，为虎作伥，以日人旗号攻城掠地。评论最后质问这些民族败类："得无谓日人炮还不巨，枪还不利，不能不亲自动手，为倭奴助一臂力呼？"

《汕报》的行为，被日本人视为眼中钉，日本驻汕头领事馆多次向汕头市政府交涉，甚至派浪人企图谋杀《汕报》社长张怀真。然而张怀真及《汕报》并没有因此而害怕、噤声。1932年初日本发生朝鲜义士谋杀天皇未遂事件，《汕报》对此事发表了社评，还差点引发一场中日战争。

1932年1月8日，裕仁天皇在东京代代木阅兵场参加阅兵式后返回宫（见图111），当车队行至皇宫南门的樱田门外时，跪伏在路边的朝鲜人李奉昌

图110　《汕报》社论《告一般供日人利用者》

（见图112）突然将一枚手榴弹向裕仁座车投去，但被炸倒的是其后的一辆马车。李奉昌迅速投出了第二枚手榴弹，但这枚准确击中裕仁汽车的手榴弹竟是颗哑弹。案发次日，上海《申报》发表《韩国志士阻击日皇未成》的通讯，张怀真看到报道后，便在《汕报》发表社评《惜乎不中》，对李奉昌因刺杀日皇不成而付出自己年轻生命深表哀悼和惋惜。同时指出，日皇是日本人民神化的元首，行刺日皇对于朝鲜爱国运动并无裨益，只能徒然引起日本人之仇恨而已。事实上应负灭亡朝鲜责任者，是日本帝国主义的那些军阀财阀。文末并祈望朝鲜终有一天能摆脱日本的殖民统治及奴役，建立独立自主的国家。

图111　李奉昌暗杀日皇时的日皇护卫车队

图112　李奉昌

这篇社评本来义正词严，并无侮辱日皇之词句。不料日本帝国主义竟借口《汕报》侮辱日皇，派军舰20艘直接驶入汕头港海面，蛮横无理地提出要汕头当局封闭《汕报》，要求《汕报》负责人张怀真亲自登上日舰道歉和接受惩处，赔偿日舰开入汕头的全部费用，准予日军登陆保护侨民，禁止任何反日言论再次发生。

这些近乎侮辱性的苛刻条件，以"哀的美敦书"（最后通牒）的形式限汕头政府当局48小时内答复，否则就将武力解决云云。

张怀真却沉着镇静地再次在《汕报》上发表社论，申明立场，其所写社评并无侮辱日本天皇词句，也无妨碍中日邦交之处。但为了汕头人民免于战祸，政府有意要《汕报》停办，他将接受；政府若认为他的言论有碍中日邦交，他也愿意接受政府处罚，但若将他拘捕送往日舰，则日方不仅侮辱他个人，而且是侮辱我国的独立地位。为了国家的体面、记者的尊严和个人的人格，他宁愿自杀也不愿被送上日舰。

时汕头驻军负责人张瑞贵将军接到日方通牒后，很是气愤，表示全力支持张怀真。他一方面安排军队把张怀真和《汕报》员工送至潮安后方，一方面下令星夜凿沉多艘载石大木船于汕头妈屿口，以封锁港口。同时派军队将全部住汕日侨监视起来，然后向日本人传话，如果日舰胆敢动武，则

图113　张瑞贵

将全部杀死在汕日侨并抗战到底。日方始料不及，且所有军舰已被封锁在汕头港内，日侨也全被监视，只好马上软化，改称是场误会。张怀真不仅不用向日人道歉，《汕报》也没被封闭，张瑞贵（见图113）将军因此获得"生张飞"的英名。

"汕报事件"可以说是自甲午战争后至对日全面抗战前，我国所有对日外交交涉中唯一没有受到屈辱的一次事件。①②

"汕报事件"之后，《汕报》仍然得以出版，张怀真也依旧不畏日本帝国主义的淫威，继续以新闻报道或社评揭露其侵华的野心和行径。

1932年1月28日，日本军队在上海挑起"一·二八"事变。驻防上海的蔡廷锴、蒋光鼐十九路军奋起反击。淞沪抗战，日军遭到沉重打击，死伤万余人，四度更换司令。但由于南京国民政府坚持不抵抗政策，3月初，日军在太仓浏河登陆，十九路军被迫撤离上海，淞沪抗战最终失败。4月26日《汕报》在第六版刊登报道《倭寇在汕之行动》（见图114），揭露日军在淞沪战争中"奸淫掠劫无恶不作"，"近日自国联调查团离沪后，彼仍怙恶不悛，叠增枪械来沪，冀图积极侵华"。同时"暗令侨居我国各地倭侨，组设口口队"，以借扰乱我国治安。报道就日人在汕开设的台湾银行、博爱医院、裕泰行、景祥行、神州行等负责人常于夜间聚集于育善街口某日人会所开会之事，提醒市民注意日人阴谋。

图114　《倭寇在汕之行动》

1933年5月31日，南京政府与日本侵略者签订了丧权辱国的《塘沽协定》。第二年春，日本外相广田弘毅答复政友会烟桃作的质问时，不无得意地称"中日关系最近已向改善方面开始进行"。《汕报》遂于1934年3月21日发表社评《日外相口中之中日改善》（见图115），指出"广田此言，含有若何作用，不得而知。惟吾人就事实证之，只觉莫名其妙"。社评接着摆出事实："中国本身目前已形成上寒下热之两隔病症。以故绝交者自绝交，妥协者自妥协。政府与人民

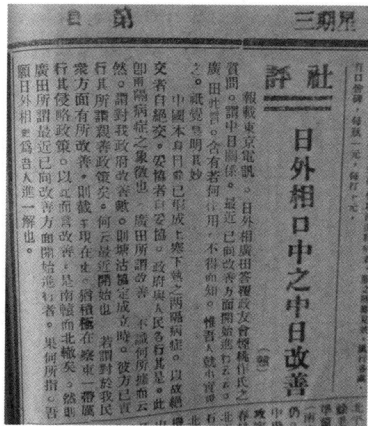

图115　《日外相口中之中日改善》

---

①　黄伟经主编：《客家名人录》第一卷，广州：花城出版社1992年版。

②　［韩］朝鲜日报中文网，http://chn.chosun.com/big5/site/data/html_dir/2010/01/08/2010010800000
23.html。

各行其是……广田所谓改善，不识何所据而云然。谓对我政府改善欤？则《塘沽协定》成立时，彼方已实行其所谓亲善政策矣。何云最近开始也？若谓对于我民众方面有所改善，则截于现在止，犹积极在察东一带厉行其侵略政策，以此而言改善，是南辕而北辙矣。"

1935年底，国民政府改革币制，废除银元，发行纸币。这本是我国内政，然日本帝国主义竟称我国政府没先跟其通气，因而叫嚣日本决不能对我币制改革漠然视之，要让我国之纸币变为废纸。《汕报》于1935年11月17日就此发表署名"岂凡"的社评《我国改革币制与日本之态度》，严正指出"夫改革币制，乃我之内政问题，与日何关？""准此而言，则日军部直认我为其属国矣！"

1939年初，因长期办报、呕心沥血，张怀真的身体开始吃不消，只好引退，由好友李玉耕继任社长。李玉耕是归国华侨，20世纪20年代初从马来亚回国后，协助其兄经营汕头印务铸字局，后兼任《汕报》交际主任、发行人。李接手《汕报》后，预感到汕头作为粤东中心城市，也是南方唯一未沦陷的重要城市，日本侵略者一定会把魔爪伸向汕头。于是他便派人回到梅县筹办《汕报》梅县版的出版事宜。同年6月16日，《汕报》梅县版正式出版。6月21日，汕头沦陷，在汕头《汕报》停办期间，编撰人员撤到梅县。

1941年10月1日，为新闻事业奋斗一生的张怀真病逝，《汕报》为此印发了追悼特刊，刊出张怀真生前好友、同事、亲友的挽联、悼文。挽联和悼词中有"著绩长留""言论泰山""德性过人世变亟时留正气，言论救国抗战声中失导师"等。字里行间，可看出当时人们为新闻界一颗明星的陨落而深感痛惜，并为张怀真一生的正气、骨气和志气而讴歌、骄傲。

1945年8月15日，日本宣布无条件投降。《汕报》社长李玉耕遂派经理李挺贤、编辑谢雪影等人从梅县回汕头，筹备恢复汕头《汕报》和《汕报》总社迁回汕头事宜。他们索回了被日伪抢掠走的原铸字局设备，随后李玉耕偕王子英、陈震东等人到汕，汕头《汕报》正式复刊。复刊后的汕头《汕报》每天出报一中张，1946年起每天出报一大张。由温文任总编辑，王子英任副刊《汕潮》主编兼写报纸社论，来自江西《正气日报》的周京任资料室主任，加上资深报人谢雪影、熊毅武、张问强等人，阵容一时颇为强大。

1946年，汕头发生了官商勾结侵吞暹罗侨胞赈灾大米的丑闻。官商把运汕的几千包大米谎报为食盐，事情败露后，激起市民公愤。《汕报》接连编发社论、短评和读者来信，矛头直指市政府。特别是一篇题为《迷》的一字社论，更直言市长"难辞其咎"，大义凛然，赢得各界人士的称赞。市长翁桂清尴尬之余，竟私下向省府告状，无理要求省政府关闭《汕报》，幸亏当时的省主席罗卓英不是颟顸之辈，把翁的告状公文批驳下来，翁市长只能悻悻而大事化了。

1947年当内战方殷之时，《汕报》为了其标榜的不偏不倚的政治立场，每天有关国内的重要新闻均采用外电的新闻，先由李春融，后由林宗棠直接翻译路透社、美联社、合众社的电讯新闻，林宗棠还用林岱秋的笔名选译上海《密勒氏评论报》上立场公允的短评如《延安——转折点?》《评魏德迈访华团》等，在专栏发表，充分表现《汕报》的中立性。

1949年10月24日汕头解放后，《汕报》曾全文刊载毛泽东的《论人民民主专政》。中国人民解放军军管会认为《汕报》属民办性质，准许它继续出版了一个多月，才接管了铸字局和报社，社址归《团结报》临时使用①。

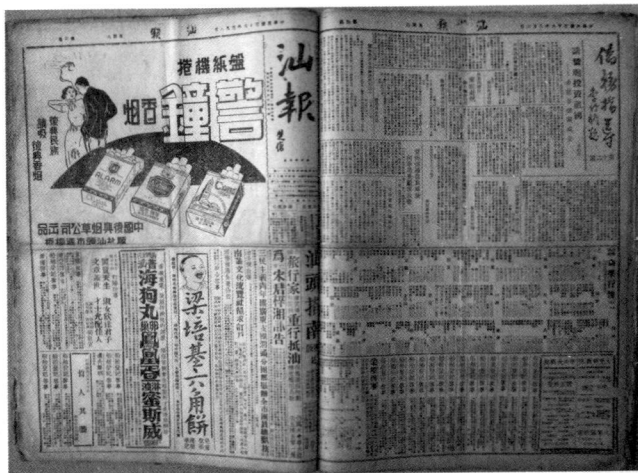

图116　《汕报》

《汕头日报》

创办于民国十八年（1929）二月二十三日的《汕头日报》（见图117），并不是汕头市政府的机关报，也不是官办的党报，而是"由本党诸同志努力宣传起而组织"的一份官方色彩很浓的民办报纸，社长王振民也是由诸同志公举推选出来的，报社地址设于汕头同平路一号之六。

报纸由众人合办，经费自然也须众人筹措。故而，他们便想出一个以"向外募股"的方法筹措办报资金，以"本报紧要启事"方式登于报端，并刊出"认股登记表"和"股款收据"样本"以昭信守"。

图117　《汕头日报》报头

① 陈汉初主编：《汕头文史资料精选·文教卫体卷》，香港：天马出版有限公司2009年版。

该报每星期出报六天，报价本埠每月 1 元，半年定价 5 元 5 角，全年定价 10 元；本国每月定价 1 元 1 角，半年定价 6 元，全年定价 11 元；港澳及国外每月定价 1 元 7 角，半年定价 9 元，全年定价 17 元，订报费已包邮资。零售价每份 0.5 毫，邮票代款，十足通用。

该报每天出报三大张，为对开十二版。其中，第一、四、九版基本是刊载各类商业广告，其他版面分设"国际""国闻""省闻""市闻""代论""电讯""时论""汕头缩影""党务"和"商业经济"等栏目。"党务"和"商业经济"都放在第十二版，但当天登载"党务"内容时，便不登载"商业经济"，反之也是，且这两个版块均只占半个版面，另半个版面刊登广告。"商业经济"又再细设"国内外实业消息"和"本埠市价栏"。前者一般刊登一些经济新闻或经济讯息，后者则主要刊载本市的金融、粮食、油料以及汕头港轮船入港和出港报告。

作为一份地方上的国民党"准党报"，该报的价值取向当然是紧跟当时的南京国民政府的政策方向。

1928 年 4 月 10 日，南京国民政府再次出师"北伐"，日本借口保护"山东各地之日人生命财产"，悍然命令日军由青岛向济南前进。5 月 3 日，日军发动突然袭击，残杀山东交涉公署交涉员蔡公时等人，接着又炮轰济南城，造成中国军民的重大伤亡，制造了"济南惨案"。日军的暴行激起全国民众更大愤怒，全国各地纷纷自发地成立了"反日会"抵制日货，与日本经济绝交。面对社会各界日益高涨的反日浪潮，南京国民政府被迫于 5 月 6 日召开国民党中央执行委员会常委会，通过《对日经济绝交办法大要》。但不久，蒋介石为了先"安内"，不惜出卖国家尊严，于 1929 年 3 月 28 日与日本签订了屈辱的《济案协定》，并把"反日会"改名为"中国国民救国会"。

图118 《汕头日报》

1929 年 5 月 12 日《汕头日报》第二版的"代论"，发表了一篇文章，标题《反日会改为救国会的宣言》，"宣言"虽然信誓旦旦地声明要"负反日救国的重大使命"，但也代南京国民政府辩护称更改名称"完全是策略的关系，绝对不是软化或妥协"。

由于经费等原因，《汕头日报》于 1929 年下半年不得不暂停出版，到 1930 年 3 月 28 日才复刊。不过，这时的"日报"已改为"晚刊"了。

《南潮日报》

用"雷声大雨点小"来形容《南潮日报》，是再恰当不过的。早在民国十八年（1929）初，潮安人蔡文玄跟许楚岫、庄启汉、孙来卿、林少韬、蔡开和等六人在汕头就创办《南潮日报》达成共识并开始着手筹备，筹备处设于汕头外马路新闻社。当年五月十一日，又借《汕头日报》等报纸发出《创办南潮日报启事》，在启事中还把赞成者共18人的名字也列于报上，这些人可都是当时国内的政治或文化名人，如时任国民党中央执委、故宫博物院参事于右任，国民党中央监察委员、侨务部部长萧佛成，复旦大学教授、著名报人戈公振，国民党中央执委、国民政府卫生建设委员会主席、中央教育行政委员会委员褚民谊，国民党上海党务指导委员会委员冯少山等。

民国十八年（1929）十月二十五日，经过五个多月的筹备，《南潮日报》（见图119）在汕头市正式出版发行。报社地址在汕头市公园前路，每天出报三大张，对开十二版，零售价十仙。十月二十五日首发创刊号，创刊号用对开纸红色油墨印刷，褚民谊为创刊号题写报头。一大张四版上，有戈公振、于右任、褚民谊、潘公弼、潘竟民、陈畏垒等人的亲笔题词祝贺，此外陈济棠、张襄、区芳浦、黄任寰、陈达哉、李浩然等人也以书面贺词祝贺。十月二十七日首发新闻纸一号，二十七日当天出报为对开四大张十六版，自二十五日至二十九日报纸免费送阅。

图119　《南潮日报》报头

《南潮日报》在筹备时，创办人达六人，谢雪影《汕头指南》则只是写蔡文玄（见图120）一人。蔡文玄，一名文贤，笔名柳北岸、杨堤、白芷、秦西门、朱贝、吴六桥、李村等。他于20世纪30年代下南洋，成为新加坡现代著名诗人、作家和电影人。现香港著名美食家、电影人蔡澜，乃其子。

在十月二十七日的首发新闻纸一号头版报眼处，刊出了几条"本报启事"，其中第三条是关于报纸负责人的启事。据该启事宣布，该报同时设立负责报纸发行事务的委员会，推举林少韬为委员长，报社日常事务由林少韬、孙来卿、庄启汉三人打理并由林少韬负责"本报一切责任"。但在启事的右边同时刊载一则署名"蔡文玄"的社论《我人之愿望》，可见蔡才是真正的掌舵人。

图120　蔡文玄

民国十九年（1930）五月，筹备了五个多月而只经营了半年的《南潮日报》，因事被国民党广东省宣传部查封了。

图 121　《南潮日报》创刊号

图 122　《南潮日报》副刊《海市》

《鮀江春报》

《鮀江春报》于民国十八年（1929）四月一日创刊出版，创办人为罗湘泉，报社地址在汕头市怀安街 21 号。该报为三天报，每期出报一张，4 开 4 版双面印刷。中国境内全年订阅定价 2 元，半年定价 1 元，国外加倍，零售定价 5 仙，报资先付。

报名叫《鮀江春报》，表面上看，好像是一份专门报道风花雪月的"艳报"，其实不然。

1929 年，国民党召开第三次全国代表大会后，蒋介石控制了中央政权，基本结束了全国各地军阀割据局面。政治的相对稳定，国民经济也得到发展。因此，当美国爆发经济危机，中国国内正是民族资本家蓬勃兴起之时；当美国经济面临崩溃、大萧条之时，中国却加紧发展民族资本。与第一次世界大战之后相

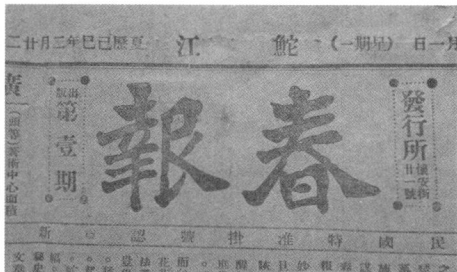

图 123　《鮀江春报》报头

比，当时的中国国民总值增长了187%。政府还趁美金、英镑等货币贬值之际，大幅偿还北洋政府所欠外债。至1932年底，基本偿清了北洋政府所欠外债，并且还大量购入生产设备，这又使中国的工业有了一定的发展。

汕头在当时是一座开放的国际商埠城市，国内政治相对稳定使汕头经济同样得到迅速发展。经济的发展，带动了文化的繁荣，东西方文化在这里汇聚、交融，一些通俗文化小报也应运而生，《鮀江春报》便是其中一种。

创办人借发刊辞，表明了办报宗旨，是为了"拯孽海之沉姝"，为了"起平权于弱女"，因此，"唯望岭东学士、鮀海文豪，不吝珠玉，光发篇幅。梅言兰讯，搜罗不厌求义；秘史奇闻，揭发期无遗漏。漫云文章游戏，聊当暮鼓晨钟。大可消遣怡情，也备茶余酒后"。

在创刊号另一篇署名"偷闲"的文章《春声》，有这样一段：

第念频年，变乱迭作，盗贼繁兴，生计寥落。壮者散而之四方，老弱几濒乎沟壑，道路喘喘视草木而心惊，低首呻吟痛军阀之万恶。天日无光，寒风萧索，嗟我烝民，不观春风面者久矣。一声雷动，统一功成，雨后笋苗，阳鸟争鸣。……鮀江春报诞生其会，若春雨之及时，出生花之笔，写绮丽之词。……

上面这段文字，或许也是创办人从另一方面道出了办报的心声。

其实，纵观整张创刊号，除了第一版的发刊辞和祝贺文章、第四版整版广告外，第二、三版均是一些文艺报道，还有就是爱情故事连载。当然，也有对风月女子命运的关注，这些似乎都跟其"拯孽海之沉姝"和"起平权于弱女"的办报心声相一致。

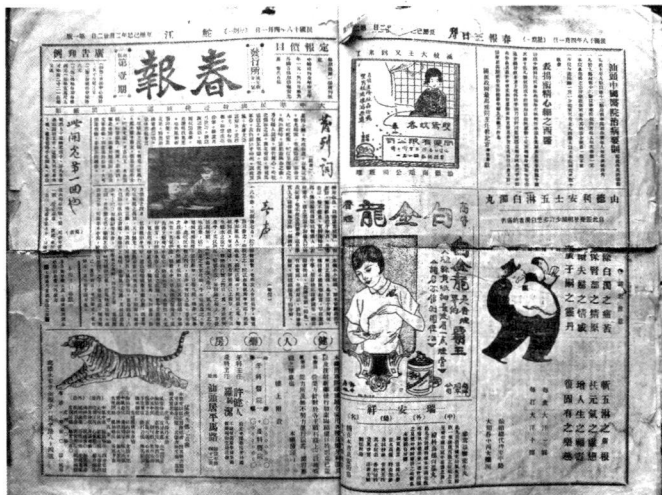

图124　《鮀江春报》

《汕头新报》

《汕头新报》创办于民国十八年（1929）七月二十日，创办人陈思良。报社地址在汕头镇平路万福里8号。每天出报一大张，对开四版，星期一停报。报纸由汕头万安街印务铸字局承印。报价每月大洋5角，每年定价大洋5元，外埠邮费照加，报费先付。

创办人在《本报出版露布》中，详明其发刊宗旨："……夫报纸为改造社会之导师，促进文化之工具，此为有识者所共见共闻，抑也文明人所公认者也。本报同人有鉴于斯，天职所在，责无旁贷，为是成立本报，一洗萎靡颓唐之暮气，奋发革新之精神，本此意旨，以为本报之始基，此本报区区之意云尔。"

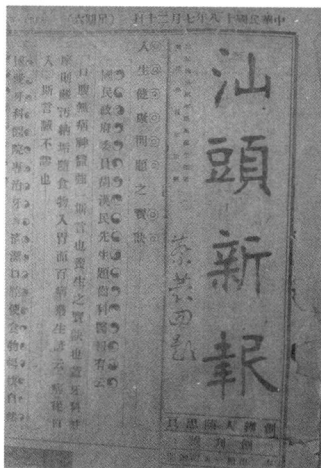

图125 《汕头新报》报头

创刊号赠阅。创刊号第一、四版用红色油墨印刷，均为广告。第二版为国外和国内消息，没设具体栏目，内容也是国内国外混排，或真如其在"本报启事"中所说，因出版时间紧迫所致。第三版登载的消息也很杂，有"市府消息""党务消息""潮梅新闻"等，此外就是发刊词和本报启事。

从该报的报头相关资料看，该报出版时尚未取得汕头市政府合法的登记证号，也未取得邮政部门新闻纸类的登记。

该报发行不久便停刊了。1931年12月15日，在《真言日报》上刊登广告称将在当月15日（即当天）"定期出版"，报社地址改在汕头中马路永平里。

图126 《汕头新报》创刊号

《韩江报》

《韩江报》于民国十八年（1929）十一月八日复刊，创办人饶公球，报社地址在育善直街 31 号，报纸则由同在育善直街的岭南印务有限公司承印。复版初期每天出报一大张，即对开四版。《韩江报》报价每月 3 角，零售价每份 6 仙，外埠邮费另加。"韩江报"三字由陈济棠题写。有意思的是，饶公球本身是汕头埠知名律师，他因此也自聘为《韩江报》的常年法律顾问，这在民国时期汕头埠报业界可说是绝无仅有。

《韩江报》在"复版宣言"中，表示此报要"唤醒民众，伸张正义"，对"三民主义的宣传，更责无旁贷"，因此，"本报愿本此宗旨，伸张舆论界之权威，筑固舆论界之基础，这是我们应该郑重声明的"，"应以三千毛瑟，为党国之前躯……"这或许也成为当时办报者所必须声明之词。

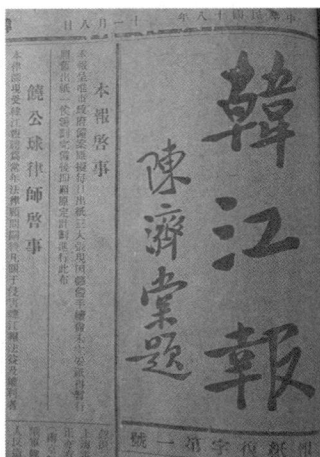

图 127　《韩江报》报头

《韩江报》的第一版设"电讯"和"国内要闻"，第二版设"本省新闻"，第三版设"本市要闻"，第四版为副刊和广告。副刊《韩江潮》，内容主要有新诗及旧体诗、小说、小品、散文等。

俗话说："近水楼台先得月"，饶公球自办报纸，当然也为自己提供了不少便利。在复刊号上，就有一则这样的广告，题为"饶公球律师启事"。大意是，饶家眷属患病而致早产，"当时事势濒危"，"幸毓麟里十号廖莲玉产科师到场接生，极力救治始得转危为安，现下母子安全，实廖产科师之力也，特登报为孕妇者告"。

图 128　《韩江潮》副刊

作为律师，还有一个特点就是职业性的敏感。如在对一些民事案件的报道方面，就特别细心。如在复刊号第三版"本市要闻"中，有一则由"东江通讯社"采访的消息，题为"无轨电车辗伤工人被罚了事"："无轨电车夫陈木海，日前驾驶第一号无轨电车，在崎碌新总部前将货车夫蒋友辗伤，当经蒋吁警将陈带区，已则往医院敷药，现闻四区以陈木海于驾车时不尊路线，已违警律，复将蒋友辗伤，殊属不合，昨特判陈木海违警，处罚五元，又赔偿蒋友医药费五元了事云云。"

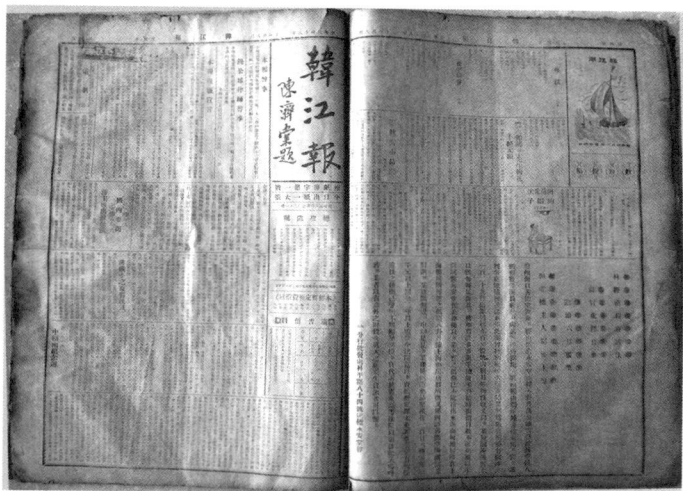

图 129　《韩江报》

《汕头日日晚报》

图 130　《汕头日日晚报》

《汕头日日晚报》于民国十九年（1930）六月九日创刊，主持人郭立基，社址设于汕头打锡五横街 14 号。报纸为 4 开 4 版，天天出报，星期天不停报。创刊之初，因须向邮局申办立券挂号等手续，承印厂家设备也尚未齐备，故每天先出报一张，特在报头声明，待各项筹备工作完成，将每天出报两张。报价每份 3 仙，每月定价大洋 3 角。

作为一份新创办的小报，要在当时报纸林立的汕头埠站住脚，首先就要有自己的特色和卖点，下面抄录其《发刊词》，或可窥其端倪：

汕头为岭南国重港，枢纽华洋，人才甚济，早成东江政治经济之重心。举凡

133

政令之宣敷，人事之记载，其有赖于舆论机关之传播者甚多，汕头日日晚报之创设，其故盖在斯也。

今兹本报出版，有为读者告者二：一曰本报同人，类多为本党之党员，观乎本党革命历史之壮伟，宜益奋发有为，凭我笔尖，以尽职责。二曰本报同人，多曾兼各报社记者，对于新闻之如何充实，虽非老手，也必按步改善，以满读者。

至于本报之为每晚刊行与星期不停，盖所以报告即日消息与读者，而使读者获得继续之消息，此尤其小也。

今当发刊之日，敢为略述如上。

《汕头日日晚报》设有"国内新闻""本报专电""潮梅简报""专载"等栏目以及副刊《新月》。

《新月》主要登载一些轶事趣闻、风俗古迹以及诗歌、戏剧、小说、漫画乃至伶妓艳史、瀛海珍闻等。报纸创刊时，同时设该副刊。副刊负责人爱兰在栏目开设之初有这样一段极富诗意的《见面语》："……倘逢月上柳梢时，得披襟席地，对月迎风，手执一纸有趣的小报，在水晶般的月光下，静觅人寰间的奇闻隽语，这是多么有趣的一回事呢！本副刊在这小报上的一角，好似半规新月，吐吐一些稚弱的微光，然而就编者的内心，却冀其可供柳荫浏览的需要，因此祈求其如月之洁，如风之清。不夹带丝毫色彩，不拘泥一隅偏见。事之奇者，其闻见不必自我，语之隽者，其著作不论古今。也要他似古月新光，出得逢时，适合这新月模样罢了。"

图131　《汕头日日晚报》副刊《新月》

《新医声》

1929 年 2 月 23 日，国民政府中央卫生委员会在南京召开会议，通过了余云岫等人提出的"废止旧医以扫除医事之障碍案"，引起全国中医学界的哗然及反击。全国各中医药学术团体于同年 3 月和 12 月两次在上海集会，提出平等中西医待遇，并发动全国中医界笔伐墨诛，群起抗议，据理争辩，迫使国民政府卫生部门最终不得不收回成命。

在全国中医学界的全力抗争后，中医并未"废止"，而由此引出的"新医"（即西医）与"旧医"（即中医）孰优孰劣之争，最终亦不了了之。笔者无意对我国医学界这场争论作出是非评价，但因为有这场争论，使在 20 世纪 20 年代末30 年代初的汕头埠，出现了一份名叫《新医声》的报纸，却让笔者颇感兴趣。

图 132   《新医声》报头 1

《新医声》是一份 16 开 4 版单面印刷的报纸，报社地址设在汕头顺昌街陈实医院内。《新医声》的创办人是陈仰韩，名惠潮，族名富平，仰韩是字，澄海外砂龙头村人。陈仰韩青少年时到汕头其姨父陈实开办的陈实医院当学徒，因聪颖好学，得姨父及其好友——日本驻汕头某医院医师的悉心指教，很快成为姨父的得力助手，又在姨父的支持下到揭阳真理医院实习，经考核合格取得执业资格。

1928 年汕头西医士公会成立，陈仰韩加入该会，不久便担任该会秘书长，《新医声》创办后，遂成为汕头西医士公会的出版物。可以说，《新医声》的出版，一方面正如创办人所标榜的，是为了"提倡公众卫生，宣传医药学识"；另一方面，就是为了跟"旧医"争论，给自己开辟一块阵地。

正因如此，《新医声》第一、二版开设有"小评""论坛"等论说式栏目，所刊登的都是有关新医跟旧医的争论文章。如民国十九年（1930）八月十六日出版的第二十一期《新医声》，第一版的"小评"栏中，作者署名"意善"的《百能》，对当时一些"要人学者"，"于医学本为门外汉，乃必妄造谰言，信口雌黄"，因而讽刺其为"百能"。"论坛"栏刊登了主编陈仰韩的文章《论限制新医新药以挽回利权之谬妄》，文章就当时有人提出所谓倡导新医（西医）是一种"利权外溢"以及新医（西医）是一种"舍本逐末"的医术，唯有旧医（中医）方能"调和精神""治本治根"的言论一一加以驳斥。第二版还设"转载"栏，专门连载时任国民政府卫生部中央卫生委员会委员余云岫的文章《〈皇汉医学〉批评》。

《新医声》的第三、四版设有"译著""随笔""杂俎"和"问答"等栏目。第二十一期的"译著"中，有题为"急性肺炎之谵语及其疗法"的文章，原文作者山田基，陈仰韩译；"随笔"则有文起的《肺结核及肋膜炎之温浴疗法》；"问答"栏以每期一个主题，由读者提出问题，主编根据问题所涉及的医学科目请相应的专家给予回答。第二十一期《新医声》的"问答"栏内容是有关蛀牙的治与防问题，编者特请顺昌街少滢牙科医院①的陈少滢医生作答。

《新医声》虽然是属于汕头西医士公会的机关刊物，但该刊并没有登记注册，没有订阅和零售价格，亦未知其出版周期。笔者偶目的第二十一期《新医声》（见图 133），从第一版至第四版，共有文章九篇（包括编后语），除了一篇连载、一篇问答，两篇用笔名，其余的都是陈仰韩一人包办（译文亦是他译）。

20 世纪 30 年代初，陈仰韩在汕头新医（西医）界渐有名气，事业亦蒸蒸日上，然而他却于 1932 年回到家乡②，在龙头村陈氏芳廉祖诚敬堂开办陈惠潮诊所。诊所设内科、外科、儿科和五官科。

尽管自己开设诊所，工作更加繁忙，但由他主编的《新医声》并没有停刊，反而增加了版面，从原来的 16 开 4 版单面印刷改为 18 开 20 版，外加 8 个广告版，共 28 版双面印刷，可装订成册。报头"新医声"

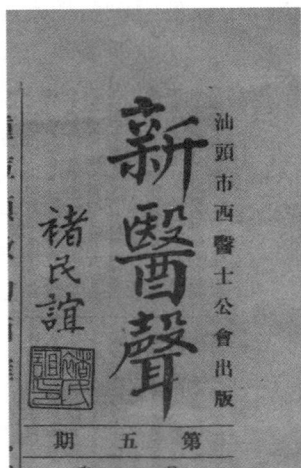

图 133　《新医声》报头 2

三字重新由曾任广东医学院院长的褚民谊题写，褚是一位坚定支持西医的人物（尽管后来褚成为汪精卫伪政权中央监察委员会常务委员，但这是后来的事，跟《新医声》及陈无关），由此可见主编者对办《新医声》之重视及用心良苦。

改版后的《新医声》仍然是汕头西医士公会的机关刊物，出版期号重新编排。报头处除了报名、期数和目次外，仍然没有登记审批号、订售价目及出版周期，就连原来的出版日期和报社地址亦一概免掉了，只是在最后一个页面刊登的"本社启事"中，告知投稿者"本社编辑通信处刻经迁至'汕头外砂龙头陈惠潮诊所'以后如荷投稿及交换书报请按上开地址递交可也"。由于没有出版日期及出版周期，目前仅见这期第五期，一时亦难以断定其出版时间。还好在最后的"本会消息"中，有"民国二十二年三月卅一日"汕头西医士公会第十五次执行委员会议和民国二十二年（1933）四月十四日第十六次执行委员会会议的消息报道，故大体可知第五期《新医声》的出版时间应在民国二十二年（1933）四月后。

---

① 编者原文如此。

② 据龙头村陈氏芳廉祖诚敬堂宗亲座谈会及陈仰韩家人提供资料。

在第五期《新医声》中，我们已看不到有关新医（西医）与旧医（中医）之间的争论文章了，原来各版开设的带有"小评""论坛""译著""随笔""杂俎"等字样的专栏亦均取消。为了便于分析，兹将目次录下：

从上列目次可知，第五期《新医声》，总共有文章七篇（包括《本会消息》），其中除一篇署名"文起"外，而所谓"本社编辑主任"其实亦应是陈本人，故其余六篇文章都由陈一人完成。虽然去掉了"论坛""译著"等栏目字样，但如果看具体文章内容，还是可以看出前两篇仍然是论说式文章，而第四篇则是由陈翻译的译著。

改版后的《新医声》不仅页面大幅增加，文章专业性增强（如《谈谢译肺病预防疗养教训》《汞中毒和它的治疗法》《本社编辑主任呈请内政部卫生署请制定种痘法文》），篇幅亦相应增长，此外还新增加广告的刊登。

《新医声》是20世纪30年代汕头埠一份私办的民间团体报纸，其从最初的普及医学常识、宣传新医（西医）理论的医学普及读物，逐步向较为专业的西医医学刊物转变。可以说，在整个民国时期的汕头埠，尚未发现第二种类似的西医刊物。但遗憾的是，《汕头卫生志》中对《新医声》及其创办者陈仰韩只字未提。

图134　《新医声》1

图135　《新医声》2

《新岭东日报》

《大岭东日报》于 1929 年下半年停办后，张凌云于 1931 年 1 月 6 日创办了《新岭东日报》（见图 136）。《新岭东日报》的社址设于升平路 110 号三楼，报纸由汕头华侨新记印务公司承印，最初每天出报二张半，之后改为每天出报对开两大张八版。"新岭东日报"几字由曾任国民政府主席的胡汉民亲笔题写。

图 136 《新岭东日报》报头

《新岭东日报》的版面设置为第一版"无线电台"，主要报道国内外的时政新闻；第二版"国内风云"或"中外要闻"，为热点话题的报道；第三版"岭东消息"，报道岭东各县市的地方新闻、消息；第四版主要为广告，也有接第一版的部分新闻；第五版为综合副刊《交响乐》，有"瞎三话四"（杂文）、"小品""素描""诗选""论文""散文""座右铭""世界珍闻""科学拾零"等；第六版设"本市新闻"；第七版是"社会片断"；第八版又为副刊《新世界》（见图 137），主要刊登随笔、日记、评论等。

从《大岭东日报》到《新岭东日报》，张凌云虽然从前台走到了幕后，但我们单就其报名，也可领略其办报风格之承前启后了。

图 137 《新世界》副刊

1934 年 2 月 19 日，蒋介石在南昌行营扩大总理纪念周上以《新生活运动之要义》作演说，掀起了新生活运动的序幕。所谓新生活运动，就是要从人民的基本生活开始，以改善其习惯与素质来达到"救国"和"复兴民族"的目标。其核心思想就是"礼义廉耻"。

图 138　《儿童新生活运动》

图 139　《怎样造成廉洁政治》

针对以什么才能"救国"和"复兴民族"的问题，《新岭东日报》在 1934 年 3 月 23 日头版头条，以社论形式发表文章《怎样造成廉洁政治》（见图 139）。文章以新生活运动在全国掀起为楔子，认为要真正"救国"和"复兴民族"，只有"廉洁政治"，并且指出"如何造成廉洁政治？此一问题，不独为新生活运动进行中一最重要问题，抑且为复兴民族之一重要问题也。……欧美各国，何曾有耳提面命以提倡廉洁政治者？然其国内政治，未有如我国之暗无天日，……故欲求廉洁政治之实现，固不在于多言而在于实行也"。提出要清明政治，就要做到"清""慎""勤"三字。"清"，就是"行为清廉，头脑清楚"。"慎"，就是"慎重考虑与做事有计划"。"政治方针之实施，政学之处理，均与民众有切身利害之关系，倘颟顸从事，轻举妄动，则必有意想不到之祸害。故施政之先，应先考虑其利害，确定其步骤，研究其结果。行随侥幸，投机取巧之事，非忠于所职者所应也。""勤"有两方面的含义，"一在量方面，即在服务之努力，忠于所职，一在质方面，即在提高办事之效率"。最后总结，"欲求国家政治之清明，欲求民族之复兴，欲求新生活运动之得收效果"，舍此三义，别无他路。

《新岭东日报》的综合副刊《交响乐》（见图 140），几乎每期都在刊首位置刊登一篇千字左右的时政性评论或杂文。1934 年 3 月 23 日的这期《交响乐》，刊登了署名"为法"的杂文《未来的梦》，笔者以中国人"喜欢迷恋祖宗过去的光荣，却不喜欢记忆自家过去的耻辱"开题，随即引入现实："最近北方中日的酬作纷忙，不是一个好例子吗？关外健儿有的还在那里奋勇杀贼……谁还忍与敌人把酒言欢？或者这是君子绝交不出恶声的古典，在另一方面看，总不能不算是健忘的老病，而这老病，却仅是忘却耻辱，又如何能不使人言之伤心。"接着，作者笔锋一转，以讽刺的口吻说："不过伤心是毫无用处，反正伤心的人是弱者。而强者或正从这些事中，扬扬有得，以为中国前途，已有开展希望，原来希望即是未来。"最后，作者指出："与其在'忍辱负重'中空空冀望着将来，转不如把握着现在，以眼还眼，以牙还牙，努力洗去这忍受以（已）久的耻辱。"

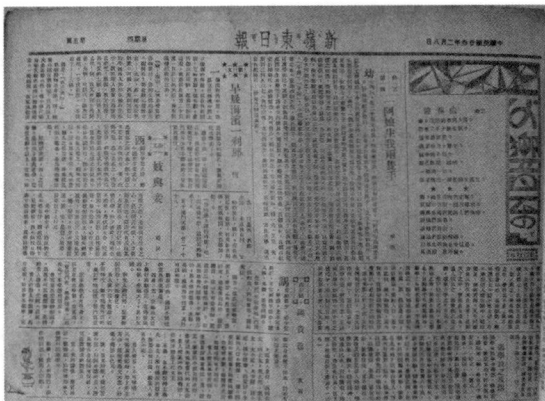

图 140 《交响乐》副刊

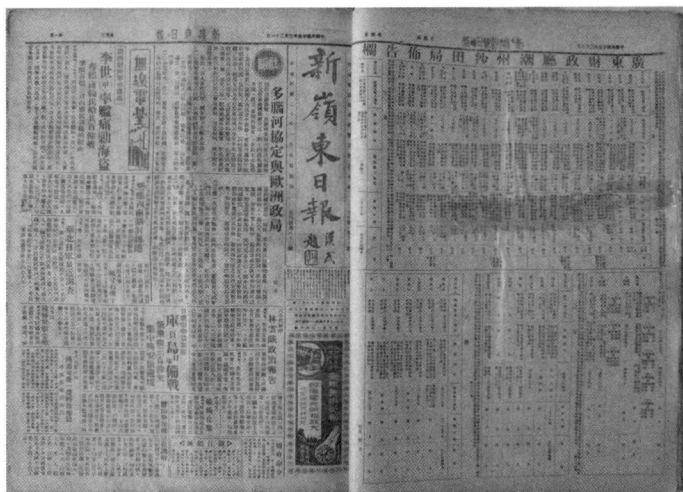

图 141 《新岭东日报》

《星华日报》

图142　胡文虎

《星华日报》是南洋著名爱国华侨胡文虎于1931年7月10日在汕头独资创办的一家日报，亦是胡文虎（见图142）在国内创办的首家星系报纸。胡文虎是福建永定县人，1882年1月16日生于缅甸仰光。父亲胡子钦是侨居缅甸的中医，在仰光开设永安堂中药铺。1908年，父亲病故，胡氏兄弟继承父业。1923年，由于业务发展，胡文虎将永安堂总行迁到新加坡。1932年，他又把总行从新加坡迁到香港，并于1927年起来汕头创建制药厂，先后在厦门、福州、上海、天津、桂林、梧州、重庆、昆明、贵阳等城市及中国澳门、中国台湾，暹罗曼谷，荷属东印度（即今印度尼西亚）的雅加达城、泗水、棉兰等地设立分行，市场扩展到中国东南沿海以及西南内地。

胡文虎于1929年1月在新加坡创办《星洲日报》（见图143），这是他独资创办的第一家星系报纸。两年后，他回汕头，创办了国内第一份星系报纸——《星华日报》。1935年9月，《星光日报》在厦门出版，1938年《星岛日报》在香港出版。之后，《星槟日报》《星仰日报》《星巴日报》《星闽日报》《星沪日报》《星暹日报》等星系报纸相继在东南亚和国内的福州、上海等地出版。

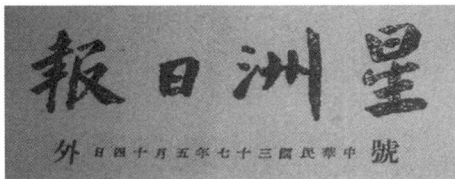

图143　《星洲日报》

《星华日报》（见图144）1931年在汕头创办时，社址设于万安街44号，之后搬至新马路（即现民族路149号）永安堂总部，1935年才迁至韩堤路专为报社建造的新楼（该楼现编为民权路2号）（见图145），《星华日报》的报头由时任立法院院长的胡汉民题写。

图144　《星华日报》报头

图145　星华日报社旧址（陈传忠供图）

《星华日报》创办人是胡文虎，从报社社长到总编等职，均是胡文虎的雇员，因此无论社长及总编，都会根据需要或其他原因而调换。目前所能看到的最早的《星华日报》是1932年3月后的报纸，如1932年3月2日的报纸。报社社长是林青山，总编辑王浩然，1932年3月11日的报纸，总编辑已换为赖竹君。1933年，总编一职又换为张壮飞，张壮飞便把其弟张问强介绍进星华日报社，担任副刊《流星》的编辑。到1934年，社长一职换为胡资周，总编仍是张壮飞。1935年8月左右，胡资周调任厦门《星光日报》社长，《星华日报》社长一职改为庐芳台担任，到同年11月，社长一职再次换人，由陈翔冰担任。

1934年，福建永定人胡资周担任《星华日报》社长一职不久，便跟总编辑张壮飞商拟增加一个时事理论副刊，名称定为"现代论坛"。刚巧此时胡的中学同学罗铁贤从上海的暨南大学毕业，到广州没有找到工作，便写信给胡，胡即发电报让罗马上来汕，担任《现代论坛》编辑。这样，1935年的《星华日报》，社长为胡资周，总编辑为张壮飞，编辑有苏修武、罗铁贤、张问强（见图146）、林仙峤、江练潮、林云涛等，绝大部分是福建永定人。

图146　张问强

罗铁贤担任《现代论坛》编辑后，为了编好刊物，一方面在报上公开征稿，另一方面还写信给其师友李石岑、李达、邓初民、祝百英、沈志远、曹聚仁、张栗原、钱亦石等名流，请他们惠稿，得到他们的支持，先后寄来许多关于时事、政治、经济、哲学、文教等方面质量很高的文章，刊出后在当时的华南舆论界，起到重大的影响。

《星华日报》强调办报纸应该有自己的报格。而报纸要具备高尚报格，办报人首先应有高尚的人格。"富贵不能淫，威武不能屈，固报格之卓卓者，然要保持此种卓卓之报格，凡报业圈内人，均应每个先保持自己人格才能产生高尚报格。""报纸为传播政治、经济、学术、教育、交通、建设、党务等消息之工具，同时亦为灌输前项知识之利器。使命与天职如斯重大，不有报格，将何以完成其天职与使命！"《星华日报》正是因为

图147　20世纪30年代星华日报社全体职工合影

有一帮爱国爱乡的报人，以其高尚的人格魅力，使该报在当时竞争激烈的汕头埠报业界脱颖而出，报纸销量很快达到7 000多份，这是当时汕头埠的其他大报难以办到的。

1939年6月21日前，《星华日报》每天出版报纸基本都是三大张，即对开

十二版，遇上节日或重要新闻，还会增加版面或出特刊。

　　跟其他大报一样，《星华日报》的第一版全部刊登广告；第二版刊载"本报专电"和"社论"；第三版主要是国内新闻；第四版有"华侨消息"或"华侨"专栏，还有"专电二"；第五版是"国际新闻"，有时国内新闻稿多时，也部分放在这里；第六版是"本市新闻"；第七版设有"专载""来论""经济""专电一"等版面，有时"国内新闻"也在此版刊登；第八版也是国内新闻版，有时副刊《流星》放在此版；第九版是"国际消息"，也有华侨新闻；第十版主要是广告，《流星》有时放在此版；第十一版是岭东新闻版；第十二版是副刊版，是《流星》的常发版面。

　　《星华日报》创刊不久，正遇上日本帝国主义者发动"九一八事变"，侵占了我国整个东北地区。为了避免国际上的谴责，日寇迫切需要找一个政治幌子以显示关东军并不是占领东北而是清朝遗老请他们来帮助建立新国家，于是末代皇帝溥仪成了新国家元首的最佳候选人。1932年3月1日，在日本军队的支持下，末代皇帝溥仪，从北平顺利到达东北，成立了傀儡政权——"满洲国"，并将长春定为"国都"，改名"新京"。就在日寇在我东三省即将成立伪"满洲国"的前夕，1932年1月28日，为了转移国际对中国东北的视线，减轻其推出"满洲国"的压力，日本帝国主义者又在上海蓄意制造"一·二八事变"，淞沪会战在日军不宣而战的情况下爆发了。

　　日本帝国主义者一系列的侵略行径，激起全中国人民及海外华侨极大的愤怒，抗日情绪空前高涨。海外华侨纷纷出钱出力，从各方面支援祖国。

　　《星华日报》创办人胡文虎首捐25 000元支援东北抗日义勇军。淞沪抗战爆发，十九路军浴血奋战，胡文虎闻讯后，立即从银行电汇国币10 000元给中国红十字会，作为前线救伤之用。2月下旬，又电汇10 000元直接给十九路军的蔡廷锴，并捐赠大批"虎标良药"和其他药品。为配合宣传抗战，《星华日报》于1932年3月11日发表由总编赖竹君亲自撰写的社论《华侨与抗战》，叙述我华侨虽然早在六百多年前便为"求新生路，遂生聚于异域"，但因"历来政府，常以化外人视之，不加保护"，"自欧风东渐，西人殖民于南邦，以种族之关系，又因我国内政不修，吾侨胞遂迭受异族摧残而无可告"，"华侨渴望祖国政府之保护，日愈迫切"，"深知非革命无以振兴中国，中国不能振兴，华侨即永不得保护"。故辛亥革命，华侨"输财助饷，不遗余力"，腐败的清政府得以推翻，"岂知念年民主国，名存实亡，我侨胞之不得实益，而呻吟于帝国主义殖民政府之下者如故"，而如今，暴日侵略我大好河山，"海外侨胞闻之心胆俱裂"。故"上海事变，我十九路军，屡歼暴寇，全球震惊，我侨胞遂听捷音，欣喜若狂"，"虽于商业萧条，生计万分艰难之时，犹愿节衣缩食，踊跃寄款，助军抗敌"，为的就是愿我抗战早日胜利。

　　1934年美国为了其在太平洋的利益，有意跟日本交好，对日本帝国主义者在我东三省成立所谓"满洲国"不但不予以谴责，反而于3月23日派美国国务卿赫尔与日本外相广田互换外交公文，表示亲善。《星华日报》遂于3月24日，以"专电"形式，发表以"美日联合宰割中国"为题的文章，揭露美国的两面派嘴脸。

可以说，《星华日报》办报之初，虽然旨在为自身商业利益服务，但在日本侵略者掠夺我大好河山，践踏我黎民百姓的大是大非面前，《星华日报》毫不含糊，一方面不断宣传我抗日军民不畏强敌，英勇抗战，如《暹罗华侨义勇军回国杀敌》《马占山代表赴京报告马部抗日经过》（1932年6月8日）；另一方面则以笔代枪，不断揭露日寇的狼子野心，如《日军主力集东北，北满情势重大化》（1934年3月24日）、《华北局势紧张，日军大批抵榆准备入关》（1935年11月17日）等。

1945年10月29日，《星华日报》复刊，10月29日至31日，每天出报一中张（即两大版），11月起每天出报一大张。第一版有"特载""社论"和中外要闻，第二版是国内新闻，第三版主要是地方新闻及经济新闻，第四版是副刊《流星》。

1946年12月起，《星华日报》扩大版面，每天出报一大张半，即对开六版。第一版全部刊登广告，第二版为中外新闻，第三版是各地短讯及华侨新闻，第四版主要是各类广告及国内新闻，第五版有华侨新闻、经济新闻和交通指南，副刊《流星》放在第六版。1948年起，由于白报纸供应紧缺，纸价飞涨，《星华日报》又改为每天出报一大张四版。

《星华日报》无论在抗战军兴的20世纪30年代，还是在1945年胜利复员后重新出版，均设有华侨专栏、专版，对有关华侨的方方面面如华侨在侨居国的文化、教育、经济、政治及生活、生产活动等方面的报道以及华侨如何帮助祖国抗战、战后重建家园等的报道，一向都占有一席之地。如《暹罗华侨教育备受摧残》（1934年8月24日）、《实兆远兴天定州（马来亚）华校之概况》（1935年12月3日）、《棉兰华侨社团调查》（1934年2月7日）、《海防土人排华惨案尚悬未了》（1935年9月8日）、《暹罗华侨义勇军回国杀敌》（1932年6月8日）、《宣慰荷印华侨》（1946年10月4日社论）等。

《星华日报》有一个特色，就是副刊的名字从来不改，从1931年创刊到1951年停刊，副刊名称一直都叫"流星"（副刊刊名虽不变，刊头图案却如流星般千变万化，精彩纷呈：有星空下的乡村小路或点点航影，有花团锦簇相映衬的美女，还有浪漫美丽的西方神话故事人物）。

图 148 《流星》副刊图案 1

图 149 《流星》副刊图案 2

图 150 《流星》副刊图案 3

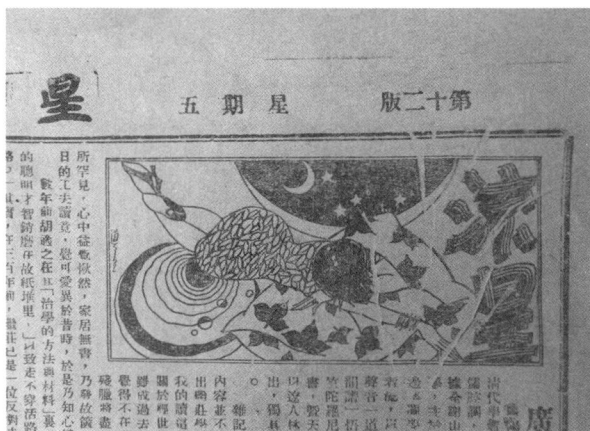

图 151 《流星》副刊图案 4

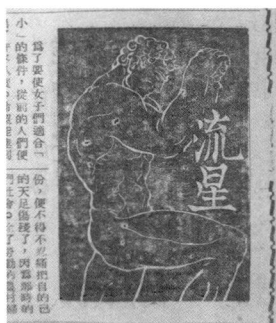

图 152 《流星》副刊图案 5

图 153 《流星》副刊图案 6

《流星》副刊是综合副刊，无论杂文、诗歌、小说、译文、科学小品、历史小品等，都是该副刊所欢迎的文章。《流星》副刊还有一特点，或可称为其坚持的文艺原则，就是通俗的大众化路线，其"稿约"的第一条便是："文字不拘，以通俗为主。"为此，《流星》还曾在抗战胜利后发动了一场有关文艺大众化问题的讨论。

1945年11月3日，《流星》发表了一篇署名"锡保"的文章《应为大众而文艺》（见图154），文章认为"潮汕过去的文艺，其最大缺点，太不顾及最多数的群众"，"试问现象如此，文艺本身的价值几何！收获又几何？"结果当然是离广大群众越来越远，文艺也就成为少数人的专有品。因此，作者提出应为大众而文艺，"作品应以能吸住大多数群众为主，但也不能一味迎合下层兴趣，不顾一切"。即是说，要提倡健康的大众化文艺。11月8日，署名"承载"的作者发表了《举起为大众而文艺的旗帜》（见图155），认为应该"创造平民化、简明化、切实化的大众化文艺"。11月27日，署名"适宜"的文章《文艺大众化是"开退车"吗》，针对文艺如何普及和提高进行了讨论，认为"大众化的文艺作品，不单不会降低它的艺术价值，而是更能增加作品艺术生命的光辉"。12月5日，获萍《莫忘记写大众文艺作品》，号召广大作者响应锡保君"为大众而文艺"而创作，指出"为大众而文艺并不是要求削足适履的（地）专写低级趣味的小品文章以迎合一部分大众"，而是要注重题材的通俗化，语言的大众化、平民化。

图154　《应为大众而文艺》

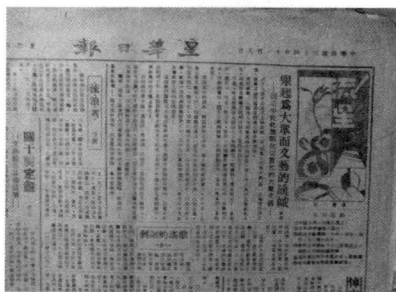

图155　《举起为大众而文艺的旗帜》

《星华日报》复刊后（见图156），首任社长为胡其文，胡同时兼任发行人。1946年4月16日，社长兼发行人改为何藻鉴担任，何担任社长至1948年春。1948年3月，由时任福州《星闽日报》副社长的罗铁贤调任《星华日报》社长，直至1949年汕头解放。

据罗铁贤回忆，他到汕头的第二天，《星华日报》的头条大标题是"东北局势急转直下，沈阳国

图156　《星华日报》复刊

军转移阵地"。他说，当时报纸报道国民党军队败退，不能直接写败退字样，于是就写成"转移阵地"。当时东北的局势确已起了根本变化，国民党军已经由攻势转为守势以至节节败退；解放军则由守势转为攻势，节节胜利。这则新闻发表后，汕头地方军政当局一面讳莫如深，另一面却恼羞成怒，硬说《星华日报》危言耸听，为"匪"张目，里面一定有共产党员，要来搜查逮捕等，经过多方周旋才不了了之。

平津战役、淮海战役结束后，解放战争的形势迅猛发展。这时星华日报社经常收听新华社和外国通讯社的电讯，收到后就将其改头换面作为本报专电发表。《星华日报》以消息特别多、特别灵通而深受群众欢迎。中国共产党有关方面也认为《星华日报》是"中间偏左"，起了一定作用，这时编辑部的主要人员有苏修武、罗选才、张天斯、刘文礼、鲁本斯、曾曼慈等。

1949年6月，国民党为了统制舆论，强令汕头各日报停刊，改出联合版。《星华日报》除派了几个人去参加联合版工作外，其余人员一律遣散，直至10月24日汕头解放，《星华日报》才又奇迹般地得以复刊。但由于白报纸涨价，广告费锐减，经营一再亏损。新中国成立前不管亏本多少，都是由胡文虎负责，新中国成立后，《星华日报》同胡文虎的关系断绝，亏本的钱无法补偿，以致债台高筑。1951年春，《星华日报》只好申请停刊。

《侨声报》

图157　《侨声报》报头

《侨声报》（见图157）创办于民国二十一年（1932）十月间，最初社址在新马路36号，后搬至旧公园左巷4号，创办人蔡削天。该报每天出纸两大张，对开8版，报纸零售定价每份大洋6分，每期销量2 000余份。

《侨声报》各版内容设置大致是：第一版为"时事要讯"和广告；第二、三版为"本报专电"及广告；第四版有副刊《南风》（见图158），主编者为浑人，内容有"每日论坛""野史"以及一些杂谈文章；第五版一般全是广告，每周间有副刊《碧海青天》或《法律评坛》。《碧海青天》内容主要是对文化艺术界人物行踪的报道或介绍。如在1936年3月17日的《碧海青天》副刊，便有《卓别林抵香港》《阮玲玉幽魂有归宿》《体育王后邓银娇》等文章；《法律评坛》，又设有"潮梅地方法院布告""判决主文""批词"和"讨论"等几个小栏目；第六版、第七版均为"本市新闻"；第八版是"各县新闻"，有时第八版的"各

县新闻"内容较多，便移登于第五版。

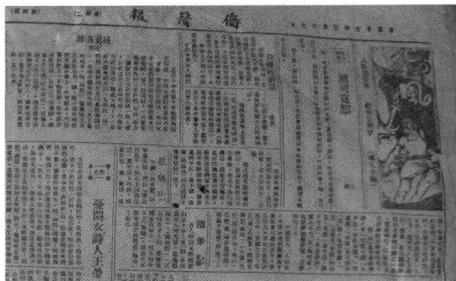

图 158　《南风》副刊

综观该报各版内容，所谓《侨声报》，并没有什么"侨声"，反而其副刊《法律评坛》（见图 159），倒是该报的一大看点。我们从该论坛创办之初的《本坛启事》，或可一窥其特色："本坛为普及人民法律学识起见，特敦请本市各著名律师，负编撰及解答读者关于法律询问之责。如承各界人士有所垂询，请寄交本坛，或直接函询本坛各编撰律师，当负责答复，并在本坛披露，特此布闻"。此启事登于民国二十二年（1933）二月四日，说明该论坛并不是报纸一创刊就设置。该期《法律评坛》，还特别把该刊所聘请的 18 位（均居住在汕头市）律师的姓名和通信地址刊登于报上。

图 159　《法律评坛》副刊

在《侨声报》创办的同时期或稍晚，汕头市还有另一份报纸叫《侨声日报》，笔者偶目过民国二十七年（1938）六月二日半张（对开纸之一半），报端只有出报时间、报名，没有版号，没有报头（应该是三版或之后的版页）。这半张《侨声日报》的一面，刊登了广东财政厅潮阳、澄海、普宁、惠来、沙田征收处 1938 年 5、6 月间的征收情况布告，另一面有约四分之一版面是一则战地报道，题为《盐埠血战记》，其余均是各类广告。

不知《侨声报》与《侨声日报》是否有接续关系，是否同一创办人，均有待进一步考证。

《正报》

图160 《正报》报头

《正报》（见图160）创办于1932年，创办人洪春修，报社地址设在汕头市新马路25号。

《正报》每天出版对开两大张八版，其第一版一般全部为广告，偶尔有重要新闻时便临时改登新闻；第二版为"本报专电"；第三版是"时事要闻"；副刊版多放在第四版，有《活地》《语林》等，不过副刊只占该版一半版面，另一半是广告版面；1935年11月17日，汕头现代文商学校也在该报第四版开辟副刊《现代周刊》；第五版又有一副刊叫《消闲》，占三分之一版面，另三分之一是"公布栏"，刊登汕头地方法院裁定判决主文，以及各种遗失声明、公告启事，最下边是商品广告；"本市新闻""金融市况"和"出入口船期"等内容则放在第六、七两个版面，有时还刊登本市的体育消息；第八版是"岭东新闻"。

1935年《正报》曾每天出版对开三大张十二版，在第一版增设副刊《语林》（见图161），不久恢复每天出报两大张八版，便把《语林》放在第四版；第四版设"国际要闻"；第五版设副刊《小正报》，《消闲》改名为《茶余酒后》（见图162）；第六、七版为"岭东新闻"，另增设"社会新闻"；第八版改为"国内要闻"；第九版为广告和"报中报"；第十版是"本市新闻"和"社会新闻"；第十一版为广告版；第十二版为副刊《到处风光》。

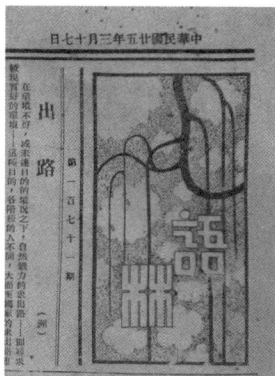

图161 《语林》副刊

图162 《茶余酒后》副刊

《正报》副刊特别多，有七八种，其中给人印象较深的有《消闲》《小正报》和《活地》。

《消闲》（见图163）副刊由"非闲"和"半闲"合编，辟有连载栏，还有"谐著""不是言论""笑语""杂货箱"等栏目。《消闲》虽然只占第五版三分之一版面，但文章却精警隽永。从第29期起，连载栏刊登吴东升的《丁未黄冈革命外史》，至1933年底已连载20多期。《消闲》顾名思义，便是刊登一些给读者茶余饭后消闲轻松的笑话、闲谈及生活常识，或益智增识，或聊博一笑。但编

图163　《消闲》副刊

者却偏偏常在有意无意之间，刊载一些亦谐亦谑、让读者笑过之余另有所悟的文章。如第210期（1934年9月5日）《消闲》的"笑话"栏刊登了一篇署名"仲"的笑话《误认讣闻》：

> 某区长，系一赌徒出身，虽略识之无，而文理字义，素尚昧昧。到任数旬，无何案件发生，中心焦迫。偶至巡官房，见桌上有讣音一纸，而区长固不识为何物也，遽取阅之。内云"不孝某等，罪孽深重，不自殒灭，祸延先严某某……云云"，未有"讣闻"二字，渠①民以为"诉闻"也，大怒曰："有此重大案件，君等何搁置，压不上闻乎？"巡官茫然，力辩无何事件发生。区长益怒，拍案大骂："不孝之罪，律有明文，彼既自供'罪孽深重，祸延家严'，难保无威迫伊父自杀情事，竟敢自呈《诉闻》，冀图狡卸其罪乎？兹幸尚有姓名，按址可索，不虞其逃漏法网也。"立命录事书票，派警拘捕。阖署员役，莫不捧腹。

如果说，《消闲》的"笑语"刊登的是嬉笑怒骂的文章，那么"不是言论"发表的恰恰正是针对某些社会现象有感而发的言论。

"九一八事变"之后，当时的中国社会曾掀起提倡"使用国货"运动，但当时中国民族工业落后，许多日用商品都依赖国外进口，就是能生产的，质量或价格也没有优势，"使用国货"其实只是一种良好愿望。1933年，上海总商会等团体又联合发起所谓"妇女国货年"，虽然只是流于形式的宣传，但还是有一定的积极意义。第51期（1933年12月27日）的《消闲》，主编之一的半闲先生，便在"不是言论"栏上发表了题为"妇女国货年"的文章。文章开头便说："提倡国货的人，天天在高喊着'提倡国货'，然而国人之实行采用国货者，却很少

---

① 民国时期常用"渠"作第三人称，相当于现在的"他、她或其"。

数。而大部分国人所有穿的、吃的、用的则非买外国货不可。"接着，作者顺着提倡"妇女国货年"者的思路写道："妇女是国民之母，不仅在其自身实行，她们对于丈夫及子女是很有可能促其使用国货的。"文章的最后，作者对汕头市妇女救济会的那些无所事事的"姑娘、小姐、太太们"发出呼吁："活动哇，不要长时期休息吧，你们应该起来领导妇女群众紧步儿踏上'提倡国货'之坦途，迎头赶上上海市的'妇女国货运动'。"

图 164   《小正报》副刊

《小正报》（见图164）是另一办得较有特色的副刊。设有"小言""小幽默""小诗歌""小写真""小传奇""小语录""小评论""小随笔""小问答"等栏目，主编者叫杰凤。"小言"刊登的虽是几百字的"小言"，却常常有针砭时政的大胆之作。

1935年，国民政府监察院委员兼代秘书长杨天骥因行贿案发，时任监察院副院长丁维汾因此事件而"怀惭辞职"，而院长于右任则"不耐烦新闻记者之访询，亦托足疾而避居求医"。主编杰凤于是在9月8日《小正报》的"小言"栏，以"政治舞台上之趣剧"为题，发表时政评论："……高踞于监院第一把交椅领袖群委之于老任，活现其龙钟之老态，掩老耳、闭老嘴、托言老足生疾，离开座椅，一步一颠，避去请大夫医足。其妙处则在于丁老汾之闻杨案破露，故装其惭愧之状，说一声'领导无方'，即上呈卸责"，"老于老丁真不愧为政治舞台上之红角"。

《正报》还有一独创——盖广告。所谓盖广告，即是把商品广告刻成印戳，用红色印油盖于报上，因为报纸是白底黑字，上面盖上红色广告图文，并不会遮盖掉报纸的文字，真可谓一举两得（见图165）。

图 165   《正报》及其上面加盖的广告

《汕头市民日报》

《汕头市民日报》（见图 166）创办于民国二十一年（1932）十一月二十八日，是汕头市政府机关报，报社地址设于市政府内，最初每天出报对开纸一张半共六版，民国二十三年（1934）后每天出报两大张八版，副刊为《市民乐园》。因其是市政府的机关报，第一版一般均刊载省市政府要闻和各种布告，"中外要闻"被安排在第五版，"本市新闻"和"岭东新闻"则被放在第六版和第八版。

创办之初，刚好是翟宗心任汕头市长，时国民党中央执委、广州国民政府军委委员李扬敬也任设于汕头的广东东区绥靖委员公署委员，

图 166　《汕头市民日报》报头

翟遂请李扬敬亲笔题写报名。为了扩大该报的影响力及发行量，李还以广东东区绥靖委员公署名义，发布《东区绥靖委员公署训令》，其训令这样写："……查汕头市民日报为本署特约登载一切批示政令暨剿匪筑路自治教育农林电话新闻刊物汕头市政之设施进行各情形也悉于该报逐日登载系东区政教文物至为详尽凡各该市机关团体民众均应人手一篇收消息灵通之效合检该报一份令发仰即遵照订阅并转饬所属一体遵照为要此令。"翟宗心市长也特在该报创刊之日，以汕头市政府名义，发布通告，要求汕头市民今后"买卖各项不动产广告务须在该报刊登方生效力"。更有甚者，《汕头市民日报》的编辑还把李的"训令"和翟的"布告"每天均刊于该报正面报名下方"总理遗嘱"的下面，成为其他报纸所没有的特权。

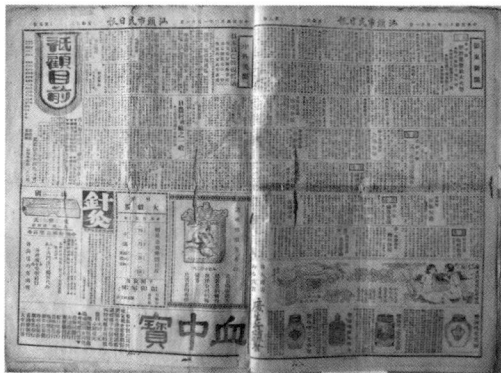

图 167　《汕头市民日报》

《小日报》

图168 上海的《小日报》

《小日报》创办于 20 世纪 30 年代，创办人是当时汕头埠颇有名气的医生郭立侬及其友人杨洲、李业文、陈邦赛等人。提到《小日报》，就让人联想起曾经在上海滩名噪一时的《小日报》。

当年上海的《小日报》（见图 168）由韩天受创刊于 1919 年 4 月 1 日，它的内容以消闲和趣味为主，是反映当时风俗民情、社会文化的通俗报纸，但出至 40 期就停刊了。1926 年韩天受的弟弟韩啸虎复刊《小日报》。后又屡复屡停，原因就是该报常常有意无意之间披露一些官场内幕或社会阴暗面，触怒官方或大人物而遭遇厄运。1937 年再次复刊后的《小日报》，主编是当时上海小报界名人尤半狂（尤毅）、黄转陶（黄光益），他们转而以大量刊载文学作品特别是海派作家作品和鸳鸯蝴蝶派作品而名声大振，一些著名作家，如张爱玲也在该报发表作品或刊登连载。

图169 郭立侬

郭立侬（见图 169）等人显然是借用上海《小日报》之名而创办了汕头埠自己的《小日报》。《小日报》创办后，社址设在汕头打石街一巷，是一份 4 开 4 版、全周不停的日报。

上海滩的《小日报》以大量刊载文学作品而出名，而汕头埠的《小日报》当然无法望其项背。岁月流逝，别说当年汕头埠小小一张《小日报》，就是许多当年的大报，现在也都难觅踪迹了。不过，我们从幸存的一期 1937 年 3 月 28 日的《小日报》（见图 170）中，还是可解读出一些东西来。

民国的报纸均喜欢在报头处标明创办时间，但也不是每种报纸都是这样，《小日报》就属例外。汕头市地方志编纂委员会编写的《汕头市志》称其创办于 1937 年，但 1937 年 3 月 28 日的这期《小日报》，在报名下面的编号已列新闻纸 440 号，即是说当天的报纸已是该报的第 440 期了。《小日报》号称每天都出报，440 期也就是 440 天，440 天已是一年多的时间。说来也巧，笔者在阅读《天行报》时，由登载于 1947

图170 《小日报》报头

年 9 月 3 日第二版的一则百字简讯得知，《小日报》创办于民国二十四年（1935），1939年 6 月 21 日汕头沦陷时停办，于 1947 年 9 月 2 日获准复办（见图 171）。

图 171　《小日报准复版》

我们现在看到的这期《小日报》，第一版是岭东各地新闻和分类广告。该期有潮安、潮阳、普宁、饶平、丰顺、惠来等地的新闻，还有金融（汇兑行情）、船期、航空航班以及个人启事。第二版是专电，主要有国内各省和国外的电讯新闻。第三版是"市闻"，即本市新闻，刊载由本市各家通讯社（如"东江社""华南社""公平社""岭海社""时事社""国货社""侨星社"等）采写的本市各业及社会新闻。第四版分两部分，上半版仍然是岭东新闻，本期有梅县、南澳、南山（南山管理局）新闻，下半版是副刊《小公园》，有文论、散文诗、格言等。

从所设版面和报纸内容，可看出该报其实跟当时汕头埠许多大报是一样的，所关注的不仅有国情、国事，还有地方的民生、社情和新闻。不一样的是，当时的大报第一版不是刊登"要电""电讯"，就是刊登广告，《小日报》却把岭东各地新闻放在第一版，巧妙地突出其地方性。值得一提的是所登新闻中，还有不少是对下层平民百姓的报道，如该期第一版的岭东新闻，有一则《景兴行留难船资》和一则《弱女陈阿茶难离苦海》。前者报道了潮安民船为汕头景兴行从大埔运纸至汕，货到潮安后转由驳船转运汕头，因"船行至欧汀河面触石沉水，损失玉扣纸五把，幸各船工勇敢救护搬货，免致全船覆没，业由驳船报告景兴行派员查明"，但景兴行竟借此刁难船工，不还船工运费；后者报道了潮安八区溪北乡弱女陈阿茶被梅县人李赞铨骗娶逼嫁，其母得知后前往交涉，但当地警察局却判女方须给李 80 元方能赎回陈阿茶，陈母恳求减半，但仍无钱可还，只能到处求亲戚帮忙。两则新闻都放于正版最上面中间的醒目位置。

该期第二版的"专电"中，首条"专电"报道了上海、天津等处的日、韩人偷运铜元出口，被我海关查获，海关关员却连续被击伤，我外交部不得不向日使馆"严重抗议"。还有一则标题为"日对华决不退让"，报道了时任日本驻华使馆武官、陆军少将喜多诚一在天津发表的谈话，叫嚣"中日关系决难好转，日对华决不退让，必要时日陆军只有占领华北"。西安事变后，国民党召开三中全会，宣布赤祸已经被消灭，将全力进行抗战准备。喜多诚一见中国抗日情绪高涨，便给日本陆军中央上书，要求对苏对华两面作战，趁蒋介石基础未稳，给蒋政权断然一击。喜多诚一的"谈话"，更进一步暴露了日本侵略者对中国的狼子野心。《小日报》在报道此则新闻时，特别把该则新闻加上花边，以示编者对该

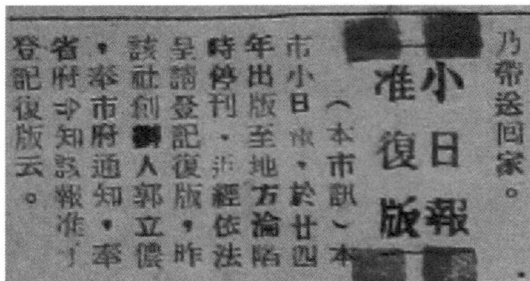

则电讯的关注，也提示读者注意（见图 172）。果然，喜多诚一的讲话只过了三个多月，1937 年 7 月 7 日，日本便悍然发动了卢沟桥事变，就此全面进攻中国。

《小日报》的副刊《小公园》（见图 173），由洪仁平主编。1937 年 3 月 28 日此期《小日报》上的副刊已是第 415 期，而该报则是第 440 期，由此推测，《小日报》应自第 25 期起开始设副刊，且每期《小日报》都有副刊。

本期副刊，刊登了署名"范琪"的文章《文学与人生》。作者开篇便提出："文学是人生的结晶品，它能使人生美化。"这其中的原因是"因为好的文学作品，所表现的必都是某个时代人民生活的反映"。作者接着列举了一系列例子加以说明，而文学能美化人生，并不是只让文学描写人生美满的一面，描写人生的悲剧，同样能让人身心得到荡涤，表现人生的憾事，能使人警醒，因为"一有缺憾，便要改革"，作者最后得出结论："改革的原动力，是美化人生的革命文学。"

图 172　《日对华决不退让》

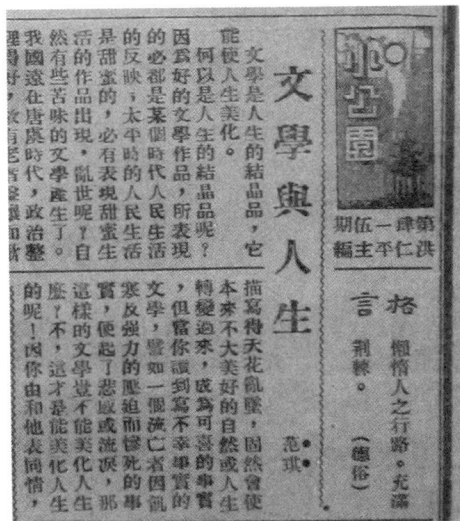

图 173　《小公园》副刊

《商报》

在民国的汕头埠，以"商报"命名的报纸先后有两家，一家是由江梦非、王延康创办于 1925 年，笔者至今仍找不到实物，也就无从谈起，估计该报因王延康于 1926 年逝世而随之夭折。

1936 年 10 月 10 日，另一家《商报》在汕头正式出版，创办人是汕头商会常务理事张华馀。《商报》创办后，张自任报社社长，社址设在福安街一横巷。"商报"两字，由时任中央军校校务委员会委员、四路军总司令、陆军中将加上将衔、广东绥靖主任的余汉谋题写（见图 174）。

1936 年 10 月 10 日创刊的《商报》，日出报纸两大张，即对开八版。在 1937 年 9 月之前，各版面内容大致是：第一版"时事要闻"；第二版"本报专电"及"社论"；第三版是国际、国内新闻和"司法日刊"；第四版有副刊《骆驼》，"要电缩辑"亦放在这一版；第五、八版是"各属新闻"或广告；第六版是"本市新闻"版

图 174　《商报》报头

面，当天内容多时全版都是新闻，内容少时则一半刊登广告；第七版是"商业经济"版，省、地新闻有时也被安排在这一版，当然，亦有一半版面是广告。但"本市新闻"并不固定在第六版，有时亦放在第二版或第四版，当有较重要的新闻时，还被放在第一版。如 1937 年 7 月 7 日抗战爆发后，8 月 13 日，日军进攻上海，淞沪抗战爆发。但日寇在上海遇到我军的英勇抵抗。9 月 8 日，日寇军舰在汕头海外，一边利用舰炮炮击汕头，另一边派飞机在汕头上空侦察，敌机从上午到正午分多批次在汕头上空侦察及乱投燃烧弹。敌机投掷的燃烧弹，分别击中汕头警察局、汕头医院和平民工艺院等多处。汕头守军沉着应战，当正午敌三架飞机入侵汕头上空时，有两架被我守军击落，一架坠于樟林，另一架坠于海门，机师四人有三人被俘虏，一人自杀。第二天，《商报》特把"本市新闻"放在头版，以"敌机敌舰昨午后轰击本市"为题，揭露日寇的暴行，同时还报道了李汉魂军长和余汉谋司令得知汕头守军的英勇行为后，特各拨款 2 000 元奖励射中敌机的将士（见图 175）。

《商报》创办于抗日战争全面爆发时期，抗战内容自然成为《商报》关注和

图 175　关于敌机轰炸汕头的报道

报道的重点。1937 年 11 月，上海沦陷，日寇占领上海后，连续 9 天烧杀抢掠，昔日繁华的上海，转瞬成为满目疮痍的废墟。特派记者以幕尔堂救济组成员为向导，以国际红十字会成员的身份进入上海难民区实地调查记录，1937 年 12 月 1 日，《商报》第三版"国内新闻"版，用大标题发表《暴敌一手造成之上海难民惨况》，发表特派记者的实地调查记录，有力地揭露日寇惨无人道的战争暴行（见图 176）。

在民国汕头埠的各大报纸中，《商报》可以说是一份副刊种类和版面最少的报纸。《骆驼》综合副刊是《商报》在 1939 年 6 月 21 日沦陷前唯一的副刊（见图 177），设有诗歌、小说、日记、散文等内容。当时汕头的进步青年沈吟是该版的活跃作者，沈吟的作品常常以描写城市下层人民生活为内容，揭示社会的黑暗和不平等。如其在该版发表的小小说《摧残》（1937 年 5 月 11 日），描写一位刚刚十岁的孩子依凡，因家庭困顿被卖到 A 市做童工，"从此，农村少去了一个讨人爱的孩子，都市多了一个被压榨的小生命"。

图 176　《暴敌一手造成之上海难民惨况》

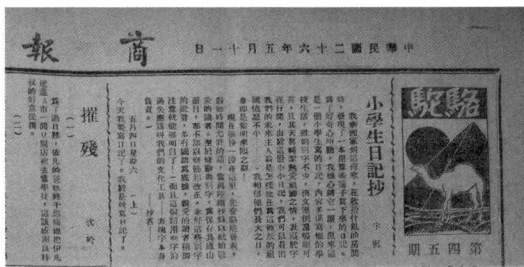

图 177　《骆驼》副刊

1937 年 9 月起，由于日寇飞机不时骚扰汕头，汕头实行夜间灯火管制。1937 年 9 月 9 日，《商报》刊登广告称"因本市实行灯火管制，印刷诸多困难"，故自 1937 年 9 月 9 日起，《商报》将原来每天出报两大张改为一大张，即对开四版。1939 年 6 月 21 日汕头沦陷，《商报》随之停办。

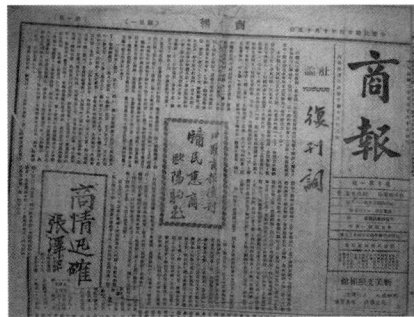

图 178　《商报》复刊

抗战胜利后，许多在汕头沦陷时期停办或迁移到国统区的报纸纷纷重回汕头复办，如《汕报》《星华日报》《岭东民国日报》等，《商报》亦是其中的一家。1945 年 10 月 15 日，《商报》在汕复刊（见图 178），社址改在安平路 118 号，社长仍是张华余，增设副社长余贤，复刊当天出报一大张，之后每天出报一中张，同年 11 月起恢复每天出报一大张。

复刊后的《商报》，最初几天的第一版为国内外新闻和社论，但很快便改为各类广告，国内外新闻及社论改在第二版刊登，第三版为省闻和地方新闻，第四版有"商情"专栏和副刊《宇宙》。

复刊后的《商报》，曾信心满满，其《复刊词》这样写道："……冀于抗战胜利以后，继续以新闻事业为地方服务，兹幸暴敌屈膝，山河还我，日月重光，国体丕定，国基永固，今后之新闻事业，又见光明坦途。惟是沦陷区初经收复，备受敌伪摧残蹂躏，愁惨现象，依然在眼。颓垣败壁，庐舍丘墟，元气凋伤，匪一朝一夕与夫一二人所能为力。此后应如何救恤？如何安抚？如何肃惩奸伪？如何发展实业？简言之，应如何救济与建设？现在均需新闻界协助政府，促动全民，移易风气，以日新又日新之精神，加速迈进，方能收计日呈功之效。是则复刊后之本报，远较抗战前之工作更为艰巨，责任更为重大……"为此，《商报》还曾在 1945 年 11 月 13 日的第一版刊登通告称："本报本服务社会宗旨增辟'社会服务栏'，聘请名律师、中西名医师及社会问题专家负责为读者义务解答有关法律、医药、社会等问题。读者如有上述问题需要解答者，请来函本报编辑部，当分别转请公开解答。"但不知什么原因，"社会服务栏"始终未见在《商报》上出现。

第四版的文艺副刊《宇宙》（见图 179），自 1945 年 11 月恢复每天出报一大张，每周两期，文体形式基本只有小说、诗歌和散文，但副刊版面常常只占全版的四分之一。由于版面的限制，投稿也就不多，因而反过来又影响了编辑对稿件的选择。"本刊欢迎投稿，凡属文艺性文字一律采取"，这便是《宇宙》副刊（1945 年 11 月 13

图 179　《宇宙》副刊

日）刊登的"征稿简约"的首要"条件"，从中可略知副刊编辑因稿源紧缺几乎到了"饥不择食"的地步。1945 年 12 月份起，只出版一个月的副刊《宇宙》停刊。自此之后一直到 1949 年 5 月底《商报》停止独立出版，便再也没见有文艺副刊或综合副刊出版了。第四版整版成为经济版，除了"商情"另先后开设了"本市行情""经济新闻""一周行情"等栏目。

然而，《商报》在报道经济建设和潮汕商业发展的同时，对汕头的工业发展亦早有所关注。1945 年 10 月 19 日，《商报》发表社论《汕头应走向工业经济的路》（见图 180），文章认为，汕头在华南是仅次于广州的商港，为潮梅经济枢纽，它的繁荣的维持，几乎完全靠内地土产的输出和舶来品的纳入，也即是说，汕头只是一个货品集散吐纳的地方。"以汕头这样的一个都市，既没有建立工业

图180 《汕头应走向工业经济的路》

经济基础，……它依存的条件，就是华侨的汇款和农村的购买力……"

该社论认为鉴于一般没有工业经济基础的城市，它的繁荣往往不能持久，所以如果要让汕头成为一个经济活力持续充沛的市场，那便应该使它从单纯的商业都市走向工业化道路。当然，依照汕头市的实际情形，建立大规模的基本工业系统是不可能的，因此可以现有一些中小型工业企业为基础，如机器、五金、化工、电器、印刷、纺织、罐头、抽纱、卷烟、火柴等，政府扶持，逐步发展。"总之，它应该以制造和供应一般人民生活必需品为目标，庶足以奠定国民经济的基础。"

商业的暴利容易产生投机，而投机操纵者总有一天会失败的，故稳定地方，只有发展工业，才是长远的办法。最后，"我们盼望热心人士切实提倡，政府极力加以奖助，投资者更得放大眼光，共为建立汕头市的工业经济新态姿而努力，只有这样，汕头才能真正的繁荣，而且繁荣得永久。"

1946年12月，《商报》改组为董事会制，张华余任董事长，社长一职由陈伟烈担任，副社长仍然是佘贤，谢白华辞去总编辑一职，改任总经理。1947年6月20日，《商报》编辑部迁至永安街12号3楼，社址在永平路尾樟隆左巷15号。

1947年8月29日，陈伟烈不再担任社长，改聘余维恭为社长。1948年11月29日，《商报》再次刊登董事会启事称"本报社长余维恭先生辞职兹另聘佘贤先生为社长谢白华先生为副社长"。

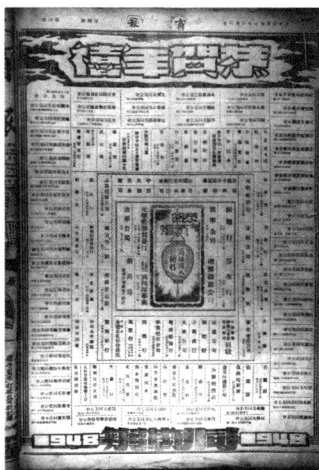

图181 《恭贺年禧》

《先声晚报》及其副刊《海岸线》

创办于 1936 年下半年的《先声晚报》（见图 182），在汕头市诸多报纸中，本来只是一份普普通通的晚报，却因其副刊《海岸线》而出名。

《先声晚报》社长孙振雄，副社长游少芝，总编辑王瓯，编辑部设在国平路 53 号 3 楼，每晚出纸一大张，即对开四版。1936 年 10 月 14 日，华南抗日义勇军潮汕大队部在该报创办了综合副刊《海岸线》（见图 183），由万木（笔名）任主编，自第三期起由杜琛（即杜桐，又名杜伯琛、杜敬亭）任主编。华南抗日义勇军是中共地下党领导下的抗日组织，《海岸线》之名是杜敬亭从北平转天津坐轮船回汕头时，看到祖国漫长而美丽的海岸线正被日寇所觊觎，故提议副刊名就叫《海岸线》，以期唤醒国民，动员人民起来保卫祖国神圣的海岸线。

图 182
《先声晚报》报头

图 183 《海岸线》副刊

《海岸线》常设栏目有"短评"（或称"短论"）、"一周时事""时论拔萃""岭东呼声""通讯""读书辅导""救亡论坛""文艺广场""潮州大众""突击""侵略帐"等。

正如编者在《发刊词》中所说："……在侵略者不断的进攻之下，中华民族已经到了最后的生死关头，大家一致的要求是：要生存！生存的过程是奋斗，奋斗需要奋斗的知识。但潮州大众从来就在愚昧的深渊中过生活，因此，在教育大众的意义之下，我们必须有文字通俗、价钱低廉、言论正确的小型报纸。""自然我们的力量是很薄弱的，不过我们想，有一点力量就出一点力量，不应该只有一点就舍弃它。""让我们来

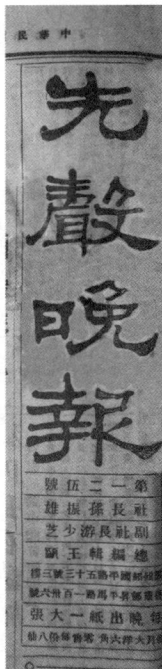

图 184 《海岸线》发刊词

建筑这条意识的长城，来强化我们岌岌可危的海岸线的防卫。"

《海岸线》创办后，以鲜明的抗日救国立场和浓厚的地方色彩，宣传抗日，揭露日寇侵略我国的罪行，号召人民奋起救亡图存。特别是每一期第一版的"短论"，短小精悍，如短剑、似利箭，针针见血，让敌人和汉奸胆战心惊。1936年11月1日第三期的"短论"《中国怒吼了》，作者以潮汕方言形式，用短短的一百多字写道：

像水滚一样，全中国个救国团体遍地皆是了：二十九军中救国敢死队组织起来了，山西个牺牲救国会布满各地了。像海吼一样，全中国到处是救国的声音了，北平甲上海个文化界和实业界发表了督促政府个宣言，上海甲广州个救国领袖预备开联合会议响应平沪。俺知，这种救国的狂喊，足寒汉奸之胆，这种救国的组织，就是救国的力量。

第5期（1936年11月15日）的"短论"《击破敌人的新毒计》："非灭亡全中国不止的侵略者，他们诡计多端，最会乘风转舵。过去用武力硬占的方法来并吞我东北，现在是换一套政治软索来捆缚中国，扛去开刀。"作者接着就日本时任华北防务机关长松室孝良秘密报告中称"倘支那官民一体合心而抵抗，则帝国在满的势力，便将陷入重围"指出：日本帝国主义最怕的就是全中国人民团结一致的抵抗！因此，"俺要看破敌人，俺全国联合抵抗，伊就死命一条"，"只有采取攻势，才能击破敌人的新毒计。再'委曲求全'，便是服毒自杀！"

1936年11月1日，第3期《海岸线》以"鲁迅十日祭"为主题，并在第二至四版分别发表了一系列纪念鲁迅先生的文章：如力克的《用"斗争"来纪念我们的伟大的民族斗士吧》、君赋（陈华）的《作为鲁迅先生十日祭的礼物》、南寞的《鲁迅精神——伟大的民族作家的新个性》、海舟的《悼鲁迅先生》等。特别在第三版发表了沙飞拍摄的《长眠了的鲁迅》和《他正在和青年木刻家说话》两幅照片，引起轰动，沙飞也因此出了名。沙飞原名司徒传，祖籍广东开平，1932年初到汕头电台当特级报务员，不久，他与电台同事王辉结婚。1936年9月，喜欢摄影的他，却考取了上海美术专科学校西画系，来到上海后，得以认识鲁迅，亲聆鲁迅先生教诲。沙飞在《海岸线》发表鲁迅先生的照片后，也跟主编杜敬亭成了好朋友，后来两人还成了同门。

《海岸线》最初是以《先声晚报》副刊形式、每逢星期三出版，自第3期起改以《先声晚报》增刊形式、每逢星期天出版。印数从最初的几百份增至一千多份，为4开的独立专刊。由于《海岸线》抨击国民党不抵抗政策以及鲜明立场和战斗风格，只出版了9期①的《海岸线》便于1936年12月11日被查封，主编

---

① 吴小坚主编：《潮汕青年抗敌同志会史料汇编》，汕头：中共汕头市委党史研究室、共青团汕头市委员会1998年版，第700～701页。

杜桐等人被捕，至1937年"七七事变"后才被释放。[①]

《先声晚报》经历"海岸线事件"后，继续出版，每天虽然仍出一大张对开四版，却有两版是副刊。其第一版是综合性的文艺副刊，内容不是小说连载、趣闻、诗词，就是时人逸话等闲情文字。第四版则是影艺副刊，副刊名称叫《新艺》，主要刊载影评、影讯等娱乐类文章。

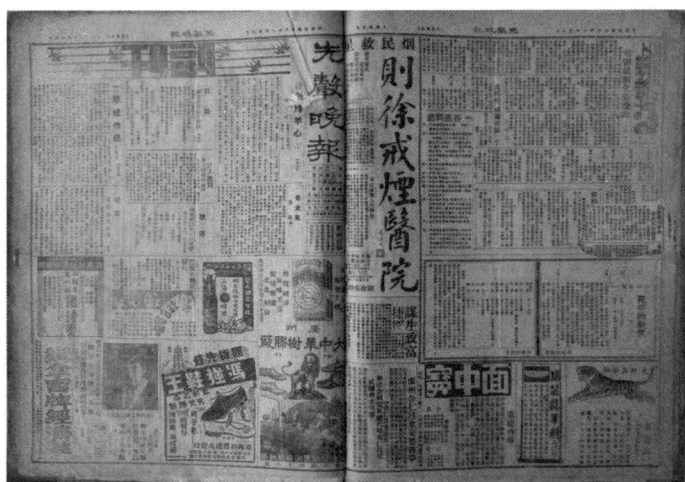

图185　《先声晚报》

《中国报》（汕头版）

《中国报》（见图186）创办于1941年11月12日，其汕头版则是在1945年12月下旬才在汕头出版。《中国报》总社设于广州光复中路，除了在汕头设立分社外，还分别在香港和韶关设有分社，黄雯任董事长兼社长，发行人潘林雄，副社长蔡逢甲。汕头分社主任李松菴，副主任徐福群、李建安，社址设于汕头市中马路7号。

《中国报》（汕头版）是一份4开4版的三天报，报价每份20元，每月定价150元。其版面设置比较特别，第一版是"时事述评"和"小言论"，主要刊载国内外重要新闻及述评、社论；第二、三版为文化版，有小说连载、诗歌、杂文、小品、幽默短语、历史知识等，内容广泛；

图186　《中国报》
（汕头版）报头

---

① 中共汕头市委党史领导小组办公室编：《潮汕党史资料汇编》第一辑，汕头：内部印行1985年版。

第四版是省内各地（包括粤东各县）新闻和本市新闻，本市新闻栏目叫"播音台——路透社汕头分台"，每条新闻都是一句话的简短小消息。

《中国报》（汕头版）目前能看到的只有在1946年1月9日发行的一期，该期发行时间恰巧是在国共两党重庆和谈签订《双十协定》后，即将举行国内各党政治协商会议前夕的这一重要时刻，我们从该期所刊登的"时事述评"和"小言论"内容，或可一窥该报的政治观点和新闻立场。

1945年10月10日，国共两党在重庆签订了《双十协定》（见图187）。1945年12月15日，美国总统杜鲁门按照美国政府"援助国民党尽可能广大地在中国扩大其权力"的既定方针，发表关于对华政策的声明，声称赞成中国"召开全国主要政党代表会议，以谋早日解决目前的内争，以促成中国之统一"，并任命马歇尔接替赫尔利为美国驻华特使，来斡旋各方政治力量。美国政府认为，如果能避免内战，通过谈判诱使中共交出武装，这对国民党是有利的，而且也有利于美国在中国的利益。12月25日，在莫斯科召开了英、美、苏三国外长会议，发表了关于中国问题的协议，要求中国"必须停止内争"。与此同时，国民党政权在战场上连连失利，感到发动全面内战的准备尚需时日。因此，不得不同意按照《双十协定》的规定，于1946年1月10日召开政治协商会议。

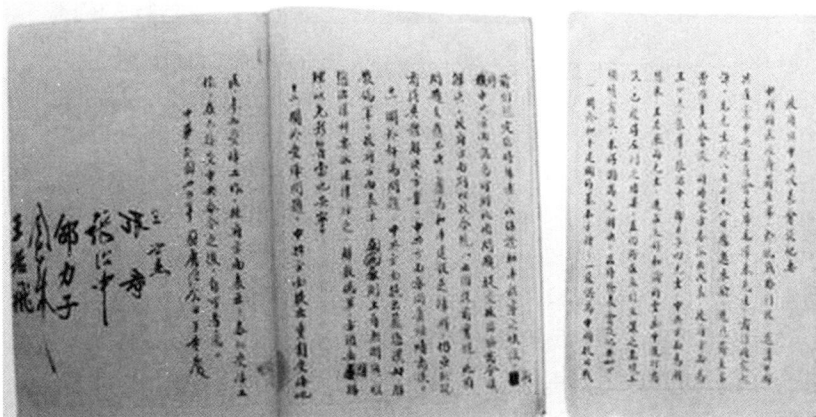

图187　《双十协定》

1946年1月9日，《中国报》在第一版头条的"时事述评"栏，以"在政治协商会前国共间可望息戈"为题发表文章，表达了对和平的渴望和期待。"巩固国家统一，实行民主政治，两党息戈，共商国是为国人期盼已久"，文章开篇便喊出了历经近半个世纪的战乱之后，全中国人民对和平的心愿和建立美好家园的期望。紧接着"时事述评"，编者意犹未尽，又以"小言论"的方式发表社论《定乱！——谨献政治协商会开幕》（见图188）。文章认为："人心厌乱，乱自可

定，人心好乱，乱则难平，久战之民，无不厌乱。"视乎国民党，以诚训民，以诚立党，其诚也必矣。复视乎共产党代表抵渝，以诚相告，其诚也可见也。国共两党，以诚相向，共谋国是，两党之间，自无所争。"在当时那种政治氛围下，《中国报》敢以中立的态度和客观的立场，发表如此的社论，确实是一件难能可贵的事情。

图 188
《中国报》社论

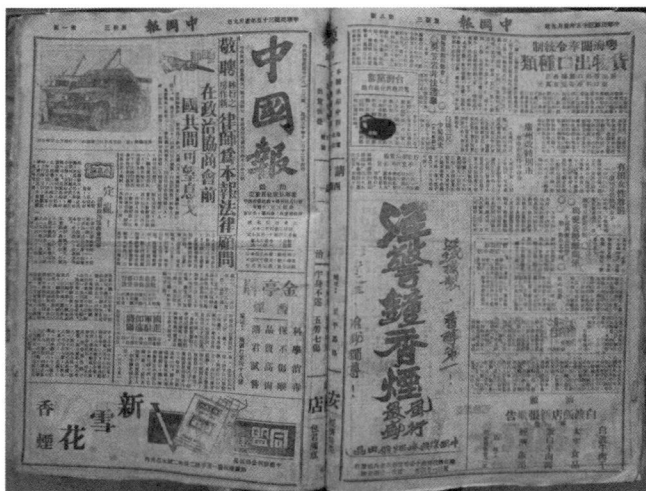

图 189　《中国报》（汕头版）

《新潮汕报》

　　《新潮汕报》（见图 190）于民国三十二年（1943）元旦在揭阳创办，1944 年底至 1945 年春，揭阳数次沦陷，该报撤迁内地，出版因而时断时续。1945 年 8 月日寇投降后不久，遂迁至汕头，于 1945 年 10 月 10 日复刊。复刊后的《新潮汕报》报社地址设在汕头市国民党党部，办事处设于汕头市张园内街 9 号，社长曾逸民，主编魏明河。本市的报纸预订和派发以及刊登广告业务均由驻外马路 248 号的源记派报局代理。

图 190　《新潮汕报》报头

　　复刊后的《新潮汕报》是每周三报，即每逢星期三、六、日出版，8 开 4 版。第一版是"时事讲座"和"社论"，第二版为副刊《妙语》，第三版设"纵横谈"，第四版辟"潮汕特讯"和副刊《青年文艺》。广告固定在中缝，其他版面时有时无，

没有固定。1945年12月后改为半周报（即每周二报），版面也改为4开2版。

第一版的"时事讲座"（见图191），是对国内外重要时政新闻的分析和评议。如对"二战"后美苏之间的利益斗争、法越围绕越南独立问题之争、暹罗（泰国）政府的排华政策等问题作分析和讲评。这种"二手"新闻虽然会因新闻素材来源或讲评者的时政驾驭能力及水平而人云亦云，甚至不能客观、正确、全面地反映事实真相，但对许多缺少时政分析和判断能力的读者来说，还是很有市场。

副刊《妙语》（见图192），于1945年10月10日复刊日同时创办，主要刊登杂文、小品、散文和随笔，当然还有诗歌。编者在为《妙语》作解的《楔子》中说："语言所以表达内在的心情，存着很高深的技巧"，"巧妙的语言，能使听者发生良好的感觉，反之足可构成意想不到的恶果"。这正如古人说的"一言兴邦，一言丧邦"。"本刊以小小的篇幅，三言两语，其实谈不上什么兴邦、丧邦，唯求有所言说，不至读者生厌，或者能够像上面说过的说诗一般，使人们读了之后，至少可以解解颐，发生良好的感觉，即本刊的目的已算达到。"

在"有所言说"方面，《妙语》算是做到了。如1945年10月27日发表的一篇署名"风"的杂文《哭笑不得》，讲述作者本人亲身经历的两件事：一件是抗战胜利之前，伪汕头市政府要他填写常住人口登记簿，以便发常住人口登记证。他知道鬼子的末日已不远，因此他"不填也不报"。结果，抗战胜利后，新的市政府在发调节米时，却要他出示伪政府发的常住人口登记证。另一件事，1939年6月21日汕头沦陷，当时他的女儿已9岁，是适龄读书的时候，他便将女儿送校读书。1945年抗战胜利，他的女儿刚好小学毕业，要上中学了，可是学校却说他女儿是伪生，不能入学。作者最后无奈地发问："上述两件事，究竟是伪府的政令有效呢，还是伪府的政令无效？"

图191 "时事讲座"刊头

图192 《妙语》副刊

"纵横谈"（见图193）作为专栏文章，主要发表个人对社会、经济、文化乃至教育、时政等方面的看法和建议。如1945年10月12日发表张竞生博士呼吁国民政府为华侨在海外《争取一自由六平等》的建议，10月24日署名"风"的《处理业佃纠纷的商榷》、署名"道听"的《管理电船权责之研讨》、署名"微风"的特写《潮阳巡礼》（连载），10月27日署名"青文"的《青年应到农

图193　纵横谈

村去》，11月3日署名"玲"的《创设抗战先烈遗族学校》等。

《新潮汕报》在《复刊词》中曾说："……今后尤当本其言责，从事于宣传主义促进建设，发扬文化领导青年四项原则而努力。"可见，其办报的宗旨之一就是"领导青年"，亦即是要面向青年、引导青年、服务青年。因此，报纸复刊不久，1945年10月24日起便在第四版辟《青年文艺》副刊（见图194）。

抗战胜利后，1945年底，回汕头埠复刊及新创办的报纸如雨后春笋，一时

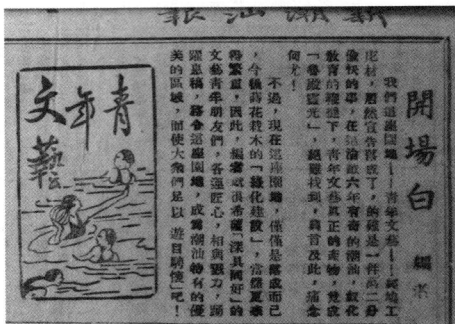

图194　《青年文艺》副刊

便有十多家。然而却只有一家只关心政治、不怎么关心青年人爱好的三青团机关报——《青年日报》（《青年日报》曾试图开设《潮汕青年》之类的副刊，但一直没办成），《新潮汕报》辟《青年文艺》，正好填补了空白。诚如其《开场白》所说："在这沦敌六年有奇的潮汕，奴化教育的鞭挞下，青年文艺真正的产物，竟成'鲁殿灵光'，绝难找到。兴言及此，痛念何尤。"因此，编者希望"深具同好的文艺青年朋友们，各运匠心，相与戮力，踊跃惠稿，务令这座园地，成为潮汕特有的优美的区域，而使大众们足以游目骋怀吧！"

《青年文艺》设有长篇小说连载、杂文、散文、诗词、文艺评论等栏目。内容有回忆抗战历经的故事，如心青的《笔影墨花溯当年》连载，有抒写情感的如柔芝的《彷徨》（1945年11月14日）、李丹的《伤逝》（1945年11月24日），当然，还有激励青年自立的如一矗的《自力的伟大》（1945年11月3日）等。

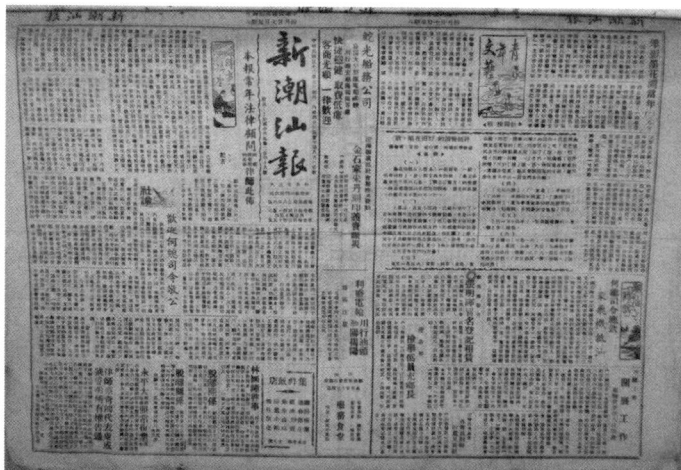

图 195　《新潮汕报》

《天行报晚刊》

　　《天行报晚刊》（见图 196）创办于民国三十三年（1944）三月一日，其前身《天行报》于 1941 年在潮安创刊，后停办。《天行报晚刊》创办人陈说义，报社地址设在瑞平路，每天出报一中张 4 开 4 版。第一版刊载新闻、时事述要；第二版设"简电""杂锦""街谈巷议""社会服务"（有时在三版）、"茶余酒后"和连载；第三版有专栏"女人春秋""潮人潮事"，综合副刊《宇宙线》有时也在此版；第四版是文艺副刊《晚霞》（见图 197）和综合副刊《宇宙线》，此外还有专栏"天地"，"社会服务"栏有时也在此版。

图 196　《天行报晚刊》报头

图 197　《晚霞》副刊

《天行报晚刊》对新闻的关注并不突出，反而是一些市民所关心的衣食住行等日常生活的报道占了报纸不少的版面。

"潮人潮事"主要是对潮籍名人、政要的任免以及参与各项文化或时政活动等行踪作报道，颇具地方特色。

"社会服务"栏面向普通读者大众，刊登生活常识、医学知识和科普知识，如《煲咖啡的方法》《营养的食品》《正常发展的婴儿》《反对烫发》（均载1947年11月22日）。有时也以问答方式回答读者提出的有关法律问题，如1947年9月3日的"社会服务"栏，有一则读者来信，题"盲婚痛苦无穷"，刊登一读者来信，其称自己是父母主婚，婚后"数年毫无夫妻感情"，现要离婚，但女方提出要其付给60年养老费等苛刻条件，他因此求助"社会服务"栏的编辑，帮其解答，来信后面同时附有编辑对其提出的法律问题的回答。

"街谈巷议"是一个小栏目，一般每期只有一至两篇一两百字的对社会百态、时政弊端或突发事件等作简评简议的短文，语气往往比较委婉客气。1947年11月22日第二版的"街谈巷议"有两则，一则是对汕头市场粮油肉等物价飞涨而向"汕头物价评议会诸公"发出借问；另一则是对揭阳新亨墟一米商擅自提高米价而被附近群众哄抢大米一事作评论："抢米有碍治安，为国法所不容，但要大家不抢擅自抬高米价的奸商的米，那政府应有办法，使奸商不敢擅自抬高其米价才好。"

综合副刊《宇宙线》（见图198），刊载的内容涉及古今中外，视野开阔，特别对一些国际时政的述评或介绍，敏锐而独到。

如1947年4月1日第76期《宇宙线》的一篇题为"领导越南独立的胡志明"，向读者介绍了胡志明领导的越南人民与法国殖民主义者的斗争，称赞其是一场争取民族独立的"历史性的伟大战争"。

又如1947年10月2日第103期《宇宙线》发表一篇署名"仲仁"的文章《麦帅统治下日本侵略思想复活》（见图199）。文章一开始便披露："日本帝国自瓦解以来不过两年，但随着国际局势的推移，日本朝野无论在物质以及精神上，又似乎逐渐回复到了十余年前的老路。"日本之敢于这样，完全是"麦克阿瑟一味地袒护，终于引起了日本野心分子全面的蠢

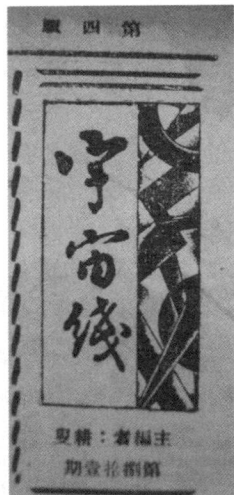

图198 《宇宙线》副刊

动，尤其是一向被作为日本侵略前锋的'日本人口过剩论'在最近二三个月来，又像野火一般地燃遍了日本的朝野"。接着，作者进一步揭露日本当政者的野心：庐田均以外相身份发表狂妄的"移民台湾"等所谓声明，议员尾崎行雄更是在议会上"毫无顾忌地高喊'以公民投票方式来决定满洲、朝鲜以及琉球等地的

归属'",自由党党魁吉田茂在外国记者招待会上说:"'凡是白种人不去而且不愿去的地方,应该让日本人去开发与经营,以解决当前日本人口的过剩问题'",甚至每日新闻报,也在其社论中狡辩称"'日本应得一部分满洲的经济开发权'"。最后,作者一针见血地指出:"……此等有害共同盟国的消息,竟能安全的(地)经过占领军当局的检查而获得公开的发表,麦帅所代表的美国对日管制政策的荒唐,我们于此也可窥见一斑了。"

图199 《麦帅统治下日本侵略思想复活》

"女人春秋"专栏不仅关注女人的日常琐事或时尚风情,如《如何获得天然美》(1947年10月1日)、《发式又半打》(1947年9月2日)、《怎样保护皮肤》(1947年8月30日),而且关注女人与家庭、丈夫的关系,如《丈夫有外遇你当怎样办》(1947年9月2日)、《如何使丈夫爱你》(1947年9月3日)、《夫妻之间仍需客气》(1947年9月25日),此外还登载一些关于欧美妇女争取个性解放等内容的文章,如《美国妇女们》(1947年10月1日),介绍美国妇女对流行时装的抗议等。

图200 《天行报晚刊》

《潮海日报》和沦陷期间的报业

　　1939年6月21日汕头沦陷后，汕头埠的报业几乎都停办或转移至内地。不久，台湾人邹宜元抢夺《汕报》的印刷设备，搬至韩堤路《星华日报》社，开办《粤东报》，并聘任日本人孔文彬为主笔。之后，日本人杉本荣一，开办日文版《汕头日报》，自任社长，主笔是日本人秀岛彬，社址设在国平路，后又迁至《粤东报》社内。两报创办未久，又有台湾人洪铁涛开办《大同报》，报社地址设于外马路三牧楼，后迁到升平路头旧良友书局楼顶，主笔为陈英强。潮阳人周勤豪开办《老百姓》三日小报，聘陈简为主笔。伪青年团团长吴雄办《青年周刊》，自兼主笔。伪侨务特派员公署宣传处长刘英办《潮梅周刊》并自兼主笔。伪侨务局长王建办《华侨周刊》。伪保甲委员会许士办《自治周刊》，聘陈汝梅为主笔。周庸办《庸报》，周自任主笔，该报是三日报。还有伪四十四师政训处处长白崇礼，办《军报周刊》也是自兼主笔。

图201　日寇侵略汕头

图202　汕头沦陷

　　从以上汕头埠沦陷期间报业的基本情况我们不难看出，除了几个日本人，还有几个民族败类开办的报纸，由于得不到老百姓的认可，再怎么折腾，也没有市场。除了最先创办的由侵略者撑腰的《粤东报》和办给日侨和侵略者自己看的日文版《汕头日报》是日报外，其他报纸一开始便只能以周报或三日报勉强出版，就连伪市政府秘书处主办的《市政公报》，本来是月报，到1945年春也"因种种关系，出版屡遭阻碍，加以交通困难，邮递也多不便"① 而不得不变成

---

① 民国卅四年（1945）伪汕头市政府秘书处编印《汕头市政公报》（总第28期）"编辑部启事"。

图 203 　《潮海日报》

季报。在此期间，其他报纸也都相继停办。

《潮海日报》创办于 1944 年 12 月 12 日，创办人张励吾，主笔李学馀，报社地址设于永平路 11 号。①

也许得益于创办时间最晚，当 1945 年 8 月日本投降后，它成为当时汕头埠屈指可数的报纸。因此，当那些在沦陷期间迁往内地的各行各业纷纷需要刊登返汕广告时，它便成为最大受益者。这份对开四版的报纸，除了第一版用一半版面刊载新闻，其他三个版面都要以三分之二的版面刊登各类回迁复业或新创业公司的广告，而且一般的广告大都只能以"豆干格"规格刊登。其规格若以五号字计，约为竖排 21 字 ×5 行，即是每则广告大约只有 100 字。每个版面以三分之二版面刊登广告，便可刊登大约 60 条。少数财大气粗的企业，如马源丰批局，就用加粗文字或加花边，其广告篇幅相当于八块"豆干格"广告规模。

不过好景不长，当国民政府开始清算汉奸伪政权及其喉舌的时候，它也就很快在汕头市民的视线中消失了。

《青年日报》

《青年日报》（见图 204）创办于 1945 年 10 月 16 日，是三民主义青年团汕头分团部的机关报。报社董事长由三民主义青年团汕头分团主任陈松年兼任，社长陈剑魂。报社地址先在升平路 1 号，之后搬到至安街 8 号。我们在该报 1945 年 12 月 5 日的报纸上看到的地址仍然是升平路 1 号，但 1945 年 12 月 10 日的报纸上报社地址便改为至安街 8 号了。该报每天出报一中张，即 4 开 2 版，有趣的是该报自创刊起，一直便在其报头下方注明"本日暂出纸一中张"。

《青年日报》从星期一至星期天，天天出报。报纸虽然名为《青年日报》，但报纸创办之初正是

图 204 　《青年日报》报头

① 谢雪影：《汕头指南》，汕头：汕头时事出版社 1947 年版，第 39～40 页。

"二战"结束之时，其第一版所报道国内新闻和国际新闻、述评之类的文章，内容也就多为对有关"二战"结束后盟国之间的利益分配、对战败国和汉奸的处置等国内外诸多事务的关注，如《中国拟循正规程序与英解决香港问题》（1945年10月20日）、《中美英坚决主张麦帅为盟军统帅》（1945年11月2日）、《惩治汉奸绝不放松》（1945年11月3日）、《台湾警备总部下令解散日军特务组织》（1945年11月5日）（见图205）、《我提出战犯名单本月内开始审讯》（1945年11月7日）等。第二版只有半版版面刊载本市新闻及潮汕各地新闻，另半版版面是各类广告。本市新闻，其实内容亦多是一些地方政务、会议介绍、某某长官莅汕考察或讲话之类事务性报道。如《被敌伪占用民产由专署市府处理》（1945年11月6日）、《汕头市政府开市政会议》（讨论税捐收入不敷问题，1945年11月8日）、《汕头市各界欢迎罗主席盛况》（1945年11月11日）、《陈专员克华将军视察市府并致训》（1945年12月1日）等。当然，还有一些三青团的活动及工作报道，如《汕青年分团部今天开始团员训练》（1945年10月29日）。

图205　《台湾警备总部下令解散日军特务组织》

有意思的是，出版了半个多月的《青年日报》也许意识到作为读者对象主要是青年的报纸，不可没有青年爱看的文艺版之类的版面，为此扩大版面以便于出版副刊，报社一方面于1945年11月1、2、3、6日一连几天，在第二版刊登本报副刊征稿启事："本报创刊以来，荷蒙潮汕青年及各界人士踊跃订阅，销数日广。兹为充实内容，增加青年读者兴趣，暂定每星期出版潮汕青年副刊，即日起征求稿件，举凡一切文艺诗歌掌故等创作，均受欢迎。以短小精悍为主，凡我同文敢情源源赐寄，一经采录，稿费从优，此启。"另一方面，扩大版面当然需要资金支持，为了解决办报资金困难问题，《青年日报》的负责人可谓想尽了办法，除了继续在第二版用大半版的篇幅刊登各种广告外，还跟民间收藏家合作举办藏品展览来筹措资金。1945年11月20日至22日连续三天，在居平路中原酒店二楼举办知名收藏家郭美坚先生珍藏古今名人书画、奇石、雕刻展览会，展览会的门票收入除掉展览费用，余额以"基金"形式归青年日报社。

但不知是投稿稿件确实匮乏，抑或是经费问题仍未能如愿，直至1946年1月底，也未见到一期《潮汕青年》之类的副刊出版。

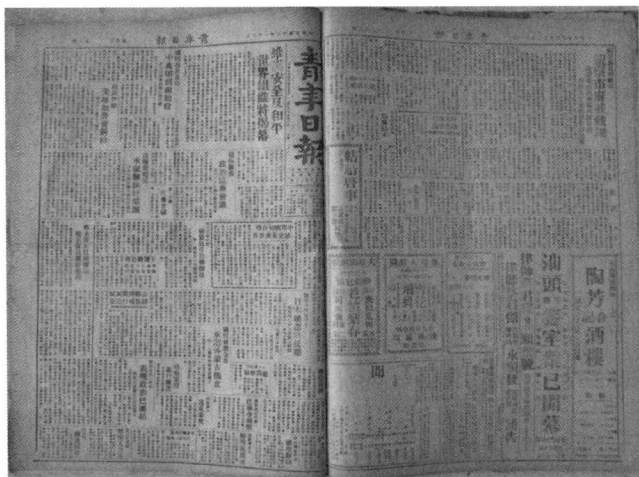

图206 《青年日报》

《大光报》（汕头版）

1890年，香港基督教会首次创办了一份报纸，起名《郇报》，每天出报一张，但《郇报》出版不过一个月便停刊了。1906年，德国礼贤会叶道胜牧师又创办了一份报纸，名叫《德华朔望报》，《德华朔望报》坚持出版了三年才停刊。之后，随着香港基督教徒的日益增加，急需一份报纸以宣传布道，于是由尹文楷医生等人集资创办的《大光报》于1912年2月8日创刊出版了。

据介绍，尹文楷医生（见图207）等人把报纸的名称定为"大光报"，有这样的考虑：第一，报纸既然是教会报纸，报名自然要充分表现出教会的色彩，要包含主光辉而博大的神韵，体现神谕对人伦的启迪，"大光"，就是要让基督之光普照于天下；第二，报纸是启发民智、传播知识的工具，"大光"，即是要以智慧之光，去开启新时代，去弘扬正义、揭露黑暗。正因如此，《大光报》创刊伊始，便得到孙中山先生"与国同春"（见图208）的题赠。

图207 尹文楷医生

图208 1912年5月孙中山为《大光报》题词

173

《大光报》虽然名为香港基督教会的报纸，但基本看不出基督教会的色彩和特点，只是在每年圣诞节期间出特刊以作纪念而已。反而是对时政非常关注，如对袁世凯、龙济光之流的窃国行为予以抨击，因而报纸影响日益扩大。

1918 年第一次世界大战结束前夕，俄国爆发革命，建立了苏维埃社会主义国家，世界观感为之一新。《大光报》敏锐地观察到社会主义已经登上世界舞台，适时地站在时代的前列，开展了以"社会主义与中国"为中心的宣传活动，让读者了解社会主义及劳工解放问题的新知识，颇能唤起社会各界人士的注意，也受到孙中山的赞许。1920 年 1 月，《大光报》为纪念创刊八周年发行年刊，孙中山应邀为之撰写了《为〈大光报〉年刊题词》："光明能指示人生之趋向，凡旧社会之迷妄偏执，——须以此光明照临破除之。障碍既除，然后此所谓互助者，可得实现"，并且指出"盖光明者，不外使人认识实在，认识真理之工具"。孙中山在题词中还说："《大光报》之立，至今八年，持正义以抗强权，于南方诸报中，能久而不渝者，唯此而已，故余乐为之词。"① 说明《大光报》虽为教会刊物，但因其亦关心时政，主持正义，受到孙中山先生的充分肯定并寄予殷切的期望。

1932 年，陆慧生任社长。"七七事变"后，抗战军兴，为更好地报道抗战，1939 年大光报社内迁至韶关。同年 7 月 7 日，《大光报》在韶关正式出版，社址设在韶关民权路 109 号。1941 年大光报社在广州湾（即湛江）设立分社，称粤南分社，这是《大光报》内迁后设立的第一个分社。同年 4 月 1 日《大光报》（湛江版）出版，并同时发行晚报。1943 年 1 月，日寇进攻雷州半岛及湛江，17日《大光报》（湛江版）停刊，报社迁至信宜隆墟，于 6 月 1 日复刊。1945 年抗战胜利后粤南分社迁回湛江，于 10 月 1 日复刊。

大光报总社设在韶关，是因当时广州已沦陷，广东省政府搬迁至韶关。之后，随着战事的变化，大光报总社先后转移到连县、坪石等地。1945 年 1 月韶关失守，大光报总社又迁至老隆继续出版。抗战胜利后，大光报总社遂迁至广州，于 1945 年 9 月 1 日记者节出版《大光报》（广州版），《大光报》（老隆版）于 1个月后停刊，而韶关版《大光报》则在广州版出版两天后（即 9 月 3 日）复刊，称《大光报》（粤北版），分社称大光报粤北分社。

大光报广州总社社长陈锡馀，抗日战争时任广东省政府参议，抗战胜利后为广州市参议员，20 世纪 30 年代曾任大光报社长的陆慧生改任总经理，报社地址在广州市光复路 76 号。广州版《大光报》每天出报两大张，1947 年 4 月 4 日

---

① 陈华新：《近代香港报刊述略》，中国人民政治协商会议广州市委员会文史资料研究委员会编：《广州文史资料》第四十五辑，广州：广东人民出版社 1993 年版。

起，大光报社又在广州出版《大光晚报》，每天出版一大张。①

大光报粤东分社于 1944 年在兴宁设立，同年 8 月 14 日空军节正式出版《大光报》（兴宁版），亦发行晚报、画刊等。粤东分社社长为沈之敬，社址设于兴城兴田路 293 号。抗战胜利后粤东分社迁至汕头外马路 278 号、国平路 2~4 号，营业部在升平路 72 号，于 1945 年 9 月 19 日出版汕头版《大光报》（先试刊，10 月 25 日正式出版），兴宁版《大光报》继续出版至 1946 年 2 月底。

1947 年 6 月 1 日《大光报》（海南版）出版，社长由总社总主笔曾复明兼任，副社长为陈剑流、陈定远。②

一

1945 年 9 月份，大光报粤东分社从兴宁迁至汕头，于 9 月 19 日以《大光报》（汕头临时版）（见图 209）出版，10 月 25 日才以新闻纸汕字第一号正式出版（见图 210）。

图 209　《大光报》（汕头临时版）

图 210　《大光报》（汕头版）

大光报粤东分社社长沈之敬，字思敬，广东汕头人。曾担任中央通讯社战地记者、广东省政府参事及新闻处处长、侨务委员会委员，第四届国民参政会参政员。其粤东分社社长一职一直担任到 1948 年 10 月，才由林润生接任。1949 年 3 月 17 日，粤东分社改名汕头分社。1949 年 4 月 16 日，不再以"汕头分社"名义出版而贯以"大光报有限公司"发行。

跟许多报社一样，大光报粤东分社社址迁来汕头后，亦是几经搬迁。社址最

① 梅州日报社报刊志编纂委员会编《梅州报刊志》（广州：广东人民出版社 2005 年版，第 177~178 页）及陈兰卿《兴宁报刊史考略》（兴宁：兴宁市政协、文史办公室、兴宁市文学艺术联合会 2001 年版，第 58 页），均认为《大光报》为广东省政府机关报，并说抗战胜利后兴宁《大光报》迁回广州出版，应该是在缺乏资料和实物依据情况下的误断。

② 参见大光报社粤东分社、《大光报》（汕头临时版）资料室编写资料。

初是在汕头外马路 278 号和国平路 2～4 号，营业部在升平路 72 号。1945 年 12 月 14 日，社址搬至升平路 74 号；1946 年 6 月 16 日，又搬至升平路 72 号（即其营业部地址）；同年 11 月，改为升平路 72～74 号。1947 年 1 月起，编辑部再次搬迁，移至商业街 77 号；1948 年 8 月 17 日，编辑部地址改为民权路 117 号，营业部改为升平路 80 号；1948 年 12 月 29 日，编辑部又迁至升平五横街 4 号，营业部仍在升平路 80 号不变。

《大光报》（汕头版）自 1945 年 10 月 25 日正式出版至 1949 年上半年，一直是每天出版报纸一大张（对开）四版，而且其各版内容安排也较为稳定。第一版以刊登广告为主，第二版为国际和国内新闻，第三版是经济和地方新闻，第四版设副刊《火流》，还有"文化周刊""方志周刊""正议""科学"等专题性栏目。

号称"华南舆论权威"的《大光报》，其汕头版并没有在第一版刊载新闻，也没有跟其他报纸一样每期必出一篇社论。在 1946 年 2 月之前，第一版除了广告，在左下角不定期辟有"特载""专论"两个栏目，这两个栏目虽然不是经常出现，每期也就千字左右，但它却最能代表《大光报》的时政观点。

如 1945 年 11 月 2 日第一版的"专论"，刊登陈子诚的《时代要求与实际需要——香港应归还中国的我见》（见图 211），蒋介石以"完成民族主义，维护国际和平"为题在有关香港归属问题的演讲中提出："今当日本帝国主义无条件投降之际，我们中国决不借投降的机会，忽视国际合作和盟邦的主权，所以我们不愿派兵接收香港，引起盟邦间的误会"，"我当依中英两国友好的协商关系而建立我们的外交方针和国际政策，主张尊重条约，根据法律以及时代需求与实际需要，而求得合理的解决"。文章通过引用国父孙中山先生在三民主义的论述中"王道"与"霸道"

图 211　《时代要求与实际需要——香港应归还中国的我见》

之说，巧妙地对蒋的观点进行批驳，指出英国对香港的占领是"帝国主义欺压弱小民族开拓殖地的侵略行为"，是"霸道"，中国人民自 1842 年到 1945 年的一百多年来，从来就没有停止过与英殖民者抗争和收复香港的运动，如 1843 年广东官吏阻止本国人与香港通商、1856 年的亚罗号事件、1898 和 1899 年的排英运动、1922 年的香港海员罢工事件和 1925 年的省港大罢工等。因此，香港确实应该按"时代要求与实际需要"归还中国。

又如 1945 年 11 月 6、7 两日，《大光报》编辑部自辑资料，以"1944 年美国科学艺术与教育"（见图 212）为题，在"特载"栏报道 1944 年的美国，一边

图 212 《1944 年美国科学艺术与教育》

忙于跟德、意、日打仗，一边在国内大搞科学研究，鼓励从事医学、物理、化学、数学乃至军事等学科的研究，成立相关的国际组织以引导各学科更好发展乃至诺贝尔各奖项在美国的颁奖情况。同时介绍美国不仅重视科学技术，亦重视艺术、教育两方面的发展，如举办国际性的音乐会、好莱坞的电影以及引进世界各国优秀留学生以培养人才、留住人才等做法。文章还特意在篇首加编者按："……1944 年世界的战争，正在急剧的行进着，美国就在急剧的战争中，有了许多科学家、艺术家、教育家和学者埋头的研究，有着新的发明和进步。诚然，科学艺术与教育是立国的根源，时时刻刻需要着新的发明和创造，爱特介绍兹篇，以献国人，作为研究的借镜。"

1946 年 2 月份，第一版的"特载""专论"取消，代之以"大光论坛"。"大光论坛"为不定期论坛，一般是 5～8 天出一期，有时在第一版，有时在第四版。但到 1946 年 7 月出版了二十多期后，就没再出了。

1948 年 2 月，第一版又恢复"特载"和"专论"，有时也刊登编辑部选编的转载。如 1948 年 5 月 6 日转载上海大公报时事座谈会纪要《德先生与赛先生》、1948 年 5 月 1 日《人类历史与重建世界文化》、1948 年 6 月 28 日《世界科学的趋势》等。"专论"则多刊登潮汕著名学者对文化的论述，如 1949 年 3 月 14 日谢礼智的《柴头戏——提线傀儡》（潮州民间艺术），1948 年 3 月 14、15 日萧遥天的《佛说与爱情》，还有张竞生的《山的面面观》（见图 213，自 1948 年 2 月 28 日至 1948 年 4 月 25 日连载），萧遥天的《潮州戏剧志长编》（见图 214，1948 年 12 月 9 日至 1948 年 12 月 25 日分 17 期刊登）。

图 213 张竞生的《山的面面观》

图 214 萧遥天的《潮州戏剧志长编》

二

前面已经说过，号称"华南舆论权威"的《大光报》，其汕头版注重的是"德先生和赛先生"（即民主和科学），即注重的是文化。这个我们已在其第一版的"特载""专论"或"转载"等栏目刊登的文章有所领略，下面介绍的是第四版开设的几个栏目的内容。

《大光报》的副刊《火流》，1934 年创于香港，是综合性文化副刊。经常刊载的有小品、漫谈、随笔、时事小感、杂文、书评、速写、短篇译文、历史小品、文化报道、文化消息等，当然还有现实意味浓烈的读书心得和隽永动人的科学小品。

诚如编者所说，"火流"，即"如火之奔流"，"所以我们这个园地是最前进、最生气、最热情的"。故而，《火流》无论从香港到韶关、广州、广州湾、兴宁、汕头，都一如火之奔流，生气勃勃、文华四射，成为《大光报》的一道亮丽"风景"。

图 215　《火流》副刊 1

图 216　《火流》副刊 2

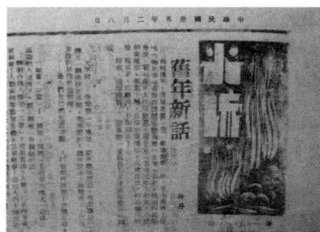

图 217　《火流》副刊 3

图 218　《火流》副刊 4

图 219　《火流》副刊 5

图220　老舍的《给茅盾兄祝寿》

人物随笔或速写，是《火流》副刊中最富时代感的内容。如 1945 年 11 月 9 日第十六期，刊登老舍的《给茅盾兄祝寿》（见图 220），文章借为茅盾先生五十寿辰庆贺，实则是对我国自五四运动以来中国文坛的回顾和感慨："……看看吧，五四运动中的热血青年，到今天，还有几个依旧热烈、依旧时时有握起拳头呢？哼，有的变成了官僚，有的变为富贵，有的还改为希特勒的崇拜者呀！""可是我们还没等到时间拔去我们的牙，封闭了我们的耳目，我们自己就先把腿迈到地狱去，这才真可悲哀！"当然，文章主要还是赞扬茅盾这位在大浪淘沙年代，仍然不改本色的五四先锋："茅盾兄也变了，但是他只变了外形……眼有点花，而且留下胡子，他今年五十岁了，他没法阻止时间的侵略，在精神上，他可是始终没有变，在五四时代，他便是新文艺的最努力，而且也是最成功的领导者。"现在，"无论他受着怎样的窘迫，他也始终不闭上他的口，他永远要说出他以为值得一说的话。勇敢使他永远年轻……从五四到今天，老跑在我们的前面。他使我们敬爱他，甚至于嫉妒他"，"时间早晚会毁灭我们的，但是你的著作会让你永生"。

在文坛人物随笔、杂记中，诸如曹禺、老舍、刘半农、郁达夫、冰心、沈从文、田汉、柳亚子、朱自清等都曾登台亮相。

短篇译文虽然篇幅短小，但犹如一扇窗口，让人得以一窥世界的精彩。《火流》里的短篇译文，可以说是最鲜活、最有生气的一族。如 1947 年 1 月 28 日刊登美国 B. F. 玛汀（谢世贤译）的《美国农村的新气象》（图 221），讲述"二战"结束后，随着美军在世界各地驻扎军队，美国各地的乡道上，每天邮差们都会送来美国作战海军部、军邮服务处或美国陆军邮务处的 RED 信件（免费邮件）。"一封又一封的信，麇集在每一个战场上的健儿们给他们的家小开了眼界，见到整个崭新天地，因此，村庄里以及美国各处都由孤僻的浅狭观念逐渐转变为对自己对世界都体认得较宽博了。"因为在"二战"前，"美国的农区中很少有顾虑到自身环境以外的事"，战争改变了一切。"一个二十一岁的美国海防哨兵写给他在牛乳场的母亲，说是盟邦新英国州很可爱，它和家乡物晋尼亚一样地充满着生气。一个水手刚刚十八岁，驻扎在华盛顿西北一州，再次地向他家人保证，他能够在任何地方找到亲睦的人民……"，"这些村民经常谈及中国、第尼达、澳大利亚、北非洲、法兰西、意大利、缅甸、新卡里顿尼亚和菲律宾群岛。在厨房里、店铺里、十字路口、乡间的大屋里，世界各处给谈得这么煞有介事似的。"

图 221 《美国农村的新气象》

　　1947 年 1 月 14 日《火流》副刊又开辟了新栏目"妇女与儿童"。为此,编者特在刊首登载"发刊的几句话":"民主时代最注意多数,也最注意弱小。妇女与儿童正是属于弱小者流,而在人口中适占大多数。所以在《火流》的来稿中,有不少是谈到这方面。编者特赶新年这机会,把这类文章,编成专版……"(见图 222)

图 222 妇女与儿童

　　"妇女与儿童"属于不定期栏目,大约十天至两周出一期。内容有谈妇女解放(如 1947 年 4 月 22 日《不要再做花瓶》、1947 年 1 月 30 日《南斯拉夫的新女性》),儿童教育(如 1947 年 1 月 14 日《对小孩的家庭教法》、1947 年 2 月 11 日《怎样教育孩子》),女权运动(如 1947 年 3 月 11 日《国际女权运动概述》)乃至婚姻问题(如 1947 年 5 月 6 日《离婚与怨偶》)等。

　　在《火流》副刊中,潮汕文化亦占有重要的一席之地。如翁子光的《潮州先贤轶事》连载、林仔肩的《潮州俗语韵对》连载,还有王显诏画作介绍,罗铭、林逸画展特刊等。值得一提的是张竞生《新食经》的连载。

图 223　张竞生的《新食经》

张竞生自参加辛亥革命至从事文化学术活动，一向关注民生问题，其对民众的衣、食、住、行、生、老、病、死，均有论述。他写过两本食经专著，《新食经》是第二本专著。《新食经》用最通俗的语言，从植物性食物的维生素构成与营养价值、饮食与健康、食物配搭与膳食方法等切入，引导读者如何摆正食肉是富人，食粮、菜、薯是穷人的不正确观点。全书分为："食的革命与医药革命""小孩老人与病者食法""食与运动及内分泌""食与性情及色欲""绝食与精神食法""饥民食法——盐与水的利用""素食果食的根本食谱""主妇须知——厨房学"等八章，自 1948 年 6 月 8 日起，《火流》副刊专为这位潮籍哲学博士的新作连载（见图 223）。1949 年 1 月《新食经》由大光报社结集出版发行。

三

南华学院为著名教育家钟鲁斋（梅县雁洋三乡人）于 1938 秋在香港创办，参与创办的人士还有王云五、王诚等。饶宗颐先生当时滞留香港，曾协助王云五编《中山大词典》。1939 年 9 月南华学院迁梅县，1945 年 8 月又由梅县迁汕头。1946 年底，饶宗颐先生被聘为该校文史系教授及系主任。

1946 年 11 月，南华学院文史系文史学会在《大光报》第四版开设《文史周刊》，第一期于 11 月 26 日出版，"文史周刊"四字由饶宗颐先生题写（见图 224）。

《文史周刊》主要配合南华学院文史系的教学而刊登一些相应的文史知识。撰文均为该领域的专家学者，如以研究建安文学著称的专家沈达材（著有《建安文学概论》，1932 年北平朴社出版；《曹植与〈洛神赋〉

图 224　《文史周刊》刊头

传说》，上海华通书局 1933 年出版），在《文史周刊》上连载了《曹植辞赋论》，饶宗颐先生则先后发表了《归群词丛跋》《校雠通义笺序》《芜城赋发微》《许班王诗钞序》和《论羡门非沙门——秦时佛教传入中国说驳议》等文章，温廷敬先生常在《文史周刊》上连载史学文论，如《雌雄兔传奇》《广汉宋齐诗说》《中国古代刑律变迁考》。此外，黄廷柱、沈炳华、丘玉麟、艾狄、陈湛诠、翁辉东、许伟余等也曾在《文史周刊》上发表专论及选述。

1947 年 6 月 16 日，《文史周刊》第 30 期出版（见图 225），6 月 23 日，南华学院文史学会在《火流》刊登启事："兹因学期结束校友相率离汕，本会所编文史周刊决暂停刊。此启。"之后，《文史周刊》便没再出版了。

1946 年 10 月 25 日，由潮州修志委员会主编的《方志》旬刊在《岭东民国日报》第四版连载，至 1947 年 9 月 15 日，《方志》旬刊在《岭东民国日报》共出版了 30 期后暂停，于 1947 年 11 月 3 日改在《大光报》（汕头版）上继续刊登，并由旬刊改为周刊。主编单位名称改称"潮州修志馆"，期号续《方志》旬刊，即从第三十一期续起（见图 226）。

1949 年 4 月 26 日，《方志》周刊第一百零二期出版后，潮州修志委员会在该期同时刊登"方志周刊暂停启事"，称

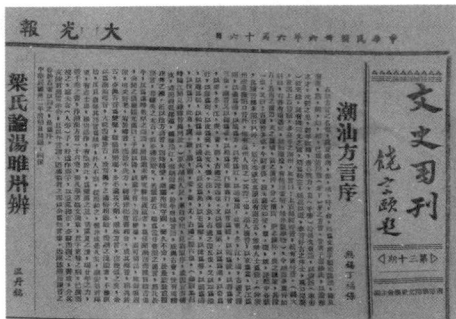

图 225　《文史周刊》第 30 期

图 226　《方志》副刊刊头

"现因州志付梓，印事多忙，短期间内拟暂时停版，一俟馆务稍松，当即继续刊行，可能时再谋扩充为月刊，出版单行，尚希各方诸君赐予宥谅是幸"。

在《大光报》（汕头版）的第四版，《正议》是另一值得一提的专版。该专版由潮汕建设协会主编，编者目的是就潮汕的建设让大家发表自己的见解。为此，编者在 1948 年 5 月 16 日第二期专刊出版时，特在刊末付上《编后话》："……现在建设潮汕的问题，颇为一般人所乐道，这是很好的现象。我们知道有好多热心事业而埋头苦干的人士，有开农场的，有设工厂的，有修水利的，有兴教育的，有办报纸的，有经营商务的，有努力以发掘文化宝藏的，有苦心研究地方文献的，有关心政治问题的，有致力社会事业的，这些都是文章的泉源。我们很诚恳欢迎各界饱学能文之士，把研究的所得，或办理的经过，写登本刊……"

抗战胜利之后，潮汕大地百废待兴，方方面面均有待恢复、重建或创办。复兴教育就是许多有识之士的共识之一，特别是兴办潮州大学又被重新提起。《正议》第三期，便刊载翁子光（辉东）的文章《中离山为潮州大学适宜校址议》。文中认为，建潮州大学的适宜校址必须具备"一、有文化历史之背景、二、必居全潮局势之正面、三、必水陆交通便利、四、必风景幽美、环境优良、治安安全……"故认为"惟中离山"最适合。因为中离山居桑浦山东南部，风景幽美，无论水陆路均交通便利，"甚且有开潮文化极盛时代之薛中离先生，为历史之背景"，故是潮州大学校址之理想之地。文章登出后，得到热烈的讨论。不久，第

5 期的《正议》又刊出张竞生的文章《潮州大学校址及其他》。张文认为潮州大学校址应该设于汕头的"礐石旧炮台一带以至妈屿对面的海边山岭更比中离山为佳"。理由是"礐石因汕头关系，交通便利，比桑浦山更为潮属之总汇"；且名为"潮大"，"当为岭东全区的高等教育区，潮梅以至惠属的士子当必凑集于一堂"，"由此说来桑浦山更万万比不上礐石了"。

图 227　《正议》副刊刊头

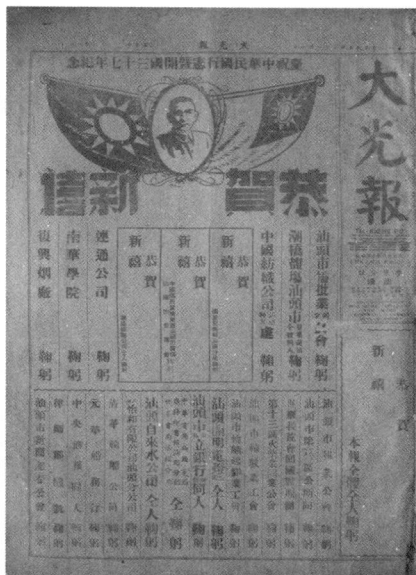

图 228　《大光报》1948 年元旦版版面

《光华日报》

2011 年 9 月，笔者参加了在马来西亚槟城召开的第九届潮学国际研讨会，期间在去参观孙中山纪念馆的路上，在车上看到了由孙中山先生 1910 年 12 月在槟城创立并一直经营至今的光华日报社大楼。孙中山先生当年为推翻清王朝，在槟城创办《光华日报》（见图 229）。该报是中国革命党人在马来亚最重要的机关报，《光华日报》还在中国抗日时期，为推动马来亚华人捐钱助中国抗日作出了巨大贡献。

图 229　槟城的《光华日报》

1944 年 2 月 10 日，正当潮汕大地抗日烽火连天之时，揭阳亦出现了一份叫"光华日报"的报纸，创办人是陈亦修（见图 230），主编吴双玉（见图 231），报社社址在榕城韩祠路，通信邮箱是揭阳邮局第二号，报纸由潮汕印务公司承印。

图 230　陈亦修

图 231　吴双玉

孙中山先生当年在槟城创办的《光华日报》，取"光华"之名，意在光复华夏。民国成立后，《光华日报》在马来亚的华人社会中影响很大，特别是在抗战时期大力支持中国的抗日战争，因而在 1942 年马来亚沦陷后，便被迫停办直到日本投降后才复刊。

1944 年陈亦修创办的《光华日报》，明显是借用了孙中山先生当年在槟城创办的《光华日报》报名"光华"之意，即是为了光复被日寇侵占的华夏。

《光华日报》1944 年 2 月在揭阳榕城创办后，在榕城出版了大约一年，1945 年春因日寇领揭阳而撤至灰寨，日本投降后，《光华日报》迁到汕头出版。

在榕城出版的《光华日报》（见图 232），每天出报一大张（对开）四版。第一版是国内和国际新闻；第二版除续第一版的国际新闻外，还设有《光华》

副刊（有时也在第四版）、"四面八方""光华信箱""潮人潮事"等。此外，还设一个小栏目，内容像"历史上的今天"，叫"××史话"。如5月4日，就叫"五四史话"，5月5日，便称"五五史话"，每天都有；第三版是经济版和地方新闻，"光华信箱"有时也在此版；第四版是文化版，设有《艺文》《战地青年》（见图233）、《文萃》《岭海诗流》等副刊。此外，因沦陷而撤出的潮安县政府、饶平县政府、惠来县政府、丰顺县政府、南山管理局等民国地方政府秘书室亦分别在此版设立专版，名"××县政"（如潮安县政、饶平县政）（见图234），报道及宣传本县的政绩以及刊载县政各项文件或通知。

图232　《光华日报》揭阳版报头　　图233　《战地青年》副刊　　图234　潮安县政

在榕城出版的《光华日报》，无论国际新闻、国内新闻以及地方新闻，都以报道"二战"为主要内容。每天的新闻，不是介绍美、俄、英等国盟军抗击德、意法西斯的战斗，便是揭露日寇在我国的侵略暴行、宣传我抗日军民英勇抗战的事迹。特别对我潮汕军民抗击日寇、与日伪政权斗争事迹的报道，《光华日报》从来都不吝惜篇幅，如1944年5月17日第三版地方新闻，便及时报道了潮阳西庐军民于5月15日一举将企图犯我西庐的51名日军全部歼灭。随后几天，继续作跟踪报道，从我军民将日寇尸体及缴获的各种战利品运至揭阳县城展示，全城群众踊跃参观的新闻，到由此而引发的各方的盛赞与评论，都一一予以及时报道，极大地鼓舞了我潮汕军民的抗战士气。（见图235）

图235　关于潮阳西庐军民歼灭日寇的报道

1944 年 12 月 9 日和 1945 年 1 月 26 日，日寇两次攻陷揭阳，3 月 8 日，日寇全面占领榕城，光华日报社址被迫搬至灰寨，跟《揭阳民报》联合出版《战地午报》。

灰寨是山区，物资匮乏，办报环境十分恶劣，但《战地午报》仍坚持每天出版 8 开单面油印报一张，基本都是战地新闻。由于只有一个版面，且用手工刻字油印，故每则新闻内容只能尽量用简练的文句，多则三五百字，少则百几十字，有时也配以手绘的战况地图，让读者一目了然，简明易懂。（见图 236）

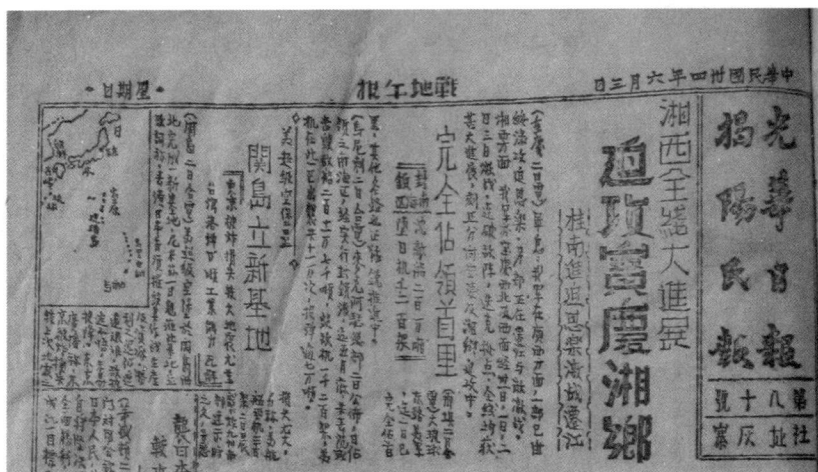

图 236 《战地午报》

1939 年 6 月 21 日汕头沦陷后，汕市许多文化单位和学校相继搬到揭阳或普宁、梅县等地，揭阳一时成为潮汕的文化中心。在揭阳出版的《光华日报》其第四版也就常常成为这些文化人的用武之地。

设于第四版的"艺文"便是一档以文史理论、美学艺术理论为题材的专栏，由谢海若和沈达材共同主编。谢、沈两位同在汕头海滨中学任教，一位是著名画家，一位则是中国文史专家，汕头海滨中学 1939 年因汕头沦陷搬至普宁流沙，故《艺文》的通信地址也设在普宁流沙的海滨中学内。由于所能看到的《艺文》只存 1944 年 5 月 3 日的第三期和 1944 年 5 月 28 日的第四期，从时间间隔看，不像半月刊，也不像月刊，考虑到在战争年代交通不便，报纸出版在揭阳，专栏投稿和编辑在普宁，应属于不定期。《艺文》每期内容均占一整版，第三期的文章是尉代一的《迷信与节约》和陈侠的《女词人李易安》两篇，第四期则有樊光汉的《中华法系之沿革》、谢海若的美学琐谈《钱塘苏小是乡亲》和沈达材的《孔子的民族思想》三篇。

图 237　《文萃》副刊

一

《文萃》（见图 237）是以刊载时政性理论文章为主的栏目，一般每周出版五期，有时是周一、二、四、五、六，有时则是六、日、一、二、三，总之是每周期数相对稳定，只是间隔出版时间不固定。

《文萃》刊登的文章，大部分是政论性文章，当然也有少数叙事性文章，如《国民中大理学院》《国立福建音乐专校》等介绍院校的文章（1944 年 5 月 7 日，第二十一期），《美国的经济大宪章》（作者陶希圣，1944 年 8 月 12 日，第八十三期）。政论性文章，有讨论二战形势题材的，如曾育群的《开辟第二战场》（1944 年 5 月 12 日，第二十四期）、《日寇今年会投降吗》（1944 年 5 月 14 日，第二十五期）、《巴尔干——纳粹腹部溃疡点》（1944 年 5 月 26 日，第三十期）；也有就国内国统区及沦陷区时政作剖析的，如《行政督察专员制之检讨》（1944 年 8 月 7、8 日，第七十八、七十九期两期连载）、《潮安城沦陷区的奴化教育》（1944 年 8 月 27 日，第九十三期）。

值得一提的是针对当时一些社会现态的剖析文章，可谓入木三分。如 1944 年 5 月 23 日第二十八期刊登黄轶球的《论目前社会上两种变态生活》，作者在文首提出"现代的战争，不是表面上的武力战争，而是赌国运的文化战争。国家的强弱，不仅系于兵精械利，而在于文化的高低，国力的总和"。接着，作者就当时现实社会的两种"变态"的生活方式进行分析：第一，"一般生活的颓废……奔走钻营之风复炽，半官半商，到处皆有"；第二，"学习风气衰落"。作者用英美国家 1942 年度书报杂志的出版销售情况跟我国进行对比分析，指出英美国家当年小说之类的软性文艺读物的出版和销售急速下降，而自然科学类、哲学类、史地政治类等读物的出版和销售均增加。而我国却是相反，软性文艺读物流行，"有人统计中国出版书刊，属于文艺的占百分之七十以上，其他自然科学、哲学、史地等等不及百分之三十"。作者认为，青年人若只沉湎于软性文艺的阅读，是文化的衰落。颓废的生活方式和衰落的文化方式，都是变态的生活方式。因此，要赢得抗战的早日胜利，唯有改变此种消极的生活方式。

引起笔者兴趣的还有一个副刊，就是由许心影主编的《岭海诗流》（见图 238）。许心影（见图 239），原名许兰荪，号白鸥女士，是被誉为澄海县三才子之一的许伟余之长女。年轻时就读于汕头礐石的礐光学校，毕业后进入上海大学，是瞿秋白和杨之华的学生。著有小说集《脱了牢狱的新囚》和《腊梅余芳别裁集》《听雨楼诗稿》《白鸥词选》等，抗战时期回潮汕任教。笔者目前所看

第三章　民国汕头埠报业

187

到的《岭海诗流》，是1944年5月13日的第三期，"岭海诗流"四字是许心影自己亲笔题写，奔放而俊逸的字体，跟她那豪放不羁的性格何其相似！这一期所刊登的全是古体诗，有许伟余的《追悼杨光祖》《偶念身世感慨成诗》，沈达材的《四十自寿》，王显诏的《古沟吟草》，杨光祖遗作《赠饶宗颐》，固庵居士（饶宗颐）的《赠玉清教授》，百子的《赠心影兼简郑三》《文祠晚行》，吴双玉的《醉桃源》，蔡起贤的《定风波》《虞美人》，詹祝南的《忆旧游》，君懋地《贺新凉》等。

图238 《岭海诗流》

图239 许心影

　　1939年5月，潮州的广东省立韩山师范学校（简称"韩师"）搬至揭阳古沟。1941年，在韩师执教的王显诏发起并创办了由一群当时在揭阳喜欢古体诗的文化人参加的诗社，名叫"诗巢"[①]，参与者有蔡起贤、许伟余等人。据蔡起贤的回忆，许伟余当时已好多年没写诗，自加入诗巢社后，激发了他的诗兴，之后便一发不可收拾。从笔者所见到的《岭海诗流》第三期的主要目录，不难猜出《岭海诗流》其实就是诗巢社社员交流唱和的场所。《岭海诗流》目前同样尚未能知其出版周期，唯一确定的是最少出版了三期。

二

　　1945年9月底，光华日报社从揭阳搬迁到汕头，设址于外马路261号，几个月后搬到至平路54号原文明商务书局旧址，社长陈亦修，主编吴双玉，此外，还请许美勋担任主笔。

　　《光华日报》在汕头出版之初，由于条件的限制，每天出报8开4版。第一版有"专论""来论""世界一周"等内容；第二版是国际新闻和国内新闻，社论也放在此版，当时的社论，便大多出自许美勋之笔；第三版主要刊载地方新

---

① 蔡起贤：《庶筑秋轩集序》，氏著：《缶庵诗文续集》，香港：天马出版有限公司2008年版。

闻，设"潮梅各界""各地通讯"等栏目；第四版仍然为副刊版，原来在揭阳出版的各个专版大都不再继续。不久吴双玉辞去主编一职，由揭阳人孙德典接替。孙接任主编后，把温丹铭之子温原也招进报社，帮他编报纸副刊①。

新设的副刊叫《小园》。《小园》副刊是综合副刊，其稿约称"山水、人物、诗词、文艺、科学技术、珍闻逸谈、各地风光，均所需要"。设有"一日一谈""短篇小说""读者之声""时事漫谈"等栏目。第四版除了《小园》副刊，之后又有《合作周刊》《东南西北》《学习生活》《文汇》等，在揭阳时的《光华》《文萃》副刊也在 1946 年 8 月后重新出版。

《小园》（见图 240）副刊自 1945 年 10 月 1 日创办，每周出版六期。1945 年10 月 21 日，《光华日报》改版为每天出报 4 开 2 版，《小园》于 10 月底停刊。1946 年初，《小园》才又重新出版。1946 年 5 月 4 日，随着《光华日报》扩版和增加副刊版面，《小园》被分成《教育·文化》《经济·商业》《交通》《粮食》《青年》和《文艺》（见图 241）六个专刊而又一次停办。1946 年 6 月，又见《小园》出版。1946 年 8 月，随着前面所述的六个专刊相继停办，《小园》副刊也跟着最终停办了。

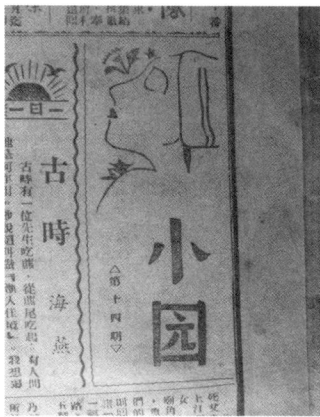

图 240　《小园》副刊

图 241　《文艺》

《小园》虽然存在时间不长，且 8 开的版面除掉广告，所剩下篇幅也不多，每期一般都只有两三篇文章。不过栏目虽小，《小园》的视野还是比较宽阔的，所登载的文章，不仅追求给人知识，也给人怡情；不仅追求理想，也针砭现实。在这里，不时还可见文艺界一二名家的作品，如著名画家林风眠的《谈新美术》（1945年 10 月 4 日），文艺评论家唐弢的杂文《尾巴及其他》（1946 年 3 月 16 日）等。

---

① 温原：《汕头〈光华日报〉杂忆》，陈汉初主编：《汕头文史资料精选·文教卫体卷》，香港：天马出版有限公司 2009 年版，第 477 页。

早在五四运动前后，西方的合作主义通过归国的留学生和社会主义学者传入中国，受到当时有识之士的推崇。时人相信"合作"能将中国从危亡的命运中拯救出来，各行各业的广泛合作能改变国家落后的状况，实现人民的强大、国家的富强。20世纪20年代，薛仙舟将孙中山三民主义的"民生"与合作主义融合在一起，在理论上将合作运动提升到三民主义实现方式的高度。1926年前后，国民政府曾将"合作"写入政治纲领。之后，各种民间的合作组织得到了一定的发展。抗战胜利后，"合作"概念重又得到有识之士的重视。1946年4月，中国合作经济研究社汕头分社在《光华日报》辟《合作周刊》（见图242），由谢平横主编。

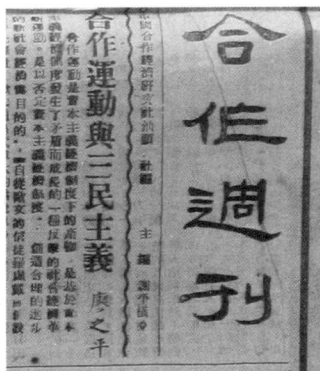

图242　《合作周刊》

现存能见到的《合作周刊》，是1946年4月的第二期，内容有：廖平之的《合作运动与三民主义》（连载）、秦文惠的《妇女与合作事业》、《合作者的人生观》等。

1945年9月，广东省政府迁回广州后，借广州《中山日报》版面出版《省政一周》，除公布一周省政各项重要政事外，亦刊载一些专家学者有关政治方方面面问题的评论。1946年5月15日，《省政一周》在《光华日报》第四版开设《省政一周》（汕头版），成为粤东唯一一家定期专载省府政事公报的报纸。

1946年5月4日，《光华日报》恢复每天刊行一大张，即对开四版，各版版面设置也做了相应调整。第一版不再刊登新闻或专论，而是全版刊登广告；第二、三版所设栏目内容基本稳定；第四版因版面的扩大，增加了许多新栏目，并于1946年5月8日刊登《本报副刊革新启事》，称"本报为充实内容，供给读者以各项现代知识"，增加了六个专栏，从星期一至星期六，每天出版一个。

《教育·文化》在星期一出版，内容包括教育、出版、广播、科学等，要求做到"网罗世界最新动态，供给切实资料"。

《经济·商业》在星期二出版，内容为国内外经济、金融、财政、贸易、工商业等。如第七期有《美国进口商的烦恼》《经济繁荣之途径》（1946年6月28日）。

《交通》在星期三出版，有关交通运输情形、交通行政、交通工具及理论、研究等，均列为报道内容。第一期的《交通》于1946年5月8日出版，内容有：《南中国海上的航运及船只缺乏问题》（正明译自《大美晚报》）、《汽油火车》（上海通讯）和海燕的《交通界奇闻》等。

《粮食》专版在星期四出版，凡粮食、救灾、农村、农作等，均在关注及报道之列。如1946年7月1日第六期内容有苏君谦的《遄华救荒会五全大会报告书》、邹秉文的《联合国粮食农业组织与中国》。

《青年》在星期五出版，关注内容主要是青年男女及学生界之生活、学习，还有理论及实际问题等。如穆超的《信仰和事业的关系》（1946年7月19日第七期)、《中国人的体格发展》、《今日留学美国的情况》（1946 年 6 月 3 日第四期）。

　　《文艺》在星期六出版，内容有戏剧、电影、游艺、绘画、音乐、舞蹈、建筑等。

　　以上六个栏目出版了大约三个月，便没有再出版了。

三

　　1948 年 5 月，《光华日报》改名《光华日报晚刊》（见图 243），社长仍然是陈亦修，增加副社长陈图仪、谢晋杰，社址在至平路 56 号。

　　改名后的《光华日报晚刊》每天出报一大张，对开四版。第一版的内容又一次有所调整，不是全部刊登广告，也不是全部刊登新闻，而是上半版面刊登广告，下半版面刊载专题文章。国内外新闻及报社社论全部被安排在第二版。第三版为副刊《光芒》和《经济新闻》《社会服务》专栏。《经济新闻》这一栏目的内容，在整个《光华日报》时期一直都有，栏目名称《经济》，没有设每日市场商品价格，只有一般的市场行情的分析及报道，改"晚刊"后，增加了每日市场商品价格

图 243　《光华日报晚刊》报头

报道。《社会服务》是一档实用性和普及性的栏目，设有"法律问答""社会常识""妇道新知""光华信箱"等小栏目。"光华信箱"同样也是一个旧栏目，早在揭阳时便设立，报社迁汕头后此栏停办，现在又把它合在《社会服务》一起出版。第四版原有的《东南西北》继续保留，另设《文艺》《学林》（见图244）、《人物山水》《活水周刊》《第八艺术》（图 245）、《岭东文化》和《南洋侨讯》等。

图 244　《学林》副刊

图 245　《第八艺术》副刊

1943 年冬，南澳县长许伟斋通过其秘书沈伯平（陈梅湖之婿）特邀曾任孙中山秘书，饶平、大埔县长的陈梅湖总纂《南澳县志》。1945 年夏，陈总纂的《南澳县志》定稿，在汕头印刷了 200 部。但因陈曾于汕头沦陷时期出任伪汕头警察局长等职，汕头光复后，被国民政府以汉奸罪通缉，其总纂《南澳县志》也被弃置。1946 年，杨世泽总纂的《南澳县志》[①] 始修，次年因经费无着而中辍。1948 年 5 月起，在《光华日报晚刊》第一版连载了其中的《南澳大事纪》（见图 246）、《南澳县舆地沿革》《南澳县人物志》等篇章。此外，第一版还连载杨世泽的《潮州方言考续编》以及一些文教专题文章，

图 246　《南澳大事纪》

如《为重建金山中学校舍告潮属各界人士暨海外侨胞书》（1948 年 5 月 11 日），梁汉叔的《漫谈教育》（1948 年 5 月 15 日）等。

有意思的是，汕头市基督教联合会鉴于汕头基督教徒日益增加，迫切希望能有一个宣传阵地，然而不知什么原因，他们不去找有基督教背景的《大光报》，而是在《光华日报晚刊》的第四版开设了一个副刊，叫《活水周刊》（见图 247）。《活水周刊》逢星期六出版，内容主要有基督教联合会会务通知、各堂会活动情况报道、各堂会主日崇拜表、基督教义释文以及基督教与社会、生活方方面面关系的文章等。

如果说，1946 年的《教育·文化》专栏关注的是教育政策层面的东西，《学林》则以潮汕各地学校师生具体的学习和生活动态、生活素描为重点。如：思文的《师生同乐会在同中》、朱琳的《怎样学习文学创作》（1948 年 5 月 11 日第四期），陈旧的《作家的灵魂》《学府华絮》《写给年青的朋友》（1948 年 5 月 18 日第五期）。

图 247　《活水周刊》

---

①　杨世泽总纂《南澳县志》民国三十六年（1947）稿本，已由上海书店出版社于 2003 年编入《中国地方志集成》出版。

图248 《人物山水》

《人物山水》（见图248）栏目很有特色，既有人物介绍，也有世界各地的景点介绍。人物本来是属于历史范畴的东西，而风景名胜则是旅游观光的东西，把两者放在一起，表面看似风马牛不相及，但细细回味，也不失为一档既轻松消闲又能长知识的栏目。如1948年5月26日第五期有两篇文章，一篇《大雪登阿尔卑斯山》（马星野），另一篇是《女词人李清照》（幼馨）。

1946年4月，由地方政府开明官员和热心史志工作的行家发起，时驻潮安县城的广东省第五区行政督察专员公署决定纂修《潮州志》，同年7月成立潮州修志委员会。潮州修志委员会成立后，要求潮属各县也相应成立文献委员会。翁辉东（子光）是《潮州志》首批分纂成员之一，其时还担任潮安县文献委员会主任委员。1946年10月25日，由潮州修志委员会主编的《方志》旬刊在《岭东民国日报》第四版与读者见面，至1947年9月15日，出版了30期的《方志》于同年11月3日改在汕头《大光报》出版，翁子光可以说是该专版的主力作者之一。1948年，在翁子光的大力倡议下，潮安县文献委员会在《光华日报晚刊》第四版设立了《岭东文化》（见图249），成为配合《潮州志》搜集乡邦文献的得力助手。可惜我们现在所能看到的只有1948年5月14日第四期。第四期有三篇文章，分别是邹守愚的《祭尚书翁公万达》、翁辉东的《潮汕方摘抄》和徐义六的《潮州城牌存亡考（一）》。

图249 《岭东文化》

《光明日报》

说起"光明日报"这个报名，一些读者可能会以为又是一家全国性报纸的地方版。其实不然，我们现在看到的大名鼎鼎的《光明日报》创刊于1949年6月16日，初由中国民主同盟主办，1953年起由中国各民主党派、全国工商联合办，1957年改由中共中央宣传部和中共中央统战部领导。而笔者所要谈的是民国时期在汕头出版的《光明日报》，其创刊时间比现在这份《光明日报》要早四年。

说起汕头的《光明日报》，首先得谈到一个人，这个人的名字叫张泽深。张泽深是开平人，青年时就读于广东省立工业专门学校，肄业于西江讲武堂。1917

年起任粤军彭林生旅部特务长、副官、连长、团长。1936 年 12 月授陆军少将。1938 年任第六十三军一八六师五四七旅旅长。1940 年 5 月任第一八六师副师长，1944 年 5 月，升任师长。同年冬兼任韶关警备副司令，曲江城防司令。抗战胜利后一八六师驻防汕头，张还是汕头市接受日军投降仪式的受降主官之一（至于 1948 年张任徐州"剿总"第七兵团六十三军一八六师师长，1949 年 1 月被解放军所俘，则是后话）。

张泽深在 1945 年 8 月跟时任一八六师政工的彭适之等人，共同在一八六师驻地丰顺县汤坑创办了《光明日报》。

《光明日报》最初是一份油印报，其出版目的"原为开展军中文化，以与我争取胜利的将士们并肩作战"①。由于在汤坑的出版时间很短，且只是一份在军队发行的油印小报，数量有限，现在很难有实物流传下来，也未见相关文献的记载，因而具体出版情况尚不清楚。

1945 年 8 月 15 日，日本宣布无条件投降，一八六师遂进驻汕头。9 月 28 日，张泽深跟第七战区第十二集团军副总司令徐景唐和闽粤边区副司令欧阳驹等受降主官一起，接受日军投降。之后，张、彭等人深感汕头乃至潮汕的经济、文化已被敌伪摧残多年，要改变这种奴化文化，只有用报纸这种宣传工具最为有效，而且认为"谈潮汕复兴工作，我们以为文化的循轨促进是刻不容缓的"②。于是，遂拟将《光明日报》在汕头出版。

经过一番短暂筹备，1945 年 10 月 5 日，由张泽深、彭适之等人创办的《光明日报》在汕头正式出版。"光明日报"四字由张泽深亲自题写。细心的读者会发现，在《光明日报》每天的出版编号前，一直加有一个"新"字，如"新一号""新一百号""新一千号"等，一方面是区别于部队时期的《光明日报》，另一方面也算是一种源渊说明吧（见图 250）。

光明日报社是董事制，有董事 12 人，他们是莫道朋、张声彤、黄涛、萧茂基、张泽深、林玮岩、丘镇英、蔡孟宣、丁培纶、赖次风、朱宗海、郑则仕。

图 250　《光明日报》报头

光明日报社成立后，社长是彭适之，副社长是黄玄，社址从创办到 1949 年停办，一直都在汕头永平路 11 号，其编辑部、采访部和印刷部则于 1946 年 1 月 5 日迁至西堤路 81 号。

《光明日报》最初每天出报一中张 4 开 2 版，第一版的上半版为国际、国内

---

① 《光明日报》，1945 年 10 月 5 日。

② 《光明日报》，1945 年 10 月 5 日。

要闻，下半版为广东省要闻和地方新闻。此外，还辟有"专载"；第二版的大半版是光明副刊，余下的是广告。

1945年10月25日起，扩大版面为每天对开四版。由于《光明日报》是由部队报纸转为地方报纸，面向地方的读者，当然要有一定的地方新闻和地方经济、文化等方面的稿件。于是，特在10月25日扩版的当天头版版面，刊登公开招聘报社记者和外地特约记者、特约通讯员的广告。广告分为招聘本市记者和招聘外地特约记者、特约通讯员两则。对本市招聘记者的要求是"凡富有写作采访经验并热心文化事业者，均可应征"。应征者试稿一星期且面试合格，便可录用。

外地特约记者和特约通讯员主要在闽粤各县招聘，一般为每地一至两名。其要求是：凡有采访、写作经验并热心文化事业者，先投稿一个月，以成绩优劣取舍。报酬是照来稿给稿费，每月一结。录用的特约记者和特约通讯员，发给记者证章、赠送每期报纸。要求每月投寄当地社会动态或经济现状的重要新闻八则并撰写特稿一篇、通讯一篇。如连续一月未按期来稿者，须来函叙述原因，否则作解约论，部队特约记者则可用军用电话投稿。

一

扩版后的《光明日报》，每天出报一大张对开四版，第一版全版为广告，第二版是国际、国内要闻和社论，第三版为地方新闻和经济新闻，第四版有副刊《光明副刊》《文地》（见图251）和《今日市场》专栏。1945年12月起增加了《闪光》副刊，主要刊登杂文类文章，由庄丽子主编，之后陆续出版的还有《东南西北》《综合》（见图252）、《文萃》等。

图251 《文地》副刊

图252 《综合》副刊

郭马风老师在 2004 年的文章《生命已结　生者永怀——悼林紫兼怀林山同志》①中回忆，在 20 世纪 80 年代，他曾约黄雨、林紫写 1945 年至 1946 年在《光明日报》的《光明副刊》担任编辑的经历，但终究因事忙而未能成文。

普宁人、马来亚归侨林紫，当年是位青年进步作家，他曾在兴宁担任《建国日报》副刊编辑。我们从 1945 年 10 月 5 日《光明日报》在汕头重新出版时，即在副刊版刊登由光明日报社为他再版的中篇小说《第一次恋》可以知道，他于《光明日报》在汕头出版时便担任《光明副刊》编辑了。黄雨是澄海人，诗人、作家，他是不是跟林紫一样在《光明日报》在汕头出版时便在副刊当编辑？我们从其简历："1937 年后曾任中学教师，抗日军队政工人员、报刊编辑"，联系到《光明日报》就是一八六师师长及其政工人员所创办，因此，按理黄雨很可能于《光明日报》在汕头出版时，便跟林紫一同负责《光明副刊》的编辑工作了。但是，在 1945 年 11 月 8 日的《光明副刊》版上的一则"编者短简"，却让笔者产生了疑问。这则短简告知黄雨等作者，10 月份的稿费已结，"请携章到本报营业部领取"。故此，黄雨在 1945 年 11 月 8 日前应该还只是《光明日报》的投稿者，他具体什么时间到《光明日报》当副刊编辑，还有待资料解读或知情者补充。

由喜欢文艺创作的人编辑的《光明副刊》（见图 253），其主调当然是综合性文艺。因而，《光明副刊》一开始便主要刊登小说、诗歌、散文等作品。在第一期《光明副刊》出版时，编者特在刊首刊登《关于光明副刊》的文章，开篇便充满着诗人般的激情："今天，当'光副'第一次同亲爱的读者见面的时候，我们感到无限欢跃与热情地给'光副'的作者和读者祝福，我们底声音是粗壮而跳动的，我们呼唤着每一个年青的

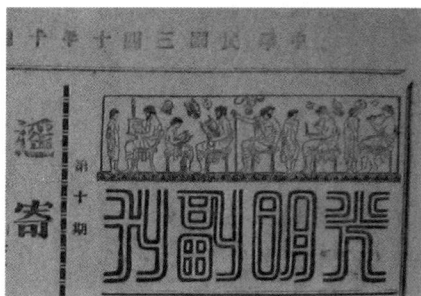

图 253　《光明副刊》

朋友们，喜欢文艺与著作的朋友们，带着你们的笔，你们的学习意志，走向这一个学习的园地来吧。象春天的蝴蝶一般，为了吸取一点文艺的蜜汁。"

在这篇为"光副"详明办刊宗旨和追求目标的文章中，编者充满感情与期望地表白："我们之间也许不免感到多少的陌生，是的，'光副'能够在这一个自由了的土地上和大家见面，这是多么值得欣慰和骄傲的，如果回顾这六年多来这儿在敌人统治下的文化被蹂躏、被毒化的话，我们的责任是多么沉重啊。我们迫切要求读者站到这儿来就是为了负担着这个责任。使我们对祖国的自由和幸福贡献了应有的义务。"

① 原载《汕头特区晚报》（2004 年 10 月 22 日），后收入陈泽等主编《潮汕文化选第五集》（香港：天马出版有限公司 2009 年版）。

图 254 "八年的潮汕"征文

1945 年 10 月 10 日，创办不到一周的《光明副刊》，刊登了一篇署名"惠英"的连载《八年来的我——从纯洁的孩子到忧郁的少妇》后，随即，在《光明副刊》版发起"八年的潮汕"（见图 254）征文活动。编者在征文启事中说明征文目的是"为了搜集潮汕抗战史料，鼓励读者写作"。征文内容包括：抗战八年的潮汕农村经济演变、土地关系、农民生活；沦陷区的人民生活（包括敌人的统治政策、汉奸的罪行及其下场、汕头、澄海、潮安、潮阳等地沦陷区生活报道）；战争与天灾（包括 1943 年潮汕的米荒、霍乱）；流亡在兴梅、江西各地潮民生活报道；华侨家属的生活；妇女的命运以及政治、军事、文化、教育和其他等七大方面。

征文启事刊出后，得到社会各界的热烈反应，一些读者写信给编辑部，交流自己的感想，编辑部也及时在副刊版上以"编者短简"的方式给予公开回应。

二

1945 年抗战胜利后，时汕头市文艺界在日伪政权六年多的奴化统治下，乌烟瘴气，几个敌伪时期遗留下来的剧社，经常演出一些低级下流的戏剧，其他文化艺术也像一潭死水，毫无生气，这使重回汕头文化界的艺术进步人士十分反感。《光明日报》副刊编辑林紫、黄雨等人遂拟在副刊版上开辟一些相应的文化和文艺专栏，以期介绍、宣传、引导和普及健康向上的文化。

1945 年 12 月 2 日，《光明日报》出版第一期星期天增刊《文地》，当天的《光明日报》出报对开六版，即一张半，其中增刊占半张两个版面。《文地》增刊属于理论性专刊，主要刊载哲学、社会科学、政治经济学、文学理论、艺术理论和历史等文章。诚如《文地》增刊出版时的《发刊小语》所说："如何建设战后潮汕文化及建设怎么样的文化诸问题，迩来讨论得很为热闹，但讨论过后，四野寂然。"（见图 255）因此，《文地》想做的是能为关心潮汕文化的人们提供一个交流的园地。第一期《文地》增刊刊登三篇文章，分别是：黄遗（即黄雨）的《水浒传中的宋代社会（一）》、谢海若的《艺术

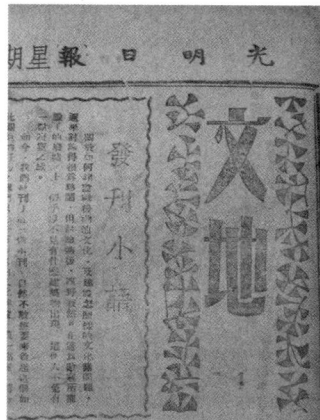

图 255 《文地》增刊

的民族形式的创造问题》和之反的《道家哲学的道及其发展》。为了让读者及时了解增刊的出版情况，第一期增刊还登载了第二期的文章要目，他们分别是：许美勋的《论潮州戏》、谢海若的《论国画》、黄遗的《宋代的庄园》以及沈达材的文章等。

1946 年 3 月 25 日，《光明副刊》借汕头艺术界首次纪念美术节之机，特出版了一期《美术节纪念特刊》。该期特刊约请了海滨中学美术老师、潮汕著名画家谢海若，汕头一中老师、戏剧作家黄浪舟等人撰写文章（见图 256）。

图 256　《美术节纪念特刊》

谢海若在《美术节感言》中写道："……在抗战当中，美术界中木刻作家和漫画作家非常活跃，能够配合着抗战，尽了相当的任务，人们对于美术，不会再和过去一样视若等闲，无足轻重的东西。……现在，战争结束，建国方兴，正需要大量的美术工作者，来肩负起这种重任，帮助物质建设和心理建设，使国家走上复兴途径，真正居于强国的地位。"黄浪舟以笔名"黄帆"，发表题为"新时代的新任务"的文章，详明抗战虽然胜利了，"由于新的政治形势对于艺术工作上的新的要求，一切更艰巨更迫切的工作，样样都摆在每一个进步的艺术工作者的面前"。"七年来，汕头曾遭受了敌伪的奴化统治，在这样一个暗无天日的沦陷区里，真正合于时代需要的艺术作品，不但不能产生，而且连沦陷前所培植出来的艺术幼芽，也被摧残净尽，相反地，在这七年的过程中，敌伪曾在这南中国的原野上，撒下了充满奴化毒素的艺术种子，它凭着一般无耻的落水的艺术工作者的摇尾与狂吠，也曾抽过芽，开了花，但这歪曲现实、发挥汉奸意识的野花，对于一般认识低下的汕头大众，已尽了相当重大的麻醉作用了。""现在，……加紧肃清敌伪在艺术上的遗毒，提高大众的文化水准，展开艺术上的民主运动，这些已成为当前每一个艺术工作者最中心最迫切的工作了。"

为了开阔潮汕读者的文化视野，从 1946 年 3 月 11 日起，《光明日报》在第四版开辟了《文萃》周刊，并拟以每期一个中心内容编辑出版，文章覆盖政治、军事、经济、文化等。第一期《文萃》的中心是经济，有文章三篇，分别是：马寅初的《论官僚资本》、美幸的《各国存美准备金》，以及由编辑部编辑整理的《目前中美贸易情势》。

正是林紫、黄雨等人坚持对健康、进步、民主的追求，使《光明日报》很快成为清除汉奸、颓废、没落和低俗文化以及宣传健康、进步、自由民主文化的前沿阵地。《光明副刊》不仅敢于刊登本地进步人士的文章，也刊登 20 世纪 30 年代著名的左联作家、共产党员何家槐（1934 年已加入中国共产党）的文章。与此同时，林紫还跟许多共产党员亲密无间，《光明日报》的编辑部，一度就成了中共地下党员的秘密场所。曾广、何绍宽、郑淳、郑苏民等同志，都在那里躲藏过，孙波、张海鸥、黄浪舟等同志都曾是副刊的活跃作者。据介绍，中共地下党员陈志华还曾将在香港出版的中共报纸《华商报》《正报》等偷运到汕头后，装在大皮箱里存放在林紫宿舍床下，然后再找机会转去华声书店。

三

吴颖在《汕头文史》第五期（1988 年 5 月）的回忆文章《记 1948 年汕头的〈光明日报〉副刊》中说，1948 年春至当年 10 月他"上山"这段时间，他到汕头光明日报社接编副刊。"记得 3 月 1 日副刊的《致读者》就是我写的"，"我接编这个副刊后，立即着手调整副刊的版次，并约人重新绘制版头，每周《光副》（后改为《文艺》，是文艺综合版）四期，《闪光》（杂文版）一期，《学习日》（习作园地）一期，《星期日》一期……"

《光明副刊》也简称为"光副"，每周一至周五出版。1946 年 5 月，《光明日报》副刊版设有另一专版，名叫《文艺》，以剧本、影评、文艺理论为主。1947 年 11 月，《光明副刊》改名《光明文艺》，《文艺》版便没再出版了，出版周期亦相应改为每周二、三、四出版。

1948 年 3 月，吴颖接手《光明日报》副刊后，《光明文艺》仍一直出版，直到 1948 年 7 月 6 日，《光明文艺》才以简称《文艺》的刊名出版，由符似绘制的新刊头也在 7 月 6 日首次使用。当天，吴颖在《三致作者读者》一文中说："从这一周起，刊期是这样的：星期二、六，《学习日》；星期一、三、四、五，《文艺》；星期日，《星期日》。"《文艺》版内容也相应有所调整，主要为文艺短论、批评、小说、剧本、诗歌、散文、书刊评介、影剧评介、作家简述、思想学术杂著等①。

由于编者的努力，《文艺》版的内容更加丰富多彩。一批青年进步作家如马戎、陈健、沈吟、庄以行等成为《文艺》版的主力作者。与此同时，健康向上的文艺作品亦成为《文艺》副刊的主调。《文艺》还刊载一些全国著名作家介绍，如刘岚山的《叶圣陶与开明书店》（1948 年 9 月 15 日）、《从文学到考古的郑振铎》（1948 年 9 月 21 日），洛昧的《周作人及其家属》（1948 年 9 月 22 日），郑常的《记朱自清先生》（1948 年 9 月 23 日），林瑶的《流浪千里的作

---

① 此为改名后《文艺》版的稿约要求，见《光明日报》，1948 年 6 月 10 日。

家——艾芜》（1948 年 10 月 5 日）和陈×（因原报纸此处缺字，故用叉号代替）的《纪念鲁迅先生》（1948 年 10 月 19 日）等。

值得一提的是，《文艺》版刊载了潮剧改革和潮州方言文学的研究文章。如 1948 年 8 月 26 日刊登麦海的《谈潮剧改造》，1948 年 10 月 8 日刊登有关潮州方言文艺创作的文章《怎样建立潮州方言文学——潮州方言文学第一次座谈记录》，1948 年 10 月 28 日刊登丹木的《论潮州歌谣》（见图 257）等。

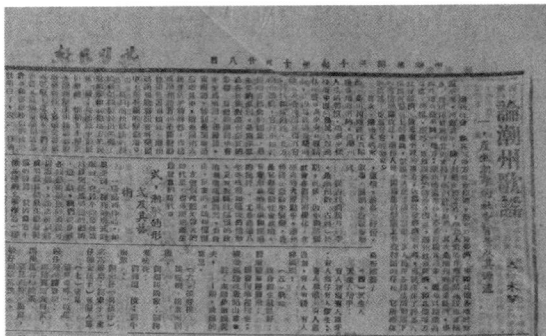

图 257　《论潮州歌谣》

1947 年，中华全国文艺协会港粤分会号召开展大众化文艺活动，分会成立民间文艺研究会，钟敬文担任会长。研究会下分广州、客属和潮州三个方言文学组，潮州方言文学组由薛汕、萧野、黄雨三人负责。据郭马风、吴奎信《近现代潮汕民间文学》一书载，当时专门讨论歌谣和大众诗歌创作的讨论会有七八次，但"目前能见到的只有 1948 年（戊子）1 月 10 日第二次座谈会《潮州歌谣的探讨》的记录排印稿"。故此，《怎样建立潮州方言文学——潮州方言文学第一次座谈记录》，可以说是潮州方言文学组活动史料的新发现，是潮州方言文学研究的难得史料。

为了保密，《怎样建立潮州方言文学——潮州方言文学第一次座谈记录》只记载开会人数为 8 人，开会时间是"卅七年某月某日某地"，黄雨是唯一一位公开姓名者。时黄雨在香港任东香岛中学和中业学院教师，故会议地址可能就在香港。此外，我们还可以依据第二次会议时间是 1948 年 1 月 10 日而反推出第一次会议应该是在 1948 年 1 月 1 日至 9 日之间。

1945 年 12 月设置的《闪光》副刊（见图 258），以杂文为主要内容。在开辟之初，设有一个名叫"每周闲话"的小栏目，由符似主笔，对地方时政及社会现象或评议，或批评，或揶揄。如将汕头市政府赈粮发放不及时，比喻为官方与民方感受季节不同，人民已是"咬牙切齿"地在忍受饥寒交迫的寒冬腊月了，政府还是处在秋风送爽季节，自我感觉良好地在研究怎样安排赈米（1946 年 1 月 5 日）。诸如此类的"闲话"，对当局而言当然是戳到痛处，故出了几个月便没再出版了。到了1947年下半年，又换了一个名称叫"新闻鼻"，由羽林主笔，内容扩大为对国内时政的点评，也因触及当局敏感神经而很快停出。

图258　《闪光》副刊

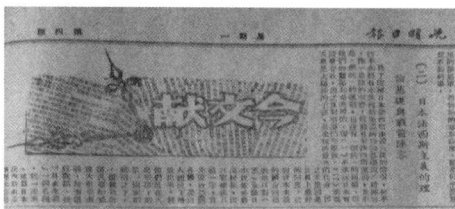

图259　《今文献》

《今文献》（见图259）是一档刊载对国内外政治、文化和历史观分析和评论的副刊，约创办于1947年5月，其文章视野开阔，观点鲜明，以史为鉴，就是今天读来仍有一定的现实借鉴意义。如日本投降后，由于美国的有意扶植和对日的绥靖政策，使日本帝国主义野心又很快抬头。1945年6月，美国占领了琉球群岛，消灭了琉球群岛上的日本侵略者。根据1943年的《开罗宣言》，收回琉球群岛治权的任务，由美国盟军代替中国完成。抗战胜利后，琉球尚在美国的托管之下，日本有些人便叫嚷琉球可由中日两国共管，其实最终就是要摆脱美国，独占琉球。1947年9月29日第二十期《今文献》，遂刊登葛光文章《琉球应归还中国》。文章分四部分：第一部分谈"琉球在中国国防上的地位"；第二部分谈"琉球归属中国的历史"，作者把从明洪武五年（1372）至清同治年间，中国历代朝廷对琉球国王的册封王名和册封正副使名单一一列出，铁证如山；第三部分分析"琉球的中国文化"，对琉球居民的人文文化如风土人情、民俗、信仰、文字等跟中国的相同和传承关系作具体的举隅和分析。最后的结论是，琉球不能与日本共管（当时日本提出中日共管），而应归还中国。

1947年1月19日和1月26日，《今文献》连续两期连载了孟宪章的文章《日趋活跃的日本法西斯运动》，从日本战前国内法西斯主义的根源、网络及其形成的理论基础，到战后因美国有意纵容，使法西斯主义又迅速地抬头，最后提醒我国政府和人民要对日本保持应有的警觉。

《学习日》创办于1948年3月下旬，最初每周一期，当年7月后改为每周两期。《学习日》可以理解为"校园版"，内容有教育短论如各科教学经验、学习心得及关于生活、修养、读书、写作和其他指导文章，也有中学生和职业青年的习作、小说、散文、诗歌等。

《星期日》创办于 1948 年 7 月 11 日，每周一期，内容多为一些轻松的生活常识、科普常识，设有"星期小说"，第三期起设"青年信箱"解答青年问题，提问一般不超 500 字。

《世风》（见图 260）版创于 1947 年 11 月间，1948 年 10 月 28 日之前，每周两期，1948 年 10 月 28 日后，调整为每周四期。相应地，《文艺》则从每周四期调整为每周一期。按报社内部分工，《世风》不属于副刊版，而属于"通讯股"管理和组稿，因为它亦放在第四版出版，而且一些内容跟副刊的内容也是大同小异，因而跟副刊版还是脱不了关系。《世风》创办之初，内容主要是各地人情世故、民风民俗介绍，而到了后期调整为每周出版四期，内容则多是介绍世俗男女的恩恩怨怨，沉迷于声色男女之间，让人感觉质量大不如从前了。

图 260　《世风》

《方报》

《方报》（见图 261）的创办，或跟 1946 年撰修《潮州志》有关系。

抗战胜利后，潮汕经济有所复苏。1946 年 3 月 16 日，郑绍玄就任广东省第五区行政督察专员。4 月 29 日，第五区年度行政会议决定于 7 月 1 日成立潮州修志委员会，推郑绍玄为主任委员，并聘时任南华学院教授兼文史系主任饶宗颐为副主任委员兼总纂。

图 261　《方报》报头

潮州修志委员会成立后，遂组建修志编纂委员会，初组建时有总纂饶宗颐，分纂温廷敬、蔡起贤、翁子光、林超、王荣、王浩真、谢礼智、李梦生、苏乾英、饶聘伊、吴楚碧、余声、陈森佑、林建中）、袁中希、释宽、吴双玉、温克中（温原）、林德侯等。

1946 年 9 月 5 日，吴珏（即吴双玉）创办《方报》于汕头居平路 16 号。《方报》是一份 4 开 4 版的小报，逢星期一和星期四出版，报纸由汕头虎豹印务公司承印，发行人陈廓连，零售价每期国币 100 元，每月 8 期定价国币 700 元。

笔者所见的《方报》是 1946 年 9 月 19 日出版的第五期。其第一版是"半周述评",把半周来国内外重要新闻用述评方式呈献给读者。该期述评有四方面内容,分别是"内乱前途堪虞""九龙是谁领土""东北危机可怖""的港问题了望"。第二版是国内新闻和地方新闻。第三版设有"潮风录",还有一些杂谈方面的文章。本期"潮风录"刊登饶宗颐先生的《中秋故园看月用中坡集中见月和子由韵》和寅庵先生的《中秋夕固庵用坡集和子由诗韵为诗邀子同作一篇》。第四版除了半个版面做广告,另一半版面主要刊登国内外人文文化。如介绍印度的《长寿之家》,还有老舍《骆驼祥子》的英文译本《洋车夫》和丹麦记者卡尔·欧德伦的《我的中国太太》以及两本书获美国 1945 年度出版佳作 50 种的介绍等。

从《方报》的报头讯息观察,该报并没有(或尚未)办理官方登记手续。我们从第五期各版面的主要内容看,《方报》虽然文化气息浓烈,但除了报名外,跟修志似乎没有多大关系。

吴珏是汕头埠报业先驱吴子寿的三公子,生于 1906 年,一名吴双玉,号灌园,是赵元任的学生,精于声韵研究,通晓英语和世界语。曾主编过《雷报》《风报》,于民国二十三年(1934)创办《衡报》。1946 年 10 月 25 日,潮州修志委员会在《岭东民国日报》开设《方志》旬刊,吴珏被聘为主编,故《方报》很可能因社长吴珏(吴双玉)被聘为《方志》主编难于分身关顾而创办一个多月便停刊。

图 262 《方报》

《建国日报》（汕头版）

1941年底，国民政府第七战区政治部在韶关出版军队内部报纸《阵中日报》，其社长陈藻文是第七战区政治部宣传科长。他与国民政府军事委员会派驻第七战区督察李育培等向政治部主任李煦寰建议，利用《阵中日报》设备和新闻来源，创办《建国日报》，向社会发行。李煦寰采纳他们的建议，1942年1月1日，《建国日报》在韶关公开出版，社长李育培，总编辑赵泰鸿。1945年1月，韶关沦陷，《建国日报》先后迁至老隆、兴宁。抗战胜利后，建国日报总社于1945年12月迁至广州光复中路122号。

1946年2月，建国日报社来汕头设立分社，出版《建国日报》（汕头版）（见图263）。建国日报汕头分社社长由曾任第七战区军区处长、空军少将黄本英担任，总编辑杨樾。报社地址自1946年2月至1948年7月中旬前一直在中马路90号，1948年7月下旬起，搬至民权路49号。

山头卓老报馆

1947年10月，建国日报社成立股份有限公司，李育培任董事长兼总经理，报社社长一职改由陈藻文担任，汕头分社仍然由黄本英任社长，增加一位副社长陈敏吾。1948年4月起，黄本英改任发行人，陈敏吾任代社长。同年9月，黄本英又改任为汕头分社董事长，分社社长由陈敏吾正式担任。

《建国日报》（汕头版）每天出报对开四版，第一版全部是广告，第二版为国内外新闻，第三版为省内新闻及地方新闻，第四版一半为副刊版面，另一半为分类广告。

图263　《建国日报》报头

跟《和平日报》（汕头版）、《光明日报》一样，《建国日报》（汕头版）也是一份带有浓重军队色彩的报纸，这一点往往使其敢于评论地方问题。在第三版，编辑特开设一个叫"编辑室漫步"的不定期专栏，对地方出现的一些问题直接提出自己的观点，或评论，或抨击。如1946年5月15日第三版的"编辑室漫步"，有四则内容：一则是对地方救灾出现的问题进行评说，甚至对那些"想在救灾中发财的混蛋"发出"滚你的蛋吧，你黑心的坏蛋！"的斥责。另二则是有关学校问题的评论：其中一则是聿怀中学整顿学风问题；另一则是揭露潮安鳌头村和怡小学因地方势力控制学校校产致学校经费无着，教员被迫离校的问题。最后一则是有关潮汕戏剧的发展方向的评论。

1945 年抗日战争胜利后，分散各地办学的中山大学师生，陆续返回广州校址。10 月 21 日，时任中山大学教授，澄海籍著名数学家、教育家黄际遇先生一行 80 余人，从粤北的北江乘船返回广州，当船行至白庙，将抵清远城时，黄际遇先生因失足坠于江中罹难。

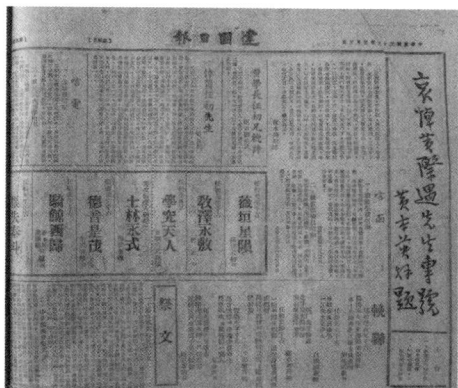

图 264　哀悼黄际遇先生专号

黄本英是澄海人，其父黄虞石，是清末同盟会会员，曾与黄际遇同在日本留学，故黄本英对黄际遇以宗叔称。得知消息的黄本英，于 1946 年 3 月 3 日，在其刚出版不久的《建国日报》（汕头版）上，以"哀悼黄际遇先生专号"出版专版（见图 264）。黄本人亲自撰写前言："宗叔际遇先生，吾澄县城人，昔年与先君虞石公同游东瀛，专攻数理，且擅文才，后复游学美国，获芝加哥大学数学硕士学位。返国后，历任国内各大学教授、主任、教务长、校长、教育厅长等职，近十年来服务国立中山大学。国内知名之士，多出先生们下，卅载治学，一代宗师……"

专号还刊登梁实秋的《悼黄任初先生》。20 世纪 30 年代梁实秋与黄际遇相识于青岛大学，梁在悼文中描述黄际遇："先生穿长布袍，左胸前缀小袋，内插铅笔二支，昂首挺胸逡巡校舍间。""先生数学名家，而深邃于词章，于小学尤为卓绝。曾见其日记，蝇头小字数十年不辍。字迹挺拔，篆榴之法参于其间，恢宏谲丽，叹为大观。""青岛海滨僻地，无以为欢，课余之暇，辄偕往酒肆，觥筹交错，午夜始散。先生意气最豪，猜拳之声如迅雷，如爆竹，戈以锐叫，举座无不哄然。先生酒量不宏，尽欢则止，酡然自怡。酒后常偕往其稔识的潮汕商家，短榻横陈啜铁观音。"寥寥几笔，把黄际遇既博学多才又豪爽大气的形象呈现在读者面前。

专号还刊登黄际遇先生的学生老舍的挽联"昂首云霄博学鸿才真奇士，授身烟水清风亮节一完人"和张云（时任国民政府教育部特派员）的祭文。此外，还有刘侯武、陈立夫、居正、张发奎、朱家骅、香翰屏、欧阳驹、白崇禧、罗卓英等人的挽幛、挽联、挽诗、唁电、唁函以及中山大学治丧会祭文。

—

陈健在《汕头文史》第五期发表的回忆文章《我编汕头〈建国日报〉副刊始末》中，介绍《建国日报》自 1946 年 2 月创办至同年 8 月间，总编一职和副刊编辑均由潮安人，曾参加 1937 年汕头青年救亡同志会和 1938 年汕头青年战地服务团的进步人士杨樾一人担任。文中说："《建国日报》自杨樾主编后，每周一直保留着出三个副刊：《国风》是杂文副刊，《文艺之页》是纯文艺副刊，《学生园地》是中学生习作副刊，他走后，三个副刊的名称仍保持不变。"

其实，《建国日报》（汕头版）自 1946 年 2 月创办至 1946 年 8 月初，第四版副刊版面有四个副刊，分别是《国风》《周末版》《文摘》和《学园》，《文艺之页》是在 1946 年 8 月中旬左右才增设的。

《国风》（见图 265）不是杂文副刊，而是综合文艺副刊，其稿约称"什感、随笔、小说、诗歌、短论、幽默小品、生活漫谈、木刻、漫画等均欢迎"；《周末版》则主要是杂文、通讯版，间或亦有"短篇报告、短小精悍趣味而不低级之文章"；《文摘》版摘载的多是议论性文章，亦有译文；《学园》是学生园地，主要刊登学生作品。

图 265　《国风》副刊

1945 年底，汕头埠创办不久的《光明日报》曾举办"八年的潮汕"征文活动，得到当时社会的积极回应。1946 年 3 月，创办刚一月的《建国日报》（汕头版），其副刊《国风》亦在头版刊出广告称"本刊为报道光复后潮汕的一般情形，拟编刊'潮汕的一日'，兹将稿例列下，希热烈赐稿为盼"。"稿例"罗列了七条要求，择其要者大致是：①光复后产生于潮汕每个角落的大事小事，只要是有关社会、有关人民生活的都可以写；②光复后各地的情形，如受降后的日侨、日俘的生活、态度，光复后的各阶层的人民生活和一切纠纷，华侨眷属的悲喜剧，有权势者"发侨难财"的内幕和利用职权或借名勒索的情形，汉奸的活动、奔走流落的素材等。征稿要求做到"深入的地描写，技巧地表现"，"以报告文学方式，从若干同样的故事，创造一个典型故事，要写得生动、简练，最好勿超过一千五百字（见图 266）"。

图 266　"潮汕的一日"征文

《国风》版举办征文活动，一方面可以丰富副刊内容，活跃副刊版面，另一方面亦可以提高《建国日报》在汕头的影响，可以说是一举多得。但《光明日报》才举办了"八年的潮汕"征文活动，步其后的《建国日报》又举办与其主题相近的征文活动，自然难以收到理想效果。

其实，《国风》副刊自创办伊始，便很注意发表具有乡土文化色彩，反映平民百姓生活与冀望和平，以重建新中国为主题的小说、散文、诗歌以及有关地方文化发展问题讨论等方面的文章。如山子的小说《小牛的妈》（1946年3月12日），描写小牛的妈因丈夫在"二战"初期去新加坡，不久新加坡沦陷失去音信，直至"二战"胜利后，乡里其他过番的人都有寄来番批，唯独小牛的父亲仍然没有音信。小牛的妈只好一边忍受着等待的煎熬，一边带着只有四岁的小牛上山割草，给人家打短工，艰难地维持生计的故事。故事虽然很简单，但它却是当时潮汕农村贫苦农民的真实生活写照。方展平的诗歌《诗人，讴出你心灵的歌声来吧！》（1946年5月15日），用诗的语言指出"今天——世界光明了，但还有罪恶的阴暗面，人类和平了，但还有勾心斗角的斗争……"作者最后以诗人的激情喊出："诗人，讴出你心灵的歌声来吧！为着我们国家的建设，民族的复兴……用你那响彻云汉的巨响，去震撼人群，去吓杀这世界的魔鬼，直至真正的光明与和平之神降临到人间的一日。"

对潮汕文化发展方向的讨论，是"二战"后潮汕知识界有识之士共同关心的话题，《国风》副刊对此亦予以积极关注，如1946年4月23日第四十一期《国风》发表黄帆（黄浪舟）的文章《向潮汕各剧团提出一些意见》，1946年5月15日发表新军的文章《潮汕文艺建设的路向》，此外还有辛夷的《"意识""主题"和"典型"》（1946年4月18日）等。

黄帆的文章《向潮汕各剧团提出一些意见》，主要是针对当时潮汕各剧团基本都是以业余为主，特别是话剧，有演出时就在一起演出，没节目时就散伙，这样很不利于演出水平的提高。提出了应该重视剧团的组织建设，演员不仅要积累演出经验，还要相互交流，提高艺术理论水平，才能提高演出质量。因而提出各剧团可以举办联合公演，以便相互切磋技艺，共同提高演艺水平。为此，《国风》编者还特别在版末加编辑室按语："戏剧对于现实的针砭，对于未来的启示，均有着丰富的力量。先进国家如苏联主要是用它来作为一种社会改进的有力武器。"处在社会转型时期的中国，"对于戏剧这有力武器的坚强的把握，更有着正确的重要的意义，而特别是在这古老的潮汕社会来说，就更来得重要"。

一般人会认为,《周末版》应该是刊登一些诸如诗歌、散文、小说、幽默小品、漫画等悠闲、轻松内容的版面。然而,《建国日报》的《周末版》刊载的却是杂文、通讯、短篇报告以及各种"短小精悍趣味而不低级之文章"(见图267,编者语)。

图267 《周末版》

如1946年7月20日第十八期的《周末版》,刊登王逸之的杂文《鬼话》,作者利用"中国向来是一个多鬼的国度"这样一个大家的共识,以电影《荒村魅影》中的女鬼为引子,借"鬼"发挥,指出电影中那位女鬼只是"为了自己生存,便扮起鬼来,吓唬那些心里有鬼的人,享受人家一点祭拜的东西"。而现实生活中的各种各样的"鬼",不管是青面獠牙的厉鬼,还是化成妖艳美女的吸血鬼,"都不过是一套鬼把戏而已"。所以,"投降不是办法,协妥不是办法,只有面对现实,和那些'鬼'们战斗,才能使这个'鬼'的世界,变成人的世界"。

又如1945年4月20日的《周末版》,有《从赈米舞弊说起》、笔名"平之"的《对照》、笔名"微思"的《偶感》和笔名"抱"的《圣经碎锦》。平之的《对照》,没有激扬文字,亦没有多余的评论。文章选取四件各不相关的事件,相互对照。其中有一则:"前揭阳县长陈署木是因贪污而被当局扣留查办,又前潮阳县长古焕谟因为贪污潜逃,五区专署曾下了一道通缉他的命令。不久汕市各报却登载,陈署木奉命将启程来汕任青年团主任,古焕谟任干事的消息。"这样的文章,作者的用意当然不言自明。

《文摘》版虽然是"剪刀加胶水"之事,但怎么剪?剪什么?却大有学问。可以说,它是编辑的文化观、艺术观、世界观乃至政治观的有意无意的流露和反映。《建国日报》的《文摘》副刊大约7至10天出版一期,在1946年2月至8月间,主要由杨樾编辑、翻译(见图268)。如1946年4月19日第八期《文摘》,整个版面共三篇文章,分别是:《苏联新五年计划概要》《苏联对宗教的态

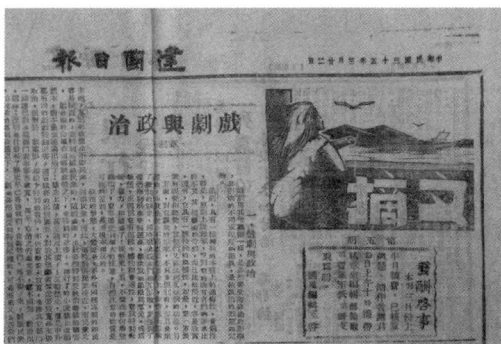

图268 《文摘》副刊

度》和《苏联的交通建设》，全部译自美国的《基督教科学箴言报》。这段时间的《文摘》还有另一特点，就是每期一个主题。如1946年6月7日第十四期的《文摘》以妇女解放为主题，整期文章是：《苏联妇女的权利》《美国妇女怎样行使政权》《日本妇女起来了》和《中国妇女的新姿》，而1946年5月31日第十三期则是以官僚资本为主题，分别有：郑振铎的《论官僚资本》、马寅初的《打倒官僚资本》、方治平的《官僚资本的成长》等。

从《国风》到《周末版》乃至《文摘》版，杨樾编辑的这些副刊所刊登的内容，令当局感到不安。据陈健的回忆文章说，国民党汕头市党部开始怀疑《建国日报》的杨樾和《光明日报》的林紫、黄雨等人，便开列了一张13人的黑名单，准备抓人。1946年8月，得知消息的杨樾离开了《建国日报》，报纸总编工作暂由副总编杨生乔负责，副刊则由陈鸿之、杨薇子等人接编。

1947年初，《建国日报》的版面做了调整，报名由竖排改为横排。第一版由原来的全部刊登广告改为全部刊载国内外新闻；第二版比较固定的是"建国商情"栏目和《国风》副刊，《文艺之页》（见图269）、《艺坛》副刊有时在第二版，有时又被安排在第三版；第三版还设有"服务版"，主要刊登卫生知识问答和兵役知识问答等；第四版是地方新闻。《文摘》版和《周末版》停办。

图 269   《文艺之页》副刊

1947年7月，副刊编辑改由陈健负责。同年10月，黄本英任命陈敏吾为副社长，据说陈敏吾跟杨生乔"不协"，杨遂于11月辞职去澄海一所中学教书了，陈健亦因被疑为"左倾"，亦于11月离开了《建国日报》。

三

1947年9月，《建国日报》版面又做调整，报名恢复竖排并放于原来的右上角位置，第一版仍然全部刊登广告，但不是固定不变，偶尔也刊登国内外要闻；第二至四版的版面亦改回原来的版面安排，即第二版国内外新闻，第三版地方新闻，第四版各副刊版面。

1948 年 9 月 21 日，《建国日报》版面再一次做较大规模的调整，第一版的上半版仍然是广告，下半版变成副刊版，《国风》《艺坛》《儿童》均放在这里，此外，《经济新闻》（包括商情、商品价格、交通指南）亦放在此处。第一版每周的版面安排大致是：星期二、五《国风》，星期三、六《艺坛》，星期四、日《儿童》，星期一《经济新闻》（第一版的版面安排至 1949 年 6 月前基本不再改变）。腾出来的第四版版面，另创一副刊，名称叫《黑白》，此外，《经济新闻》有时亦被安排在第四版，而内容跟《艺坛》和《国风》常有重复的《文艺之页》则不再出版。

　　《黑白》（见图 270）副刊每星期出版六期，从星期二到星期日每天都有，其征稿要求是："以富于趣味性小说和短小精悍之杂文为最欢迎。"

　　《黑白》创办之初，或许过于强调"趣味性"，刊登的内容不是社会奇闻，就是庸俗趣谈。不过，这种现象持续不久便有所改变，一批贴近现实社会、反

图 270　　《黑白》副刊

映现实生活、揭露官僚阶层贪污舞弊种种丑行的文章不时见诸报端，如《看豪华奢侈的上海》（1948 年 10 月 10 日）、《蒋经国革上海社会命》（连载）、《杜月笙与蒋经国斗法》（连载）、《畸形的上海》（1948 年 10 月 29 日）、《升官补遗》（1948 年 10 月 16 日）、《升官有道乎》（1948 年 10 月 20 日）、《不堪回首话故宫》（1948 年 10 月 12 日）等文章，让《黑白》版精彩纷呈。《看豪华奢侈的上海》通过描述歌舞狂欢的上海不夜城、豪华奢侈的秦楼楚馆、车水马龙的花街世界，活画出一座变相繁荣的都市。

　　1948 年 3 月 29 日至 5 月 1 日，国民党召开"行宪国大"，宣布"还政于民"，蒋介石当选为中华民国行宪后的第一任总统。为了展示其改革决心，蒋改组内阁，由清誉较高的地质学家、曾任经济部部长的翁文灏出任行政院院长。翁文灏深知，无论货币或产权改革，能否获得成功，关键在于吏治的改革，也就是能否遏制全国的投机力量，把物价真正控制在"八一九限价"上。而上海不仅是全国最重要的经济中心，也是投机势力最猖獗的城市，能遏制住上海的投机力量，也就能挽住中国经济通胀这匹野马。这时，翁文灏的"博士内阁"有了一个强大的支援者，他就是蒋介石的长子、时年 38 岁的蒋经国。1948 年 8 月 20日，蒋经国以上海经济管制区副经济管制督导员的身份抵沪（督导员由中央银行总裁俞鸿钧兼任），督战全国最大工商业城市上海。

　　蒋经国对党国腐败早已深恶痛绝，他到上海后，一方面以"严格执行八一九限价""不准囤积居奇""打倒奸商""只打老虎，不拍苍蝇"的口号大力宣传，另一方面则明察暗访。到 1948 年 9 月 3 日，蒋经国竟将包括杜月笙的二公子杜

维屏在内的上海七位商界巨贾拿下，并一一治罪。

在蒋经国的铁腕打击下，上海的物价一度稳定在"八一九限价"之内。蒋经国"上海打虎"，虽然最终因为"犯上"而失败，但其敢于向权贵及黑恶势力动真格的行为，还是得到有识之士的褒奖。1948年10月在《黑白》版连载的《蒋经国革上海社会命》一文，便是讲述蒋经国在"上海打虎"的故事。

1948年11月10日，《黑白》版刊登一则《编者的话》，在感谢投稿者长期支持该版和告知作者10月份稿费已结可到报社营业部领取等讯息之后，编者向读者告知："本人赴港任职，盼各作者，继续惠稿……"不久，《黑白》版便从每周出版六期缩为每周日出版一期了。

《艺坛》（见图271）是以电影、戏剧为主要内容的副刊，主要介绍剧作、剧作家、知名演员、知名导演、电影故事、戏剧故事、影评、影讯，如《今年百老汇走红的剧作家安特森》《秦怡：银幕上的幸运儿》（1947年10月5日）、《记〈欲海情魔〉大导演马格尔·寇蒂滋》（1947年7月28日）、《评八年离乱》（1948年4月24日），亦有介绍民间工艺、舞蹈以及艺术理论、音乐名人、音乐欣赏、美术名人、美术欣赏等，如介绍微雕艺术的《一粒米上刻书画》（1947年8月18日）、唐霓的《草裙舞的考证》（1947年4月2日）、沈雁的《论新世纪艺术创造》、徐帆的《拉斐尔的绘画》（1947年8月6日）、《知觉的写实性的绘画》（1947年7月23日）。

图271 《艺坛》副刊

1948年11月16日，金山中学学生学术研究组编的《晓钟》半月刊在《建国日报》第四版创刊，编者在第一期的《代发刊词》中说，"时代的苦难愈累积，青年人的苦闷越加深！"但"苦闷总比麻木不仁好，苦闷至少表示对现实的缺陷还有敏感，还可以激起求生的努力"，"苦闷是波澜，麻木不仁是死水，处在现在这样的环境而不苦闷，那就是心的麻痹，那就是社会血液致死的毒素"。因此，青年人有苦闷就要把它发出来，"要勇敢地面对现实，……从黑暗混沌中去找光明的道路"。

1949年1月，只出版两个月共四期的《晓钟》，便不见再出版了，第四版也就只剩下《文摘》（1949年1月8日重新出版）和《学园》两个副刊。

《原子能报》

如果现在读者听到"原子能报"这个报名，大概会认为它是一份专业学科报纸。然而，其含义乃至报纸内容却是与此大相径庭。（见图272）

1942年意大利物理学家费米在美国完成了全世界第一个在受控条件下产生的原子核链式反应，这一成功的试验，意味着世界已近入了原子时代。1945年8月6日、9日，美国在日本的广岛和长崎投下了两颗原子弹，8月15日，日本宣布无条件投降。同日，美国总统杜鲁门和英国首相、加拿大总理联合发表了"原子能宣言"，宣布将控制原子武器的研制和使用并和平利用原子能为人类谋福利。"原子能时代"这一新名词，开始受到当时国人的追捧。创办于1946年2月20日的《原子能报》，便是一例。

图272　《原子能报》报头

《原子能报》每周两版，每逢星期三、六出版，4开4版。社长郭芸，报社地址设于中正路（即外马路）240号。报纸零售价每期国币100元，每八期（即每月）定价700元。

《原子能报》的第一版除固定设"时事述要"栏，介绍国内外重要时政新闻外，还有新闻内容及背景分析或讨论，如署名"真知"的《讨论本届联大决案》（1946年12月25日），科普知识乃至百科知识的介绍与宣传，如署名"白云"的《原子研究与世界前途》（1946年11月20日）。有趣的是，署名"乐也夫"的《原子国都——汕头》一文，以连载方式详细分析了汕头无论自然环境还是气候都比北京和南京更适宜居住、工作。作者从地理风水的角度分析汕头"有气势雄壮的双鳌——达濠岛和南澳岛双双矗立海中"，犹如天然屏障，保卫汕头，又有名列全国前茅的海港，通达海内外，而周围还有物产丰富的潮汕平原，因而可以建成未来的"原子国都"式的大城市。

《原子能报》第二、三、四版内容并没有明显分工，几个较为固定的栏目如"一期一谜""原子什志"等都是小栏目。专栏文章如《穗垣见闻录》（见图273）（作者渔郎），则依每期内容另有一个或多个小标题，如《先烈之妻沦乞丐》（1947年4月19日）、《白俄大骗匪就捕》（1947年4月26日）、《穗市改特将于七一实现》《张发奎计划海南省绥靖》《吴其伟计划开发海南省》《西南沙群岛文物公开展览》（1947年6月21日）。其他还有"时人轶事""地工忆述"等，也都是以连载形式登载。

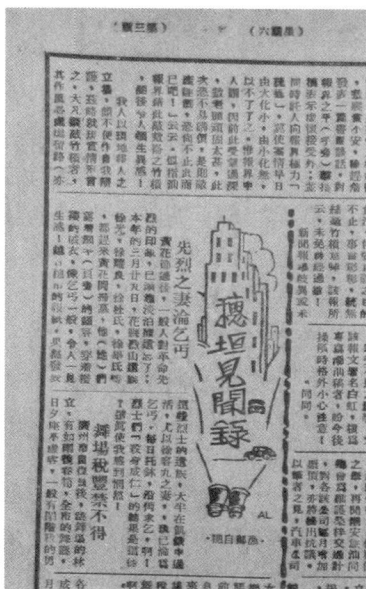

图 273 　《穗垣见闻录》

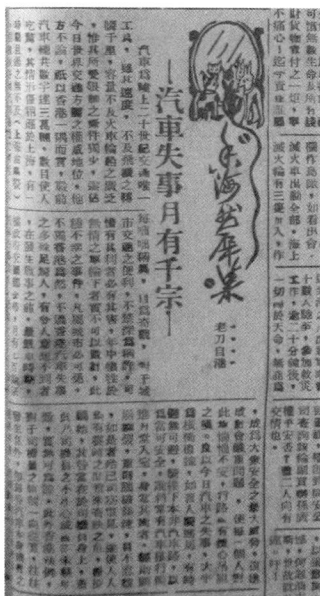

图 274 　《香海然犀集》

　　《原子能报》虽然没有设立副刊，但这并没有妨碍其刊载文化色彩浓烈的文章，如专栏文章、杂文、散文以及人物传记等。

　　老刀的《香海然犀集》（见图274）系列文章，介绍香港的社会百态。《港府人员作威作福》（1946年7月3日），就披露了香港在英国殖民者长期统治下，人心浮躁、人情冷淡，香港也因而被称为"习俗浮薄人情轻佻"的"沙尘地"。特别是政府各机关的公务员，"均以骄傲之态度，怠慢之神气及狰狞之面孔以待侨民，往往声色俱厉任意呼斥，曾不稍念同是一国人"。《粮食配给站专门靠骗》（1946年8月31日），则揭露了"二战"胜利后，由于生活物资紧缺，香港政府对柴、米、油、糖、奶等生活物资实行配给制，手握资源的代理商与官员勾结，以欠斤短两的手法坑骗百姓，稍有不识时务者向其质询便招致拳打脚踢，百姓只能忍气吞声。

　　《香海然犀集》自1946年7月3日至1947年4月26日，至少连载了十个月①，其精彩文章还有《冤鬼出现吓病英军》（1946年10月23日）、《香港小姐选举前后》（1946年7月10日）、《民主不值一文钱》（1947年4月19日）等。

　　普宁宿儒陈筹（笔名半饱）亦经常在《原子能报》上发表杂文，针砭时弊。

---

①　目前所能看到的最早一期的《香海然犀集》是1946年7月3日的，由于没有编号，不知是否最早。1947年4月26日之后，便没再看到此系列文章。

如 1947 年 2 月 8 日的《切实做去》，述及"吾潮各县市长官"上任伊始，便"百政俱举"。"对除弊方面，谁不严禁烟赌娼妓？然历经数任，终于禁者自禁，犯者自犯。对兴利方面，谁不进行各种建设，然历经数任，终于徒糜乃欤，迄无成功，皆坐不能切实做去耳"。最后，作者呼吁"吾潮各县市长官，宜力戒过去敷衍外观之病，切实做去"。陈筹的文章，笔墨犀利，其在《原子能报》上发表的精彩杂文，还有《督征评议》（1947 年 8 月 16 日）、《从错拿无错放说起袁梅魂笔诛温铁民》（1947 年 6 月 18 日）、《再谈错拿无错放问题》（1947 年 6 月 21 日）、《谈青年学子四种习尚——"球""泅""游""求"》（1947 年 8 月 20 日）等。

《原子能报》还常常刊登一些名人的行状、逸事等文章。如署名"黑人"的《追记澄宰张虞韶》（1946 年 7 月 10 日）、游侣的《戴仙传迈笔弥健》（1946 年 7 月 10 日）、温廷敬的《吴君懋蕉窗词序》（1946 年 7 月 3 日）、峰子的《记丁叔雅公子及其遗印》（1947 年 5 月 14 日）等。

《南声报》

《南声报》（见图 275）创办于 1946 年 6 月 21 日，在揭阳出版发行，之后停刊。1947 年 6 月 11 日复刊，复刊之后编辑部仍设于揭阳榕城中山路士字巷，报纸却在汕头发行，汕头发行处设于镇邦路 20 号。

图 275　《南声报》报头　　　　　　　图 276　《南声》报头

《南声报》复刊后，是一份 4 开 4 版的周报，最初的董事长是洪少杰，发行人翁一龙，社长庄泽民。1948 年后，董事长换为吴履逊，增加一位副董事长叫曾山沛，报名改为《南声》（见图 276），仍为 4 开 4 版周报，通信地址改为潮安街 77 号。

《南声》是周报，在新闻时效性方面没有优势，故而编者主要着重对各种新闻事件的分析或新闻背景介绍，这对编辑水平的要求更高也更全面，不但要对每周方方面面的新闻事件进行筛选，还要对一些热点新闻的实质做分析、综合，归纳成要闻或综述，再作报道。下面试对 1948 年 1 月 14 日《南声》各版作简介，或可一窥其办报特色。

　　第一版主要是国际新闻以及对国际时事的分析，此外还有人物介绍。本期第一条报道标题是"冬天里的春天——荡动中的圣地"，对第二次联合国大会通过巴勒斯坦与以色列分治、阿拉伯人和犹太人的争论做综述性的分析报道。第二条报道标题叫"对日和会问题"。第二次世界大战结束后，本来应由对日作战盟国订立全面对日和约，并通过和约使日本成为民主和平的国家，在讨论会议方案及开会地点时，国民政府提出的方案得到了苏联的支持，但却被美英所否决。该则报道既分析了美英和苏联的立场，也对国民政府在美苏两大利益集团的立场相持不下的情况下，应如何保留自己的立场观点做了具体分析。还有另一则国际时政问题，是有关希腊内战问题的分析。在第二次世界大战中，希腊政府和国王均流亡国外，希腊共产党和一些左翼党派于 1941 年 9 月和 12 月先后建立民族解放阵线和民族人民解放军，开展对法西斯占领军的抵抗运动，解放阵线解放了大部分国土，建立了地方临时民主政权。第二次世界大战结束后，美英武力支持流亡政权回国执政，苏联则支持以希腊共产党建立的民族解放阵线政权，这样，流亡政权与解放阵线政权之间便爆发了内战。该则报道最后说："总之，希腊内战的火焰必须扑灭，但真正的解决途径，是应该超脱美苏间的矛盾，以希国本身的利益作为中心来处理，才是合理的。"本期人物报道由董事长吴履逊亲自执笔，介绍国民党中央提名立法委员、揭阳人林作民的生平。

　　第二版分别只有一则关于疏导游资与改革币制的连载，一则介绍潮汕各县县宰补记和一则人物访问记。

　　第三版基本是华侨版，有"华侨人物连载""华侨经济介绍"，还有"俚人俚语"，主要介绍华侨眼中东南亚各国不同的风土人情等。"华侨人物连载"登载了由早年追随孙中山先生革命、创办泰国中华会馆的著名揭阳籍侨领郑省一创作的华侨人物传记《华侨二哥丰小传》。"华侨经济介绍"曾介绍过自"二战"及战后越南华侨的经济状况和经济危机。"俚人俚语"则登载了郑省一的另一篇有关泰国风俗的文章《中流砥柱》。

　　《南声》第四版是揭阳旅汕头同乡会会刊专版。本期刚好是第一期，内容有《重组揭阳旅汕同乡会记》《交涉收回会址经过》《经济、福利与交通》和《福利事项》。

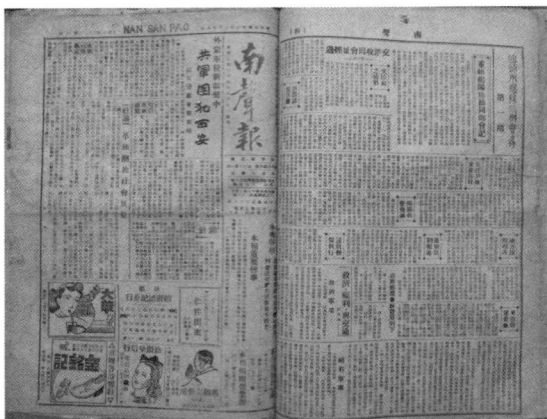

图 277　《南声报》

《华侨日报》

　　《华侨日报》（见图 278）创办于 1946 年 10 月 10 日，创办人是曾写过《潮音字类辨正》的谭平章。1946 年 11 月 1 日，谭聘请澄海人陈博霖为报社社长，社址初设于升平路 219 号，1947 年 2 月 28 日搬至升平路 221 号。1947 年 10 月 5 日，《华侨日报》改称为《华侨日报晚刊》，实行董事制，董事长为林朝冠，社长谭平章，社址设于汕头市永和街福建同乡会，1947 年 12 月 18 日，社址又迁到居平路 1 号（即大中华饭店）。

　　《华侨日报》每天出报一大张，对开四版，短时间出过 4 开 2 版。报头由陈树题写，1947 年 10 月 5 日改名"华侨日报晚刊"（见图 279）后，报头也改用孙科题写的墨宝。1948 年 2 月后，曾改为 8 开 4 版（即一中张），不多久又改回每天出对开四版。

图 278　《华侨日报》报头

图 279　《华侨日报晚刊》

《华侨日报》第一版基本都是广告（报纸改为晚刊后，第一版刊登国际和国内要闻）；第二版起初主要刊载国际和国内新闻，改成晚刊后，设有《各地通讯》《海外通讯》《影与剧》《文艺周刊》《现代文摘》和《妇女与家庭》；第三版有地方新闻、副刊《薰风》（见图280）、《华侨茶室》及华侨新闻；第四版则设《南洋侨讯》和副刊《南国》（见图281）、《夜光》等。

图280　《薰风》副刊

图281　《南国》副刊

《华侨日报》虽然每天只出一大张，设置的栏目却不少，有些栏目因同时存在而使人有重复的感觉。如第二版的《文艺周刊》《现代文摘》跟第三版的副刊《薰风》、第四版的副刊《南国》《夜光》，基本均为综合文化栏目，第二版的《海外通讯》与第四版的《南洋侨讯》，内容也是大同小异。

第二版的《文艺周刊》创办于1948年4月12日，主编原野。设"短篇创作""小说连载""读书杂记""读史杂记"。起初每期均在刊头登有该期的内容目录，1948年10月后便不再出现，甚至连期号、主编者都没有了。

在汕头埠的各家报纸中，专为电影设立专栏的并不多，《华侨日报》第二版的《影与剧》算是办得最好的专栏之一。

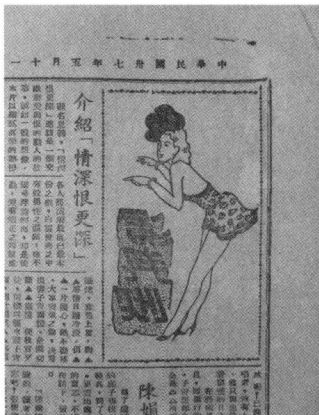

图282　《影与剧》副刊

《影与剧》（见图282）设有影评、新片介绍、新片预告、电影故事或电影剧情介绍、影坛广播、拍摄动态、影坛人物、影星追踪、国际影坛巡礼等栏目。"影评"不仅有对新片作评论，亦有对本国及各国的电影业作评论，如《中国电影在苦斗中》（1948年5月11日）是影评人对中国电影业的看法，《论美国电影》（1948年9月29日）则是对20世纪40年代美国电影作全面的评论；"影坛人物"介绍影星成长历程，如《由小卒到大明星——影坛巨人刘琼》（1948年10月24日）；"新片预告"介绍即将在汕头上映的电影；"新片介绍"则是介绍影坛新推出或新拍摄的影片，如第一部国产彩色电影《生死恨》的介绍（1948 年 10 月 24 日）；"国际影坛巡礼"，围绕电影的方方面面，以新闻媒体短平快的特点，让读者及时了解中外电影的现状和水平，如《东西德影业雏形》（1948 年 10 月 5 日）等。

第三版《华侨茶室》，是一档比较轻松的文化栏目，主要刊登秘闻、闲聊之类的文章。设有"新撰聊斋""间谍秘记""睡前解闷"等小栏目，刊登一些诸如《癞蛤蟆想吃天鹅肉，聊解渴怜取眼前人》《雄鸡生蛋，牝鸡司晨》（1948 年 9 月 29 日）等茶余饭后的奇谈清聊。

《南洋侨讯》（见图 283）是《华侨日报》最有特色的栏目，该栏目在东南亚各国聘有特约记者和通讯员，及时将当地有关华侨在经济、文化，甚至政治等方方面面的新闻及各国政府对华侨政策、规章的最新措施作报道。如"二战"胜利后，马来亚粮食奇缺，华侨社团便自发组织到泰国购米，1946 年 11 月 11 日的《南洋侨讯》便以"马来各地中华总商会组织商办购米团赴暹购米供应居民"为题作报道，同期侨讯还报道了新加坡移民局长就华侨入境必须担保以及马来亚潮州会馆大会提议侨产应由原价赎回等新闻。又如 1946 年 11 月 15 日的《南洋侨讯》，则报道了马来亚联邦华商联会就敦请政府改

图 283　《南洋侨讯》

善米粮、政治机构变更必须先征询各族人士、每年 10 月 10 日为马来亚公共假期等向政府的提案。

抗战胜利后，东南亚华侨往家里汇款的次数迅猛增加。东南亚各国政府亦先后出台了侨汇限制政策，华侨为了增加给家人的汇款，便通过黑市或其他渠道汇款，故而大量的侨汇便没有通过国民政府控制的国有银行进入国内，而是由黑市暗中流入。国民政府便在 1946 年下半年出台了侨汇统制政策。统制政策规定非英联邦国家的侨汇，必须经由中国银行、中央银行、交通银行、农业银行四家银行办理，同时还规定，批局的收费要跟四家国有银行一样。即是说，批局的汇价要跟四家国有银行的牌价一样。但批局收费从来就比银行低很多，且汇价随行就市，灵活多变。这样一来，正经的批局侨汇马上大减，反而让那些敢于暗箱操作的批局吃香，政府的侨汇仍然未能真正增加。为此，《华侨日报》特派驻新加坡的记者向当地批局调查了解情况，于 1946 年 12 月 5 日在《南洋侨讯》专栏上以"侨汇统制新法令下批局须与银行挂牌同价加重侨胞负担减少侨眷收入"（见图 284）为题作报道，引起社会和侨界的强烈反响，东南亚侨领及侨团联名致电国民政府要求收回成命。

图 284　关于侨汇统制新法令的报道

图 285　《华侨日报》两周年纪念

图 286　李宗仁为《华侨日报》两周年纪念题词

图 287　孙科为《华侨日报》两周年纪念题词

《东江日报》

如果有人问，20 世纪 40 年代的《东江日报》是哪里发行的报纸？有人或许会毫不犹豫地回答说惠阳，但笔者会说，你答错了。

那么，《东江日报》是在哪里发行的报纸呢？别急，先让我们了解一下其历史。

东江位于广东东部，发源于江西省寻乌、定南、安远三县，上源称渡田河（寻邬水），流入广东省龙川县至惠阳后，折向西过东莞流入珠江。可以说，东江是惠阳的母亲河。东江之于惠阳，就如韩江之于汕头。

近现代历史上，惠阳县曾经隶属于岭东地区。1913 年，中华民国北洋政府在广东设立六个道，惠阳县隶属道治设于汕头埠的潮循道。第一次国共合作时期，广州国民政府先后于 1925 年 2 月和 10 月组织了两次东征，讨伐盘踞在东江地区的军阀陈炯明，11 月 4 日东征军进入汕头市，取得了东征的全面胜利。国民政府遂在汕头成立东江各属行政委员公署，任命东征军总指挥部政治部主任周恩来为东江各属行政委员公署委员，领导惠潮梅三个地区的行政工作。

《东江日报》（见图 288）创办于 1946 年元旦前后的汕头市，社长洪明森，社址在汕头市杉排路 2 号。报纸经中国邮政特准登记为新闻纸类第一号，但报纸未经政府相关部门登记，故以"临时版"形式出版。

《东江日报》每天出报一大张，对开四版，每张售价 20 元，每月订阅价 450 元。

报名"东江日报"四字由时任国民政府立法院立法委员、广东省政府参事、资深的国民党元老黄玉明题写。

图288 《东江日报》报头

1945 年 8 月日本投降后，曾经繁盛的汕头埠报业迅速恢复，自 1945 年底至 1946 年，许多在沦陷前搬迁至内地出版的报纸如《汕报》《岭东民国日报》《星华日报》等均先后重回汕头出版。此外，还有在汕头新登记出版的报纸如《光明日报》《原子能报》《宇宙光》《导南报晚刊》《华侨日报晚刊》《显微日报》《南声报》《方报》《大光报》（汕头版）、《青年日报》以及这份《东江日报》。当然，许多报纸因各种原因，出版不久即告停刊，《东江日报》当属一例。

汕头市在民国时期是广东省仅次于广州市的第二大经济文化中心，各方人士来汕头办报，看中的也是这一点。《东江日报》的创办人把报纸定名"东江"，或许有其办报志向及目的，但报纸在汕头登记出版是办报者的选择，这就是历史的事实。

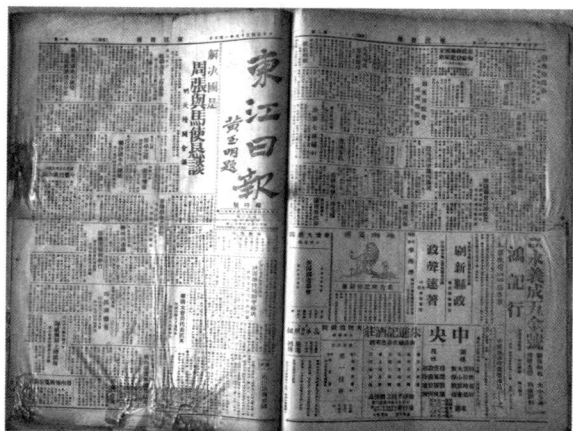

图289 《东江日报》

《宇宙光》

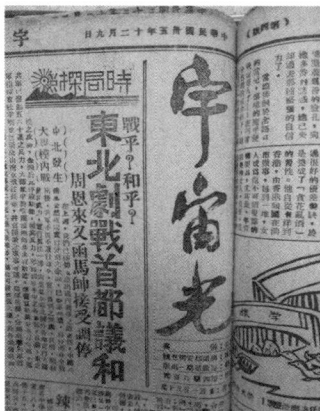

图290 《宇宙光》报头

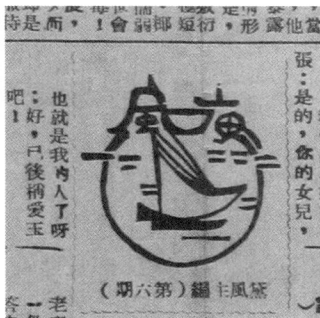

图291 《海风》副刊

《宇宙光》（见图290）创刊于1946年11月4日，是一份每周出版一中张，即4开4版的小报，每逢星期一出版。报社地址在汕头市如安街三号，社长张英。该报每期售价150元，每月定价600元。自第十五期（1947年2月17日）起，出版只有四个月的《宇宙光》便因物价飞涨不得不提价，每期售价调整为400元，每月定价1600元，涨了二倍多。

跟所有周报一样，《宇宙光》除了第一版的"时局探照"有刊登和报道一周来国家大事的新闻外，第二、三版基本没有新闻报道的稿件，只有一些相关新闻的评论以及时效性不是很强的杂文或知识小品；第四版是文艺副刊《海风》（见图291）。

前面说过，汕头埠民国时期的所谓小报，其实大都只是从形式上相对而言。一般指规格为4开或更小，出版周期和张数比对开日报少的报纸。《宇宙光》从形式上虽是小报，但报纸除了时效性外并不比大报逊色，反而因其版面免却了追求新闻时效性而有更多的空间登载一些新闻之外的报道。下面的例子，或可窥一斑。

"二战"时期，任日本海军省大臣、军事议定官等职的大角岑生，是一位先后任多届内阁的海相，还被天皇封为男爵，1931年4月晋升为海军大将。1941年初，大角岑生代表日本最高军事当局来华策划扩大侵略战争。1941年2月5日凌晨，从广州乘海军运输机起飞，由6架战斗机护航，飞往海南岛准备就任南太平洋舰队司令官。在途中遇到旋风，飞机引擎发生故障，想折回广东省中山县大赤坎乡上空准备下降。中国军队发现后，立即组织密集的机枪火力进行扫射，该机在弹雨中坠毁，大角岑生及随行的10名军官全部死亡。事后，游击队员从飞机残骸里搜出了大批绝密文件，其中有大角岑生草拟的详细的日本海军南进程序计划。

《宇宙光》于1947年3月3日第十七期第三版上刊登一篇署名"文伟"的文章《打败日本的一本残破日记》（见图292），所披露的"秘密"，正是这次事件。文章虽然在事件发生的时间、地点等细节上跟事件的真相有所出入，但在当时，此事本身是一件极其机密的事件。因为对日本侵略者来说，这是一件很无脸面的事，而对中国军队来说，能获得如此绝密的文件本身也是一件极其机密的事情。就是在日本投降后的1947年，知道准确真相的人也并不多，因此，此文也算是一篇值得一读的文章了。

在第三版这个版面，不时还有一些含蓄而耐人寻味的"花絮"。1946年10月31日，是蒋介石六十寿辰，时刚从梅县搬迁来汕的南华学院，在汕头市区张贴为蒋祝寿的宣传海报，有的海报贴到汕头海关的围墙上，被汕头海关的杨税务司长和关警撕毁。此事自然招致南华学院的抗议，先是告到市政府，市政府致函汕头海

图292 《打败日本的一本残破日记》

关询问事因，海关则复函说是关警不识字误撕，已责令其写检讨及记过处分，并以"海关系属政府机关，不能因关警之误撕而影响政府威望"为理由拒绝南华学院提出的赔礼道歉和追责等要求。南华学院虽为私立的大专院校，但已在国民政府教育部备案，在岭东尚属首家。面对汕头海关负责人明显有藐视南华学院及想卸责的行为，南华学院先是"据理驳斥"，见海关方面不为所动，市府政也想息事宁人，只好一纸诉状将海关告到汕头地方法院。1946年12月9日，第六期的"公堂花絮"，刊登了晓霞的现场采访《撕毁祝寿壁报案首次传讯记》。采访的内容大致是：汕头海关的关警撕毁了贴在其围墙上的庆祝每年10月31日蒋介石生日的宣传壁报，引起贴报人的不满及社会关注。贴报人"南华五代表"遂将汕头海关告到汕头地方法院，但在海关关警说自己不识字，曾下令撕毁壁报的海关杨税务司长亲自出庭申辩自己"不知有壁报"后，曾经"正气凛然"的"南华五代表哑口不能言"，眼巴巴看着关警和税务司长扬长走人。

在第三版，亦刊登了一些民风民俗或回忆性文章，如1947年3月3日的一篇署名"松"的知识小品《台湾风俗志》，介绍台湾光复一年后，作者踏上台湾岛，发现台湾岛上的人民虽然被日本人统治了五十年，但无论婚娶丧葬、诸神崇拜，乃至娱乐文化，均仍保留了中华民族的风貌，跟沿海的福建闽南地区、广东潮汕地区的民风民俗大同小异。

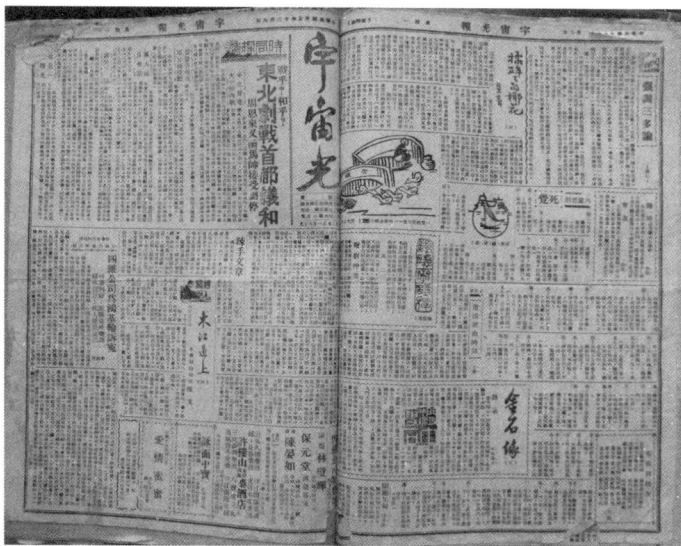

图 293 《宇宙光》

《泰斗报》（粤东版）和《泰斗日报》（岭东版）

《泰斗报》（见图 294）是海外华侨来汕创办的报纸。第二次世界大战结束、日本帝国主义投降，跟家乡隔绝多年的海外华侨为了了解家乡情况和沟通家乡人民感情，遂于民国三十六年（1947）三月四日，在汕头中马路庆华里六号创办出版《泰斗报》。《泰斗报》由郭元任社长，报纸为 4 开 4 版，即一中张，每逢星期二、五、日出版。

图 294 《泰斗报》报头

《泰斗报》抱着"说真话，重实际，不为利诱，不为威屈，不想夸张，不望凭借，惟望能得到真实、脚踏实地、于心无愧，沉着做去，有真理、有正义"的宗旨办报。为什么叫"泰斗"？请看首日出版的该报王连发的文章《泰斗释》：

本报以"泰斗"名者，非敢自夸也。实自分支而来，思与潮汕桑梓父老相见以诚，联络内外情感，交通彼此文化，扩展侨乡之事业，使有融洽而无隔膜，有互助而无相疑，共具前途之远大也。故本报在汕，与南洋

223

有宗支大小之分，而名称则不可不一，盖泰斗报，战前内助祖国，外抗强权，伸正义，斥奸佞，挟侠气，扶弱小，不为威屈，不为利诱，烈胆刚肠屡犯强有力者之忌，几至不测者，不知凡几。然而公理终能战胜强权。至今总社又将创版，今本报分支来汕，也以本此宗旨，不媚不屈，一以正义为归，是者是之也非者非之，而桑梓之应兴应革，有须提倡者，不惮尽言以正告之，而贤奸之宜去宜留者有当助力者，必求事实，举发以助，庶乎桑梓人心风俗可以日转，治安巩固，窃盗不生。也望我桑梓同胞，时赐教言，俾得南针，此则愿与共奋勉于前途，以求事功之实现者。

《泰斗报》办了一个多月，于五月一日改为日报，每天发行一中张，即 4 开 4 版。报名由原来的"《泰斗报》（粤东版）"改为"《泰斗日报》（岭东版）"（见图 295），社长仍是郭元，董事长为沈哲臣。

《泰斗报》在创办之初，各版面并没有严格分工，显得较为杂乱。其宣称侧重报道"政海珍闻"和"名流事迹"，虽似也在尽力做到，然在那动荡飘摇的旧中国，既要做到"态度纯正，不偏不激"地报道政海、名流的"珍闻""秘谈"，又要敢于顶住各方压力，"不为威屈，不为利诱"，又谈何容易！

改为日报后，版面也做了相应调整，在第二版开设了副刊《南风》（见图 296），由香草主编。《南风》设有随笔、杂文、小品和旧体诗等栏目，但依旧没有具体标明，读者只有阅读才知道。

图 295　《泰斗日报》报头

图 296　《南风》副刊

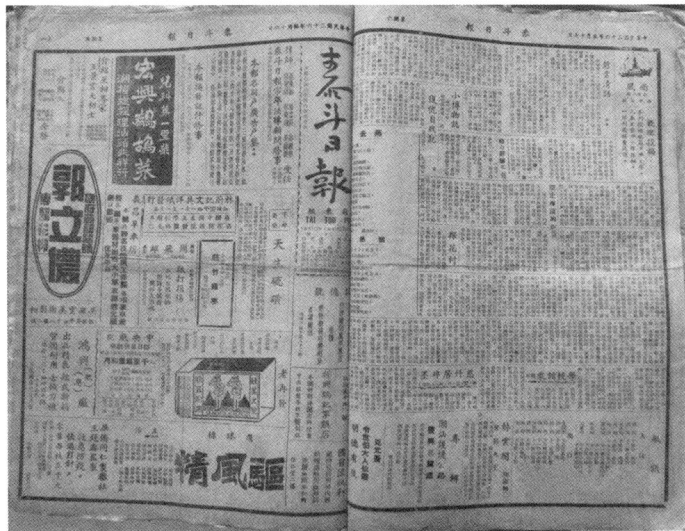

图297 《泰斗日报》

《国风报》

图298《国风报》报头

《国风报》（见图298）1947年4月22日创刊，社长麦醒瀚，副社长张舜熙，社址最初在乌桥二马路金山东巷四号之二，约一个月后（第八期起）社址迁至招商横街39号2楼。报纸四开四版，每逢星期二、五出版。

"二战"胜利后，汕头的报纸大都喜欢把第一版作为国际新闻版推出，《国风报》也不例外。这是因为第二次世界大战的胜利，使被德国、意大利、日本三国法西斯侵略的国家得到解放，"二战"胜利、战争经验教训、战胜国战后利权分配乃至如何惩办侵略者等，都是人们关心的新闻。如该报民国三十六年（1947）四月二十九日第三期第一版，几乎用整版版面刊登总题名"随着战争失败被发掘的纳粹惊人秘密"，下面分别用四个小标题分述："红外线器供给电流昏黑中可袭击敌人""爱奇宝业制造公司工业秘密出人意料""医药发达臻于极点利用科学起死回生"和"惊人超特战争利器飞弹达百三十余种"，介绍纳粹德国在"二战"期间的科学成就以及怎样利用这些成就来为战争服务。民国三十六年（1947）五月十六日第八期的第一版，只有两则新闻，一则是专题"风云人物"，介绍美国驻苏联大使史密斯中将在"二战"中的英勇事迹；另一则题为"德国的战时发明"的文章篇幅几乎用去了第一版整版版面。

《国风报》的第二版至第四版，刊登的内容有议论、杂文、中长篇小说连载、诗歌、散文、名人语录、故事、中外人物掌故和民俗等，但版面之间似乎没有具体分工，诗歌可以放在第二版，也可以排在第四版；中长篇小说可以放在第四版，也有放在第三版。如民国三十六年（1947）四月二十九日第三期第四版刊载了狄子的中篇小说《旧恨新愁》，而另一篇由张恨水创作的描写抗战英雄故事的《虎贲万岁》则放在第三版连载。

说到张恨水创作的《虎贲万岁》（见图299），还得从《国风报》报头题写人余程万说起。余程万（见图300）（1902—1955）是广东台山人，黄埔军校一期学生，于中山大学政治系深造，25岁就挂少将军衔，后又进入陆军大学深造。1943年，日本为策应太平洋战场，牵制中国军队转移到滇缅，在鄂西会战之后又发动常德会战。常德会战，是国军王牌军第七十四军驻守常德的第五十七师跟日军第六方面军第十一军主力五个师团在常德的一次攻防战。七十四军在抗战中英勇善战，被称为"抗日铁军"，而"抗日铁军"中最著名的师就是"虎贲"师（即第五十七师），五十七师师长便是余程万。"虎贲"这一称号是该师在上高战役中用浴血奋战换来的。"虎贲"一词源于《尚书》中的《牧誓》："武王有戎车三百辆，虎贲三千人。"后来，"虎贲"称号便成为历代英勇无敌的军队的最高荣誉。

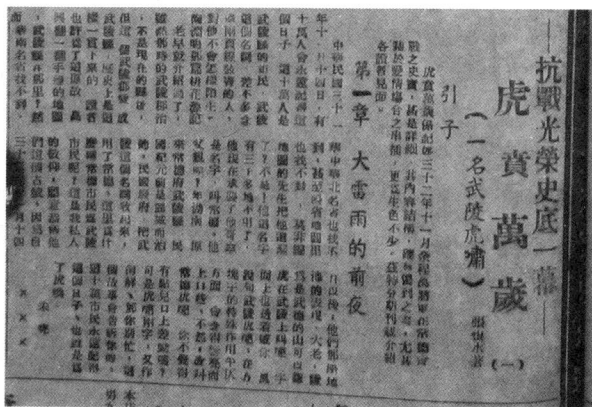

图299　张恨水的《虎贲万岁》

图300　余程万

常德会战从1943年11月18日开始，日军出动第六方面军第十一军主力约

10万大军进攻常德，而守军只有五十七师区区 8 000 多人。战斗打到最后，守军只有 83 人生还。常德虽然最后失陷，但战斗为全局争取了时间，实现援军合围，最终收复常德，将日寇赶到长江北岸。为了纪念这次战斗，余程万专门找到当时的著名作家张恨水，希望他能写下"虎贲"军的感人故事。爱国将士可歌可泣的壮烈事迹使张恨水很激动，但不擅长军事题材的张恨水，还是婉辞了余的邀请。余程万却不放弃，通过慢慢地与张建立起朋友关系，最终使张于公于私都难以推辞余的请求，于 1945 年春正式动笔写《虎贲万岁》。

《国风报》自 1947 年 4 月 29 日第三期开始，以连载方式登载了张恨水的《虎贲万岁》。编辑还特意在前面写一引子："虎贲万岁系记述三十二年十一月余程万将军在常德会战之史实，甚是详细，其内容结构，确有独到之处，尤其关于爱情场合之串插，更为生色不少。兹特分期刊载介绍与各读者见面。"

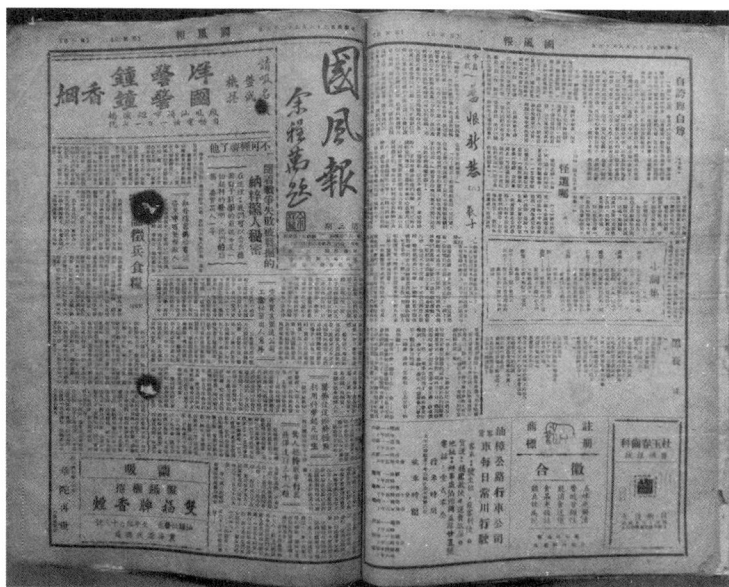

图 301　《国风报》

《新声报》

《新声报》（见图 302、303）创办于 1947 年 5 月 5 日，创办人周芝勋。1949年 6 月 15 日之后，由林南威任社长，萧钟任副社长，1949 年 8 月份后，由萧钟任代社长。

图 302 　《新声报》报头 1　　　　　　图 303 　《新声报》报头 2

　　新声报社址最初设于吉祥街 16 号 2 楼，1947 年 8 月中旬后，联系地址改为商平路 112 号转，1949 年 6 月周芝勋离开《新声报》，报社搬到怡安街得环里 2 号。

　　《新声报》是一份 4 开 4 版的小报，每逢星期一和星期四出版。其第一版有社论、国内新闻和广告，第二版为地方新闻和一些议论性文章，第三版主要刊登国外要闻和相关评论及分类广告，第四版设有副刊，副刊最初名《韩潮》（见图 304），有文化名人介绍（如第五期介绍了"豆腐干诗人闻一多"，第十六期介绍了影星顾兰君和大教育家蔡元培），有长篇言情小说（连载）、诗歌、小品，还有小专栏"海濡谭秘"等。1949 年后，副刊名改为《小公园》（见图 305），登载的内容、类型基本跟《韩潮》相同，只是多了一些影剧评论。

图 304 　《韩潮》副刊　　　　　　图 305 　《小公园》副刊

　　《新声报》是一份每周两期小报，在"抢"新闻方面，远没有大日报的优势，但其发表的一些时政性议论文章，还是常常敢言时人之不敢言。

　　1947 年 6 月，蒋介石准备召开"行宪国大"，推行宪政，假所谓民主行宪，以让自己名正言顺地当上民主宪政下的"民选总统"，便成立了以张历生为首的

228

"选举总事务所"。但此举却受到国民党一部分人的反对，认为是"草率从事，违反民意，开选政恶例"，并联名上书蒋介石，请求缓开"行宪国大"。1947年8月21日的《新声报》刊登了鲍江散人的一篇文章《漫谈民主政治》，文章开篇便说："当今之'民主自由'与'极权暴力'之思想阵线，已划为两个壁垒，然民主政治之含义，固若是解释，惟真实与假借其运用，则绝对不同。"文章接着说明了"为表达多数人意见，欲养成民主政治之风格，固无论何时、何地、何事，皆当尊重人民之意见，方为真民主。不应为奸徒所假借，或以暴力压制之"。"若开口民主，闭口民主，实则以势力排除异己，压抑纯正言论思想之自由，徒造成强奸民意，只许赞成不许反对的局面，匪特政治不能上轨道，且可酿成纷乱之恶果。"接着，文章更进一步分析："……地方官僚贪污、政治恶劣而嗟咨太息，良以官僚腐败之恶习不除，各基层积习非彻底改良，芟除恶风气，政治未由革新，遑论民主、宪政。""在朝之官吏，倘只自恃其地位与特殊权利，为利便其私图，只顾少数执政者之利益，置大多数人幸福而不顾……国家固受其影响，人民尤蒙受莫大损失。"

在同一天的《新声报》中，还有另一篇署名"曹天"的文章《为待遇不平而发——一个公务员的呼吁》。文章用邮政人员跟教师的工资待遇进行对比，一位普通的邮递员月工资及各项补贴达百万，而一名公教人员的月工资最多不过二三十万，少则只有八万、十万，针对政府对公务员待遇不平等发出议论："就以一邮局差役与一小学教员言之，前者劳力，后者劳心，劳力者仅负递送邮件之责……劳心者肩负教育人才重任，有建国强邦之使命，职责轻重，有似泰山鸿毛。待遇高低，悬如天壤，职重者待遇低，职轻者待遇高，天下不平事孰过于此！"接着，作者又举例银行保安工资如何比政府科长还要高出许多，指出这样的结果只能产生"贪愚"之徒和腐败政治。

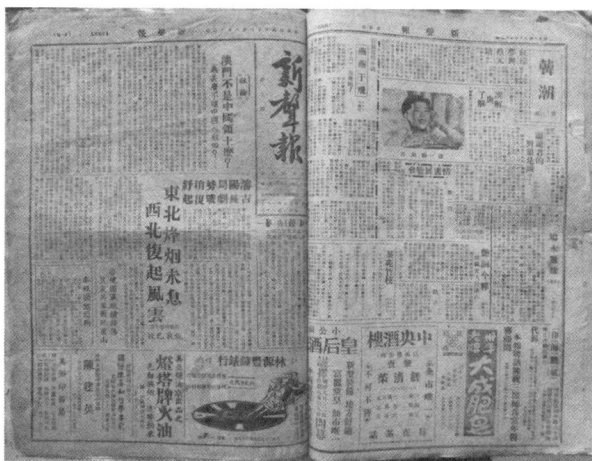

图306　《新声报》

《和平日报》（汕头版）

《和平日报》原名叫《扫荡报》。1931 年 3 月，国民政府军事委员会南昌行营政训处处长贺衷寒在南昌创办了《扫荡三日刊》，1932 年 6 月 23 日，扩版改名为《扫荡报》，仍由贺衷寒主管。顾名思义，《扫荡报》最初完全是为了"攘外必先安内，抗日必须剿匪"办的，目的就是扫荡国民革命途程中的障碍，以辅助军事上的所谓安内攘外工作。1935 年春，贺衷寒为了配合"追剿"的需要，决定将《扫荡报》迁移汉口，首先派政训科科长刘翔到汉口做了一番筹备，于 5 月上旬发行出版。这时的主要编辑撰稿人员是：总编辑丁文安，编辑黄卓球、瞿云白（瞿秋白之弟）、钟期森、曹耿光，撰述卜绍周、陈友生等。汉口《扫荡报》日出两大张，丁文安一直是该报实际负责人，主要抓社论撰述。

"七七事变"，抗战序幕揭开，国共二次合作宣言发表。1938 年 1 月《扫荡报》改隶于国民政府军事委员会总政治部。《扫荡报》的办报方针相应有所改变，此时贺衷寒已把办报方针改为"化敌为友，以报养报"八字。丁文安则直接在社论说："我们《扫荡》的矛头指向倭寇。"为了表明国共合作的诚意，1938 年 9 月底，《扫荡报》从武汉撤退至重庆时，告别读者的社论，便出于郭沫若的大笔。此后，社长改为何联奎。1938 年 10 月 1 日继续发刊至 1939 年 5 月 3 日，日军轰炸重庆，其厂房被炸毁，只得暂时同《中央日报》合刊。期间，《扫荡报》不时仍会发表一些左翼文化人士的文章，如 1938 年 12 月 25 日第三版，就刊登了郭沫若写的《复兴民族的真谛》一文。之后，诸如欧阳予倩、黄现璠、黄药眠、杨朔等，亦都在该报副刊上发表过文章。

1943 年春，张治中（见图 307）奉命重建《扫荡报》，张任命黄少谷为社长，万枚子任副社长兼总经理。总编辑为黄卓球，副总编辑沈杰飞，编辑主任杨彦歧，编辑马汉乐、陈圣生、黄明等。黄少谷亲抓社论，聘任的主笔或撰述有胡秋原、孙儿伊、刘竹舟、刘问渠、龚德柏、陶涤亚、李七英等。

1945 年 8 月日本投降后，为避免内战、争取和平，国共两党在重庆谈判。10 月 10 日，国共双方签订了《政府与中共代表会谈纪要》，《纪要》就和平建国的基本方针、政

图 307　张治中

治民主化、国民大会、党派合作、军队国家化、解放区地方政府等 12 个问题阐明了国共双方的见解。为了适应新形势，在张治中的极力倡议下，1945 年 11 月 12 日，"扫荡报"改名"和平日报"（见图 308）。改名后，下设 4 个分社，分别在南京、上海等 11 处出版，黄少谷继续任总负责人。至 1947 年上半年，全国分

社有南京、上海、重庆、汉口、昆明、广州、汕头、台湾、海口、榆林、西安、兰州、沈阳等处。总社与分社虽为上下属关系，但各地方的言论与总社并不完全一致。主持南京、上海两社的万枚子，努力体现张治中的意旨，在沪社聘进步文人风子、舒湮等为主笔，在《海天》副刊上发表了郭沫若、茅盾、老舍、田汉、叶圣陶等人的诗文，表达了各界人士反对内战、要求和平的心愿。

1947年5月5日，《和平日报》（汕头版）（见图309）在汕头出版发行。汕头版的发行人兼社长是谢镇南，副社长梁燮勤，报社地址起初设在汕头市居平路，1947年7月后改在中正路（即外马路）张园街。

图308　《和平日报》（南京版）报头

图309　《和平日报》（汕头版）报头

谢镇南（见图310）是广东梅县人，1924年底黄埔军校第三期学生，时张治中是黄埔军校学生总队长，故张治中接手《和平日报》后，任命谢为汕头版的负责人是再合适不过亦极自然之事。

1948年10月21日，因谢镇南长期在广州绥署任政工处长，"顷以工作关系，未暇兼顾社长职务"，遂让副社长李桂祥接任发行人兼社长一职，谢则被公推为董事长。1949年1月14日，原总编辑胡慈升任副社长，总编辑一职由梅县人熊复苏接任。

图310　谢镇南

图311　和平日报汕头社同人

《和平日报》（汕头版）为对开四版日报，其第一版刊登国内外主要新闻及社论。第二版设有"潮汕纵横谈"，主要刊载潮汕各地新闻，此外还有金融、市场行情及广告，1949年1月起，辟《人间世》专栏。第三版为各类副刊及专版，先后有《文站》《通讯》《社会服务》《万象》《粤东兵役》《学生沙龙》《和平号角》《综合》《星期版》（见图312）、《学生界》《少年时代》《儿童世界》（见图313）和《汕头妇女半月刊》等栏目。第四版主要刊登省市新闻及新闻特写、华侨新闻等。

图312　《星期版》

图313　《儿童世界》

——

作为一份全国性报纸，办报人深知，要充分发挥大报纸的权威性，不是高高在上地报道"大事件""大新闻"或发表夸夸其谈的社论，而是要充分发挥自身新闻从业人员的专业优势，及时采写、报道当地人关心的社情民声，"潮汕纵横谈"便是这样一个栏目。

"潮汕纵横谈"主要报道潮汕各地社会新闻。为了让该栏目的内容吸引读者，编辑努力做了两方面的工作：一方面是在表现形式上，为了做到既具有地方特色，又能突出新闻要点，编辑便把该栏当天主要新闻内容用潮汕方言顺口溜形式或章回小说小标题形式撰写成题目，如《哥哥打弟弟　柴刀作武器　当头劈一劈　血花溅满地》（1947年8月6日）（见图314）、《愚民无知　深夜酬恩　神人均感不安　强徒凶悍　一朝被获　士民皆大欢喜》（1947年5月15日）；另一方面，便是做到敢为民发声，及时披露、报道一些扰民、欺民的事件或下层人民的民生状况。如1947年6

图314　"潮汕纵横谈"

月 23 日的"潮汕纵横谈"中有一篇标题叫"缉私盐卖私盐奇迹奇迹，验猪肉索猪肉怪事怪事"的文章。前者报道了潮安盐务卡彭警长，执法犯法，竟把从归仁乡登塘圩查获的私盐，运至古巷贩卖；后者报道揭阳新灰埕曾厝祠一人家的猪被雷电触死，其家把猪宰为食用，当地警察获知消息，即行到该户人家勒吓，"结果被勒去猪肉一腿"。又如《可叹！可怜！鱼贩赌败自缢轻生　乞丐无食当街饿毙》（1947 年 5 月 19 日）、《端午节红帖飞　主官破悭囊　水灾重吃饭难　地瓜赈哀鸿》（1947 年 6 月 25 日）等。正是这些贴近民生百态、反映民生疾苦的报道，让《和平日报》（汕头版）很快在潮汕占有一席之地。

继"潮汕纵横谈"之后，第二版开设的"人间世"（见图 315）专栏同样颇受读者喜爱。该栏每期刊二至三篇文章，均为千字左右短文，较长的或作几期连载。主要介绍国内外人情风土、民风民俗，如《青海的女人》，描述青海游牧民族，女人 15 岁而嫁，"数兄弟同娶一妻融融洽洽"（1949 年 1 月 15 日）；《西藏的青年男女们》，描述西藏青年如何豪放地生活，自由地恋爱（1949 年 1 月 19 日）；《川康滇的边民裸裸族的风俗》，是介绍"隔绝外界生活自给自足"而近乎原始社会的生活方式（1949 年 1 月 20

图 315　"人间世"

日）；《和尚的乐园——缅甸》，则介绍和尚在缅甸这个国家，怎样受到崇敬和顶礼膜拜（1949 年 1 月 15 日）等，今天读来仍觉新鲜、有趣。

可以说，第三版是《和平日报》（汕头版）的副刊专版。在这里，先后辟有《粤东兵役》《文站》《通讯》《社会服务》《万象》（见图 316）、《学生沙龙》《和平号角》《综合》《星期版》《学生界》《少年时代》（见图 317）、《儿童世界》和《汕头妇女半月刊》等栏目。

作为一份国民政府军事委员会总政治部管辖下的报纸，不仅新闻离不开军事，就是副刊亦离不开军事。《粤东兵役》（见图 318）便是一档宣传兵役政策、征兵情况、征兵办法乃至部队生活等内容的副刊。《粤东兵役》由粤东师管区司令部主编，每十天出版一期，主要有法令法规、通讯报道，同时亦刊登与军人相关的文艺作品如诗歌、散文、小说、小品文等。1948 年 5 月 22 日后，出版了 32 期的《粤东兵役》停办，1948 年 8 月 11 日起复办，但主办单位换成了粤东师管区政工室，出版周期固定为每月逢一、十一、二十一日出版。

图 316　《万象》副刊

图 317　《少年时代》副刊

图 318　《粤东兵役》副刊

图 319　《学生沙龙》副刊

　　《学生沙龙》（见图 319）逢星期五出版，该副刊办得很有特色，不仅刊登学生的作文，而且对未被采纳的稿件，主编符似以"编者书柬"方式，一一给予作者答复，并鼓励其继续投稿。为了提高学生的写作水平，符似还特地辑录了一些文学词汇，以连载方式逐期刊登。此外，《学生沙龙》还辟出一角"学校风光"，让学生们介绍自己学校的一些学习、生活情况。这一招果然精彩，如 H 中学的学生舟子介绍其学校有学生 1 000 多人，且大多是内宿生，但却只有区区六间卫生间，每天早晨起来，便要排长队，如此情形，极像"领赈米"。学校训导处实行学生书信检查制度，这一下让那些写情信的学生大呼倒运，呼吁废除此专制制度；X 中学的学生非子则介绍其学校某位英语老师因读音不准，被某学生暗中议论，该老师知道后，恼羞成怒，送该学生"熊掌"一对（1947 年 7 月 25 日）。"学校风光"很快便大受学生的欢迎，却亦惹来了某些教官的骂柄，甚至于被"某校长作严重指责"。《学生沙龙》由于种种原因，大约办了半年，便悄然停办，到了 1948 年 6 月才又复办。1949 年 3 月 7 日，"学生沙龙"改名"学生界"，逢星期一出版，主编亦由符似换为朱阳。鉴于《学生沙龙》颇受学生的欢迎，《学生界》在改名的编前话中，信誓旦旦要"继承《学生沙龙》的衣钵"并以"新的姿态和诸位亲爱的同学们见面"。由此拟定了三方面的规划：第一，自本期起，设学习讲座，敦请地方教育界人士著文，指导同学们的学习；第二，按月举行征文竞赛，每次评出前三名并给予奖励，文章在本刊发表；第三，经常举行作者笔谈会，以讨论同学们在学习及生活诸方面的问题。但这个看似很不错的规划，大概亦就刊登了两位指导老师三篇文章和举办了一次笔谈会（分三期刊登），便再没下文了。

二

图320　《和平号角》副刊

图321　《综合》副刊

《和平号角》副刊（见图320）创办于1948年5月7日，主编为浣鸿。该副刊试图把《文站》《万象》《星期版》和《社会服务》等副刊统合在一起，从而做到"凡是人民所需要的，我们都尽量报道，不论文艺亦好，问题亦好，五花八门，应有尽有"。《和平号角》几乎每天都出版，亦基本做到了其宣称的"五花八门，应有尽有"，诸如刊登了《西樵山游记》《汕头和台湾通商简史》《怎样看护婴儿》《莎士比亚与我们的古典作家》《浣社时话》等文章，但或许因其内容太过"五花八门"，办了刚刚一个月，至1948年6月5日，出版了23期的《和平号角》便宣告停办了，取而代之的是《综合》副刊（见图321）。

虽然说"综合"作为副刊名，未免平庸些，特别是刊头图用一小块黑色作底，白色行书"综合"两字，显得单调、苍白。不过总比《和平号角》来得直观、贴切。《综合》副刊虽然亦是"五花八门，应有尽有"，但许多文艺作品显然难以"综合"在此版块，因此创办《综合》副刊时，《文站》同时亦得以复办。

《文站》（见图322）是自《和平日报》（汕头版）创办时便设置的文艺副刊，1948年5月7日因《和平号角》副刊创办而停办，一个月后，《和平号角》停办而又复办。1947年12月12日前每星期一至星期四出版，之后改为星期三至星期五出版。

1948年6月7日复办的《文站》，期号重新编为新一号，由司马小英主编，1949年3月9日起，改由林莺主编，期号又再重新编为一号。

《文站》内容有诗歌、小说、散文、剧评、影评以及文艺理论等，1948年11月17日《综合》副刊刊登了淳风的长篇小说《友谊万岁》，之后该连载有时在《综合》副刊登出，有时在《文站》副刊登出。

1949年5月11日，《文站》发表了署名"高歌"

图322　《文站》副刊

的纪念中国伟大的人民音乐家聂耳先生的文章《大众的歌手——聂耳》。文章借纪念这位全中国人民都崇敬的音乐战士，发出"我们相信他坚强高亢的歌喉，会悲壮地呼号着茫然的国魂，领导着大众为和平奋斗救中国"，作者跟千千万万中国同胞一样，冀盼早日见到一个和平、统一、强盛的新中国的诞生。于是，作者在文章的最后呼喊："复活吧，聂耳，这艰巨的时代，山岳、河流、原野、大众的心音，正在交响地倾听着你的歌唱。""聂耳，你在沼鹄海①的狂洋中，快唱出中国人民心底呼声吧！"

1949年5月13日，又刊登一篇署名"张意"的散文《黑暗与光明》，作者利用散文这一文艺手段，分析了某些中国人为什么爱黑色，是因为"在黑暗里，可以做些光明中不敢做的事，在光明里又可以装着道貌岸然的样子骗骗人"，"黑色染上了污秽是看不出的，……因此中国爱穿黑色和爱用黑色"，久而久之，亦就身处黑暗而不知黑暗。因此"当人们开始知道有光明这件东西，人便开始不安于黑暗，厌恶黑暗了"。

1949年5月31日，《和平日报》（汕头版）停止单独发行。1949年6月1日，《和平日报》（汕头版）跟《大光报》《岭东民国日报》《光明日报》《建国日报》《商报》《汕报》《星华日报》等联合发行《汕头各日报联合版》。

新中国成立前夕的《汕头各日报联合版》

1949年10月1日，中华人民共和国中央人民政府在北京成立，标志着新中国的诞生。而此时的汕头市，却仍在风雨飘摇的国民党政权的统治之下。

为了控制舆论，汕头市军政当局早从1949年5月底，便决定在汕头埠出版的《大光报》《光明日报》《汕报》《和平日报》（汕头版）、《星华日报》《建国日报》《商报》和《岭东民国日报》等八家日报各自出版至当年5月31日，自当年6月1日起，停止单独出版，改为联合出版。各报均于5月底刊登《联合启事》（见图323），宣布"本报等为适应环境经共同商议决定于六月一日起联合发行《汕头各日报联合版》，每日出纸一张半，原有各报于三十一日起暂行停止发行"。与此同时，《天行报》《光华报》《华侨报》三家晚报也宣布至当年5月底，停止单独发行，自当年6月1日起联合

图323　《联合启事》

---

① 聂耳1935年在日本藤泽市沼鹄海滩游泳时溺水身亡。

出版，改名《联合晚报》（见图324）。至此，汕头埠便从原来的十多份报纸一下子减剩下只有一份晚报和一份日报了。

《汕头各日报联合版》由上述八家日报各派几位骨干人员合署办报，办公地址设于民权路89号。各日报的报名保留在报头的下端，分别按笔画顺序从右至左排列八家报社名称（见图325）。

图324　《联合晚报》

图325　汕头《各日报联合版》

《汕头各报联合版》第一版是国内外新闻，稿源基本是由中央社或中央社广州分社提供，原来各地方通讯社的专稿及各报专电全部销声匿迹；第二版是经济版，主要是本市经济新闻、行情，还有就是香港的外汇行情；第三版是本市商情表，全部是本市各商品批发、零售价格和少量商品广告；第四版为地方新闻版，主要报道省内及潮汕各地新闻。第五版是副刊版，唯一的综合副刊《联副》（见图326）大约占本版半个版面，另半个版面为广告。副刊内容虽然有散文、小

图326　《联副》副刊

说、小品等，大都属于不痛不痒的消闲文字，如《动物国奇闻》《赴女友订婚的喜宴》（1949年6月2日）、《划船与骑马都是英国的运动》《爵士歌曲古典音乐》（1949年6月3日）。第六版设《通讯》专版。所谓通讯版，其实也属文化版，主要介绍各地的人文、风光、文化、物产等，如《塞外风光》《海口渔民捕获

237

千年大乌龟》（1949年6月2日，第二期）、《苗族风情画》《大动乱中的小动乱——云南居民活不了》（1949年6月3日，第三期）、《台湾渔业》《长汀发现木乃伊》（1949年6月4日，第四期）。

《汕头各日报联合版》自1949年6月1日至9月30日共出版了四个整月。这期间，6月15日，《和平日报》恢复原名《扫荡报》。《汕报》则自9月下旬便拟重新独立发行，并决定自10月1日起，退出联合版重新独立发行。于是，联合版不得不于10月1日重组，以《大光报》《光明日报》《星华日报》《建国日报》《商报》《扫荡报》和《岭东民国日报》七家报纸的名义，重新改版，报名不再称"汕头各日报联合版"，而是把七家报社的报名按笔画顺序自右至左排列于报端正上方，在七家报名下方书写"联合版"（以下简称《联合版》）（见图327）。报名左边排列七家报社的发行人姓名，同样自左至右排列，分别为余声、彭适之、罗铁贤、陈敏吾、佘贤、李桂祥、陈特向。

图327　《联合版》

《联合版》每天出报二大张，对开八版，各版面内容也相应作调整。第一版为国内外要闻、社论和政府公告；第二、六版为"省闻"，主要报道省内各地消息；第三版定为副刊《联副》的版面；第四、五版是国际及国内新闻；第七版设另一副刊《大众》（见图328），内容有诗歌、杂文、连载等；第八版是经济版，设有"经济""商情""交通指南"等栏目。

1949年10月1日，《联合版》正式出版，编者特在第一版发表不署名的社论《联合发刊的话》，社论认为，在这"乱"和"变"的年头，"'应变'已成为这年头最流行的名词……所不同的是，'应'的程度的差异和消极的与积极的殊其意义罢了"，"要知道报业联合发行的目的，表面固然是一理营业上的合作，事实它的更大的意义是在于统一步调……也即是一切以国家民族的利益为前程，而不以沽名谋利为目

图328　《大众》副刊

的""唯如此，才是积极的应变，也才是整体的应变"。

1949 年 10 月 23 日，为庆祝汕头解放，《联合版》特于当天中午将有关潮汕军、政、警开明人士宣布起义和解放军进入潮安城、即将进入汕头市的新闻赶印出版号外。下午三时许，号外发出后，"全市市民雀跃若狂，相互转告"，"解放军在汕工作同志，也出动工作，有些乘坐公共汽车散发中华人民共和国国旗，有些在各处街道贴起红红绿绿的标语"。

图 329　除去各报名的《联合版》

第二天即 10 月 24 日，《联合版》重新用"汕头各日报联合版"的报头，除去七家报社的报名和发行人姓名（见图 329），以日联字二十四号（按：10 月 1 日排序至 10 月 24 日为 24 号）出版报纸一中张，即 4 开纸两版。

第一版有新闻、社论及专题报道等十多篇文章，头条新闻稿是一篇专访稿：《昨下午市民狂欢场面，街道奔跑争看解放军》，描述 10 月 23 日下午随着《联合版》号外出版后，汕头市区人民奔走相告，4 时正，"中正分局上面的警笛一响，这是通知各界准备欢迎解放军入市的讯号"，警笛过后，汕头各军、政、警等机关，全部升起"壮丽夺目的五星国旗"。而市民为了一睹解放军进城的雄姿，纷纷走上街头，"大家都狂喜起来，但他们不晓得解放军在哪里，只是向街道上奔跑，这时，市区的大街小巷，人潮在汹涌，这现象是汕市复员以来所仅见"。

社论《欢迎解放军》，开篇便说："黎明了，全潮汕五百余万人民，都在欢天喜地地迎接着这黎明，同时以一样心情迎接着解放我们的国家民族和解放人民苦难而奋斗的中国人民解放军莅临。"

社论接着说："……我们站在人民立场衷诚地敬佩毛主席、朱德司令、叶主席、刘永生将军暨全国英勇的解放军同志们，许多年的艰苦奋斗、前仆后继、再接再厉的革命精神，完全为着苦难的人民求解放。我们衷诚敬佩之余，更致无限谢意！我们各阶层的人民尤应自今天起，应把过去醉生梦死的、因循敷衍的作风，从根改变过来。""我们文化界在过去是被匪帮扼杀得透不出气，现在解放了，正是我们为人民说真话的时候。在欣庆中，我们特别吁请要一致的起来，朝向中国人民解放军靠拢，致力于去旧生新的巨大工作。"

社论最后说："人民解放军是纯粹人民的武力，是为人民的解放而革命的，一切具有封建陈腐的方式和行动，应自今天起葬丧勿遗……"

第二版仍然有近一半的版面是报道汕头解放的新闻。如《陈汉英等昨光荣起义，人民解放军今晨莅汕》《在汕新生工作队策应解放汕市》《是说话的时候了》

《毛主席爱民布告昨首次出现市区》等（见图330）。

当天报纸用稿基本都以新华社电文为主，还有就是本报记者对汕头市民热烈迎接人民解放军入城的特稿、专稿。

1949年11月1日，中国人民解放军汕头市军事管制委员会以文字第二号发布《报纸杂志通讯社登记办法》，规定"为保障人民的言论出版自由，剥夺反革命的言论自由，所有本市已出版、将出版或复刊之报纸和杂志，及已营业、将营业或将复业之通讯社，均需依照本办法向本会申请登记"。至此，《汕头各日报联合版》和《联合晚报》随之正式停办。

图331　汕头解放

汕头埠老报上的副刊、特刊和增刊

修订本的《辞海》对报纸副刊的定义是："一般指报纸上刊登文艺作品或理论文章的固定版面，每天或定期出版，多数有专名。"

报纸的副刊也有一个发生、发展到成熟的过程。在汕头埠清末的报纸上，虽然已有刊载一些诗词、笔记之类的非新闻性质的文章，但当时的报纸并没有专为此类文章设固定版面或定期出版，常常只是作为临时设置的"文论""随笔""文艺"等栏目或其他"补白"版面而已。据资料介绍，1908 年 8 月，在杭州组织秋瑾遇难周年纪念活动而遭当地清吏追捕的南社创始人之一陈去病，来到汕头并参加《中华新报》的编辑工作。他在该报上大力宣传革命，并设副刊刊载南社社员的作品，使这份报纸成为革命党人在岭南的一个重要宣传阵地[1]。能留存至今的当年的《中华新报》实物可说是凤毛麟角，憾难以一窥其版面特征及出版频率等具体情况。民国初期，汕头埠的报纸便基本都有副刊了。

其实，在清末和民国间，报纸的新闻及新闻性质的评论，均受到当局的严格管制，故许多敢于直言时政的报纸，大都出版不久便被当局查封（如《潮声》《新中华报》和《中华新报》等），报社负责人轻则入狱，重则送命。故而一些报纸为了能表达自己的观点，便改变方式，利用副刊刊载一些小品、文论、述评、诗词、小说、杂文等之类的文章，旁敲侧击，调侃讽刺，"也替一般人小小地'长吁三二声'，这样就更受到读者的重视了"[2]。

关于报纸副刊的产生，还有一种说法，即认为"由于当时新闻来源的不畅通和时事稿件的匮乏，办报人不得不以'诗词杂稿'等填充报纸版面中所留出的空白，以保障报纸如期出版"[3]。此外，还有一种说是因为报业间的竞争、争夺读者而产生了副刊。

由是观之，报纸副刊并不是跟报纸"与生俱来"的，而是报纸发展到一定程度后"适时而生"，而且是长盛不衰，时至今日，几乎所有的报纸都设有副刊。

笔者还发现，若为报纸副刊做一个分类，或可分成两大类，即综合性副刊和专门性副刊。综合性副刊一般由杂文、随笔、知识小品、笔记、诗词、小说、散文、剧评、书评等组成；专门性副刊又可分为文艺副刊、理论副刊以及其他专业性副刊（如法律、党务副刊等）。在汕头埠的报纸上，清末至民国初期，报纸副刊大都是综合性质的副刊。

---

① 方汉奇：《中国近代报刊史》，太原：山西人民出版社 1981 年版。

② 左笑鸿：《世界日报和世界晚报的副刊》，中国社会科学院新闻研究所《新闻研究资料》编辑部编：《新闻研究资料》第十九辑，北京：中国社会科学出版社 1983 年版。

③ 郭武群：《打开历史的尘封——民国报纸文艺副刊研究》，天津：百花文艺出版社 2007 年版。

所谓综合性副刊，是指由杂文、诗词、知识小品、剧评、书评、随笔、笔记、小说、散文等组成的副刊。各报在设副刊时，一般都还给副刊再起个名称，如《观潮日报》的副刊叫《挥尘谈》、《公言日报》的副刊叫《杂箸》（第三章图12）、《真言日报》的副刊叫《真趣》（图49）、《民声日报》的副刊叫《博闻录》、《天声报》的副刊叫《小汕头》《花月》《天籁》（见图332）等。

综合性副刊的内容虽然较杂，各报的综合性副刊所设的栏目也大同小异，但总体上说，不同的报纸副刊，还是有自己的特点或风格，这往往是由办报者的价值取向、办报

图 332　　《天声报》《天籁》副刊

宗旨、文化修养、选稿标准乃至版面编排习惯和特色等因素所决定。

《观潮日报》的副刊《挥尘谈》（第三章图19），便秉承其一贯敢于直言时政利弊的报纸风格，时不时便会刊载一些讽刺时弊的文章。民国六年（1917）五月十五日的副刊，刊登了一则《熬炼尸油之用途》的杂文，该文借助某报登载德国人用人尸熬油的报道，突发奇想："……今日中国，人数号四万万，而无用者居多。死后倘仍埋葬，又未免侵占有用土地，倘熬而为油，却合废物利用之道"。接着，作者罗列了各种人死后之废物利用，如"官僚之油（金钱议员同），此种人生前善于弄钱，尸骨中含有金银质不少，熬而为油，必较元宝汤金汁更胜十倍。藏之日久，且可化为整块之金银，足疗国家之贫矣"；"烟鬼之油（贩土收土之大员同），此种死尸，含有烟质甚多，熬而为油，可代药房中之鸦片剂"；"军警之油，此种人保民不足，扰民有余，熬而为油，可制造炸药，以为捣乱和平之利器"。

《公言日报》的副刊在1919年前，刊名《杂箸》，所刊内容多属义夫贞妇之类的消闲文章。1919年之后，副刊改名为《谈丛》，并开始刊载一些反映五四爱国学生运动的文章和新文学、新文化的文章。

单从综合副刊的名称虽然不能一眼看出该副刊的风格特色，但从内容还是可一窥其端倪。

1926年1月《岭东民国日报》创办后，周恩来亲自为其副刊题写"革命"两字，《革命》副刊由李春蕃（柯柏年）主编。《革命》副刊（图69）每周一期固定登载宣传介绍共产主义的文章，如马克思的《1848年6月巴黎无产阶级之失败》、列宁的《国家与革命》等。1926年1月30日副刊转载子任（即毛泽东）的文章《国民党右派分离的原因及其对于革命前途的影响》，在粤东影响很大。

民国初期的报纸副刊还有一个特点，就是副刊出刊的时间和副刊的篇幅均不固定。《公言日报》的副刊《杂箸》，有时在星期二出版，有时在星期六出版，有时又改在星期四出版；该报副刊版面虽然固定在第五版，但内容却是有时多，有时少，最少时仅有四分之一版面，这应该跟稿源多寡有直接关系。

　　专门性副刊也叫专刊、专版。相对于综合性副刊，专门性副刊内容较为专一，有一定的专业性、理论性和学术性。专业性副刊，都是建立在普及知识的基础上，因为报纸所面对的读者是广大普通民众。

　　民国时期汕头埠报纸的专门性副刊，其实最初大多只是相对于综合性副刊而言，副刊所刊载的文章内容较为专一罢了。第一，当时的各类副刊尚处于发展的初期阶段，许多东西都还在不断探索及完善中。第二，民国时期汕头埠各种报纸绝大多数都是私营性质，报纸需要有稿源，更需要有读者，各种专门性副刊就是要满足各类读者群。在专门性副刊中，文艺副刊往往因最受读者欢迎而成为各报的常设栏目。第三，报纸以新闻性为正本，而副刊依附于报纸而非新闻，因而副刊特别是专门性副刊对报纸来说是相对独立的，副刊编辑特别是专门性副刊也就常常有专门编辑。如果没有稳定地且具有一定专业水平的副刊编辑，副刊的质量也就难以保证。第四，报纸内容最终都服务于一个目标，就是读者。副刊的专业定位、品位高低等都直接影响到报纸的声誉甚至销量。

图333　《火焰》副刊

　　民国时期，在汕头埠报纸的专门副刊中，文艺副刊创办最早，也最普遍。五四运动爆发后，《大岭东日报》便率先开辟副刊《新文化》，专门刊载响应五四运动，积极提倡新文化、新思想的青年作家如许美勋、冯瘦菊、洪灵菲、邱玉麟、戴平万、陈也修等人的作品。1923年，许美勋等人发起成立火焰学社，在《大岭东日报》开设专门性的文艺副刊《火焰》周刊，由许美勋负责周刊编辑。《火焰》（见图333）周刊具有一定的独立性，每期有独立期号，版面设计则利用《大岭东日报》的对开纸完整版面重新设计为可对折成16开的小版面。据许美勋的回忆，当时火焰学社每次都要向《大岭东日报》购买一定数量的报纸以自行寄发给读者和作者。1926年《岭东民国日报》创办后，也开设有文艺副刊《文艺》，也是由许美勋负责编辑。《文艺》曾发表郭沫若的《文学与革命》，廖仲恺的时作，还有后来成为左联著名女作家冯铿（冯岭梅）的现代诗、散文、小说等作品以及当时其他进步作家作品，受到广泛关注和好评。

　　民国时期，汕头埠许多报纸的副刊虽然未必是专门性的文艺副刊，但至少文艺性作品占副刊篇幅绝大部分，此类副刊有《汕头星报》副刊《芒光》、《天声日报》副刊《天籁》、《汕头晨报》副刊《晨曦》、《侨声报》副刊《南风》、《揆华报》副刊《重光》、《韩江报》副刊《韩江潮》、《汕头日日晚报》副刊《新月》等，风靡一时。

民国时期，汕头埠一些较有影响的大报纸，往往办有多种专门性的副刊。如《岭东民国日报》除了有《文艺》副刊外，还有《妇女》《教育》《农工》《青年之路》等副刊。《大岭东日报》除了火焰学社的《火焰》副刊、彩虹文学社的《荒塚》副刊外，还有本报的文艺副刊《岭东公园》和娱乐副刊《游艺场》。《潮梅新报》的专门副刊也不少，有《复活》《新话匣》，还有《五月》《市四学生》（见图334）等。《五月》（见图335）是彩虹文学社设在该报的又一文艺副刊，《市四学生》是其时汕头市市立第四小学设在该报的学生专刊。图334的这期《市四学生》是第十七期，出版时间为民国十八年（1929）九月十八日，由该校五年秋级组提供稿件，从目录可看出应是该年级的学生作文。在20世纪20年代的汕头埠小学校，便利用报纸为学生发表优秀作文，不失为一大创举。

除了文艺副刊，在汕头埠的老报中，还有理论性的副刊如20世纪20年代《汕头日报》的《党务》、《岭东民国日报》的《汕头党声》，20世纪30年代《岭东民国日报》的《汕头司法日刊》（后改名《司法日刊》）、《大众论坛》（见图336）、《论丛》等专门性副刊。

图334　《市四学生》副刊　　图335　《五月》副刊　　图336　《大众论坛》副刊

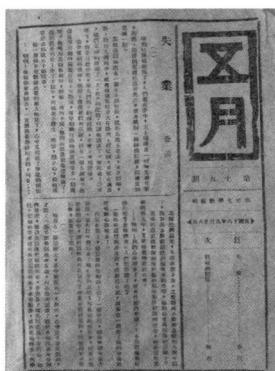

除了副刊，汕头埠老报上还设有纪念特刊和增刊。

什么是报纸的特刊和增刊呢？按照余家宏、宁树藩所著的《新闻学简明词典》，报纸的特刊和增刊是指"报刊固定篇幅以外特别增加的版面，有星期增刊、节日特刊或纪念特刊"。冯健的《中国新闻实用大辞典》则认为，报纸的特刊和增刊是报纸在平日出版的定量版面之外，于某日增加发行的一种出版物。它可以是报纸型，也可以是杂志型，附原报发行。此外，还有一种观点认为，特刊和增刊均属于报纸的副刊，即所谓"非新闻即副刊"的大副刊意识。

应该说，中国报纸特刊起源于五四时期并脱胎于副刊。冯并在《中国文艺副刊史》中说："此外，还有发轫于五四，流行于 30 年代的各类周刊、专刊、特刊，情况颇为复杂。有的无疑属于副刊性质，有的副刊色彩欠浓，甚至和大的专栏区别甚微。然而，不管怎么讲，它们和新闻、言论、广告相去甚远，并且都是副刊的或直接或间接的衍生物。如果没有必要在广义的副刊现象之外，另立一个大的门户，姑且将其视为副刊亚种。"

汕头埠民国时期报纸上的纪念特刊和增刊的出版，跟全国的情况基本是同步的，但由于战乱及自然灾害等因素影响，许多老报纸已很难一见，本来并不经常出版的特刊和增刊，就更难见到了。目前所能见到的特刊和增刊的实物最早是在20 世纪 30 年代中后期，而较普遍则出现在抗战胜利后。

图337　《三八节纪念特刊》

1937 年 7 月 10 日，《星华日报》为纪念创刊六周年，出版了一册纪念刊。这册纪念刊，是目前已发现的汕头埠老报纸中最早的纪念刊了。抗战胜利后，《岭东民国日报》和《新潮汕报》均在1945 年 10 月 10 日分别出版《双十特辑》和《双十特刊》。1949年 3 月，为纪念国际妇女节，《岭东民国日报》跟《和平日报》又分别于 3 月 7 日、8 日，出版《三八节纪念特刊》（见图337）、《国际妇女节专号》。此外，《和平日报》还于 1948 年 3 月 17 日、5 月 5 日、11月 12 日和 11 月 25 日，先后分别出版《三一七中医师节纪念特刊》《和平日报汕头社周年纪念增刊》《国父诞辰纪念特刊》及《秋季种痘运动特刊》。

上面这些特刊和增刊，除了 1937 年《星华日报》纪念创刊六周年的特刊是单独出版一册，《和平日报》1948 年 5 月 5 日的《和平日报汕头社周年纪念增刊》是在正常出版版面外增加版面（当天正常出报四版，因增刊增加到六版），其余各特刊均是在各自报上的正常版面出版，这就势必要临时抽掉其他版面的内容了。因此，所谓"报刊固定篇幅以外特别增加的版面"和"报纸在平日出版的定量版面之外，于某日增加发行的一种出版物"，似乎并不能概括汕头埠老报上的这些特刊的特点。

从内容分类，汕头埠老报上的特刊可以分为三大类：第一类是纪念类，如《星华日报六周年纪念刊》《和平日报汕头社周年纪念增刊》《国父诞辰纪念特刊》；第二类是节日类，如《双十特刊》《三八节纪念特刊》《三一七中医师节纪念特刊》；第三类是特别事件，如《秋季种痘运动特刊》。

　　纪念类特刊一般是对某一重大事件、著名人物或报社自身运作周年的纪念。其特点是通过对该事件、人物作专题性总结，以其达到对该事件、人物的纪念及缅怀；报社周年纪念则是对自身出版工作的回顾、总结，以及阐述今后的工作方向。

　　1937年7月10日，《星华日报》创办六周年之际，星华日报社特地出版了一册纪念刊，随报发送。这册纪念刊采用18开新闻纸双面印刷，连同封面封底共68页。"星华日报六周年纪念刊"几字由时任广东省政府主席兼民政厅厅长吴铁城题写。

　　《星华日报》创办于"九一八"事变前两个多月，而当六年后纪念创刊六周年之际，正好是日本侵略者发起"卢沟桥事变"之时。在这册纪念刊编印时，编者以其敏锐的政治触角，预感到日本帝国主义者即将发起对我国新的侵略，在前言《今后之本报》中指出："本报产生在九一八前夜，适逢国难临头之时机，为国家谋生存，为国土求完整，为民族求安全，任务繁重，自不待言，披阅本报六年中，敌人谋我之心，何等急切，何等无厌……现在更无忌惮，由东北三省进而谋夺整个华北。""愈迫愈近，一战难免……然为保全国家民族，总应有相当准备。""据本月八九二日消息，日人竟在华北中心之北平附近，突施轰击，机关枪、大炮、坦克车，具已开始使用，局势严重已到非常时期，凡我国人，均应具枕戈待旦誓灭此朝食之决心，负有救国家民族责任之报纸，纵未能执干戈以卫国家，然应当赖笔墨以救危亡。故今后任务，对于救亡工作，益趋重大，吾人职责所在，自当加倍努力。"

　　其实，胡文虎先生早在1931年"九一八事变"后，不仅在其所办的报纸上大声疾呼，声援祖国人民抗日，还首捐25 000万元支援东北抗日义勇军。1932年淞沪抗战爆发，十九路军浴血奋战，海外华侨深受鼓舞，胡文虎闻讯后，立即从银行电汇国币10 000元给中国红十字会，作为前线救伤之用，又直接电汇10 000元给十九路军的蔡廷锴，并捐赠大批"虎标良药"和其他药品。到1937年"卢沟桥事变"后，胡文虎除捐助大批药品、物资外，又出钱组织华侨救护队，直接回国参加抢救伤兵工作。他及时将储存在香港永安堂的一批价值8 000多元的纱布急运上海，支援宋庆龄、何香凝组织的抗日救护队。另外，又先后捐赠救护车多辆给中国红十字会总会和福建省政府。他先后义捐（包括认购"抗日救国公债"）总数超过300万元。

　　在这本纪念刊中，我们可以看到爱国华侨对国家经济文化的关心、对我国经济景气的剖析和文化艺术的关注，如《最近中国经济景气的剖视》《六年来的中国诗坛》《现阶段我们所需要的艺术》。亦可以看到他们时时关心着家乡的经济、文化建设，如《六年来汕头进口主要土货统计》《廿五年度汕市教育状况》《最近二三年来本市人口统计》《今年与去年一月至五月汕市对外贸易比较表》等。当然，占最大篇幅的是对世界政治、经济、军事现势的关注和对日本侵略者在我国及太平洋周边军事存在的关注，如《半年来世界政治》《对立发展中的世界经济现势》《最近世界政治动向鸟瞰》《日本在太平洋的军事设施现势》《日苏空军现势》等。

节日特刊就是通过对节日内容的宣传介绍，以其让广大读者对该节日有更深刻的认识。如国际妇女节是国际妇女斗争的纪念日，1909 年 3 月 8 日，美国芝加哥女工团要求男女平等权利而举行示威，次年 8 月在丹麦哥本哈根召开的国际第二次社会主义者妇女大会上决定，为了促进国际劳动妇女的团结和解放，以每年的 3 月 8 日为妇女节，也叫国际妇女节。

1924 年，广州劳动妇女举行纪念会和游行，会议由我国妇女运动的先驱何香凝主持。会上提出了"打倒帝国主义""保护妇女儿童"的口号。这次活动显示了中国劳动妇女的觉醒和力量，是中国妇女第一次举行"三八"节纪念活动。

1949 年 3 月 7 日，《岭东民国日报》为纪念国际妇女节而出版了特刊，时任汕头市市长李国俊亲为特刊题写刊头，还特意另外题写"创造妇女的新时代，发扬妇女的新精神"发表在特刊上。该期特刊有徐文玉的《"三八"节检讨我们自己》、饶恬英的《写在"三八"节》和吴风灵的《我们是人》等几篇文章。徐文玉是当时汕头市妇女会领导人，她在《"三八"节检讨我们自己》一文中，呼吁关注汕头市孕妇的个人卫生与健康，因为卫生与健康不仅是孕妇个人问题，还关系到下一代的健康成长，是切切实实对妇女具体问题的关心。饶恬英的《写在"三八"节》，主要从三八节的历史回顾及我国自从推翻清朝政权，建立中华民国以来，妇女争取平等、自由的斗争历史回顾，号召妇女做新时代的新女性，同时也呼吁社会各界"为妇女解放努力、为国家民族努力"。吴风灵的《我们是人》则从妇女亦是人入手，认为妇女们"要勇敢而坚忍地负起做人的责任"，因为"中国妇女从事于社会服务的实在占极少数，而且在社会上获得了一份工作的妇女，是否都能认真胜任？"此外，"大多数的妇女置身在家庭中，这类妇女事实上也有不少从未从事家庭工作，更谈不上为家庭谋幸福，相反的，也许为了满足个人的享受，在家庭争取权利与金钱，而时常找寻许多的摩擦与纠纷，这都是由于没有工作或事业做寄托，精力无处消磨才生出这样的结果"。因此，要真正做到男女平等，妇女同胞们首先要做的就是要做到自立、自爱、自尊。

还有一种特刊就是对某一特别事件的宣传报道，使之家喻户晓。如 1948 年 11 月 25 日《和平日报》（汕头版）的《秋季种痘运动特刊》。秋季种痘运动即是汕头市政府为预防天花病，号召全市人民接种牛痘的一次全民卫生运动。

《秋季种痘运动特刊》就是配合市政府开展预防天花病接种牛痘的全民卫生运动。在这期特刊中，时任汕头市长李国俊亲自写《为举行秋季种痘告市民书》，宣布"从本月二十日（即 1948 年 11 月 20 日）起至十二月底止，由卫生局派队巡回市区及委任各医院诊所，广为市民免费施种痘苗"。特刊还介绍了天花病的发病原理及其预防方法、接种牛痘的免疫效力等基本常识。

图 338　《和平日报》之《秋季种痘运动特刊》

附　录

附录一：汕头埠清末及民国报纸出版情况一览表

报纸名称	创办时间	创办人	主笔	出版频率	规格	版数	报社地址	备注
鮀江辑译局日报	1902.3.22	袁守明		日报	8开	8版	德兴市	
岭东日报	1902.5.3	杨沅	温廷敬等	日报	8开	8版	育善后街	1909停刊
鮀江旬报	1902			旬报				
潮州白话报	1903.12.19	曾杏村	杨守愚	半月				
鮀江公理报	1904			日报				
汕头公报	1906.10.21		蔡德铭				棉安街	
觉民钟报	1906	高八乔等						
潮声	1906.4.24	曾杏村	乙符、伟侯	半月	16开	40版	外马路存心善堂后座	汕头方言
潮报	1906.12	熊长卿						
双日画报	1907	曾杏村	吴子寿	两天	16开		外马路存心善堂后座	1908.11.25停刊
新中华报	1907	谢逸桥						约半年停刊
中华新报	1908.4.17	谢逸桥	陈去病、叶楚伧	日报	两大张			1911停刊
图画新报	1909	吴子寿	曾杏村	日报	8开	4版	顺昌街	299期后出8开8版
观潮报	1909							是否为《观潮日报》
岭东月报	1909		蔡德铭	月报				

（续上表）

报纸名称	创办时间	创办人	主笔	出版频率	规格	版数	报社地址	备注
民苏报	宣统年间		陈素					1917年仍在出版
鮀江潮	清末	许超然						刊行数期停刊
晓钟日报	1909.1之前	吴宗慈	沈秉仁					
自由报	民初		张约我					
大雄日报	民初		吴鸿藻					
晨钟女报	民初		陈政	周报				出版两月停刊
汕头大同报	民初	周辉甫						
民权报	民初	许秋帆						
晨刊	民初	刘侯武						
新潮报	民初	李伯乐						
晨钟报	民初	胥眼						
汉潮日报	1912初	陈友云、王师愈等						
民生报								
鮀江报		陈餐雪、陈宗鑑						
大风日报	1913.2.12	谢逸桥等	古公愚等	日报	对开	8版		
揆华报	1913.4.8	郭见闻	曾杏村	双日	对开	8版		当年停刊，1929年复刊
公言日报	1913.11.10	张弼士	温廷敬等	日报	对开		初育善后街60号，后育善前街24号	
大东报	1913底	陈义	吴鸿藻	日报	对开	8版	初永和街466号，后升平路69号	
观潮日报	1917	陈汝诚	寄鮀	日报	对开	8版	永和街11号	
大岭东日报	1918	吴子寿	张凌云	日报	对开	8～12版	顺昌街11号	
民声日报	1919底或1920初	陈小豪等		日报	对开	12版	初永和街47号，后永安街23号	
汕头晨报	1921.7.15	陈箇民		日报	4开	8版	泰兴街6号	

（续上表）

报纸名称	创办时间	创办人	主笔	出版频率	规格	版数	报社地址	备注
平报	1921	蓝逸川、钱热储			对开	8 版	育善街	
平民小日报	1923	邱誉					万安街	
潮商公报	1923	杜宝珊					至安街	
天声报	1923.8.8	詹天眼		日报	对开		公园前24号	
时报	1923.10	王鼎新	王鼎新				杉排二横街5号	1924.12 停刊
真言日报	1924.9.9	顾百陶		日报	对开	12 版	初升平路121号，后新马路25号	
铎报	1924.11	王延康	温廷敬	月报	32 开		升平路128号	汕头孔教总会机关报
天声日报	1925.2	詹天眼		日报	对开	4 版	公园前24号	原名天声报
民报	1925.3.11	周辉甫	张怀真	日报		8 版	万安街10号	
美术周刊	1925							
花报	1925	诸国琛						
南华评论	1925							
大声报	1925							
死战	1925.7			三天				汕头海员工会主办
汕头星报	1925.8	蔡纫秋	陈素、许美勋	日报	4 开	8 版	杉排二横街5号	
岭东晚报	1925	洪春修						
商报	1925	江梦非、王延康	王延康					
汕头周报	1925	陈良						
大新潮报	1925	郭应清		日报	对开	12 版	永泰街32号	
新国民日报	1925	张凌云						
小晚报	1925	马学人						
嘉丽周刊	1926							

报纸名称	创办时间	创办人	主笔	出版频率	规格	版数	报社地址	备注
花声报	1926							
新民报	1926							
汕头新闻报	1926.10.15	陈峰岩					公园内 1 号	
岭东民国日报	1926.1.20	李春涛等		日报				
潮梅日报	1926	江冷、陈特向		日报				
汕头早报	1926	萧克夫		日报				
汕头时报	1926.10	何家绰						
天声报（晚报）	1926	詹天眼		晚报	对开	4 版	公园前 24 号	
天声报（日报）	1927	詹天眼		日报	对开	4 版		
岭东日日新闻	1927.2	李春蕃、梁若尘		日报				
趣报	1927	钱热储						
汕头晚报	1927	曾逸民		晚报	4 开	4 版	万安二横街 4 号	
革命军日报	1927.9							仅出版 3 期
商业晚刊	1927.12.5	叶伟寰					升平路	
莺声报	1927							
机声旬刊	1927			旬报				
潮梅新报	1927.3.15	江冷		日报	对开	12 版	外马路张园前	
韩江上游报	1928							
华报	1928							
光明小报	1928							
平民琐报	1928	朱作舟						
汕报	1928.10.10	张怀真		日报	对开		万安二横街 4 号	
新晚报	1928	吴桂东						
镜报	1928	吴桂荣						
中南文华报	1928			两天				
警钟	1928			两天				
兴华报	1928							主要读者为华侨，发行量达 5 000 份

（续上表）

报纸名称	创办时间	创办人	主笔	出版频率	规格	版数	报社地址	备注
晨言报	1928							
汕头日报	1929.2.23	王振民	许伟余	日报	对开	12版	同平路1号之6	
南潮日报	1929.10.25	蔡文玄		日报	对开		公园前路	
鮀江春报	1929.4.1	罗湘泉		三天	4开	4版	怀安街21号	
国货周报	1929.10	欧华祺						
商民新闻报	1929.10.7	叶伟寰			对开			
雷报	1929	刘天白		三天				
汕头午报	1929.10	周学良						
汕头新报	1929.7.20	陈思良		日报	对开	4版	镇平路万福里8号	
汕头民国日报	1929							
韩江报	1929.11.8	饶公球		日报	对开	4版	育善直街31号	
韩江日报	1929.10	张士平		日报	两小张		育善街21号岭南印务局内	
汕头日日晚报	1930.6.9	郭立基		晚报	4开	4版	打锡五横街14号	星期天不停报
华侨新闻报	1930.3.10	梁中武					新马路24号	华侨合资创办
新医声	1930	陈仰韩						
文化报	1930	陈梦渭						
天声日报	1931	詹天眼		日报	对开	8版	公园前25号	原名天声报
风报	1931	李山头		三天				
新岭东日报	1931.1.6	张凌云	柯幼芳	日报	对开	8版	升平路110号三楼	
星华日报	1931.7.10	胡文虎	林青山、陈翔冰、胡其文等	日报	对开		初万安街44号，后新马路	
日日报	1931	郭立基						
新闻报	1931							
双日小刊	1931	刘仲英		两天				
明报	1931	谢伊唐		两天				

报纸名称	创办时间	创办人	主笔	出版频率	规格	版数	报社地址	备注
商业时报	1931.10.10	詹天民					旧公园前	
新中国报	1932	许馨荣		日报				
潮华日报	1932	郑峻岳						
侨声报	1932.10	蔡削天		日报	对开	8版	初新马路36号，后旧公园左巷4号	
正报	1932	洪春修					新马路25号	
爱克司报	1932	梁士平		三天				
文化新报	20世纪30年代	许美勋						只出版两期
公道报	1932	周晋						
汕头准报	1932	王之楚						
扫报	1932	翁心白						
汕头画报	1932	柯幼芳					升平路	
醒报	1932			三天				发行数月停
讽报	1932			三天				发行数月停
真报	1932			三天				发行数月停
快报	1932			三天				发行数月停
诚报	1932	陈干生		三天				1934年10月16日起改为晚报（每天出报一大张）
汕头市民日报	1932.11.28	市政府、邓耀		日报	对开	6版	市政府内	
国闻日报	1933	陈嘉修		日报			五福路	
民治日报	1933	黄志农	吴佛脑	周报				
镜报	1933	管镇		三天				
微报	1933	杨懋修		三天				

（续上表）

报纸名称	创办时间	创办人	主笔	出版频率	规格	版数	报社地址	备注
民报	1933	钟道鸣						1935 年 12 月 6 日起改为日报，日出报 1 张
万众	1933	张天树					外马路地方通讯社	1934 年 1 月停办
南光报	1933	林远志					新马路 9 号	1934 年 1 月停办
大风报	1933	林公武					福平路 108 号 2 楼	1934 年 1 月停办
大光报	1933	张宽					中山路 11 号 3 楼	1934 年 1 月停办
快报	1933	韦殷波					同平路 36 号 2 楼	1934 年 1 月停办
衡报	1934	吴珏		三天				
华南报	1935	徐扬	张扬		对开 (1935) 4 开 (1947)		信安街 8 号	
小日报	1935	郭立侬						1939 年 6 月停刊，1947 年 9 月复刊
新生活日报	1936	余声						
商报	1936.10.10	张华馀			对开		福安街一横巷	
前夜	1936.12	陈光	王清平	十天			碕碌尾（报上注为香港）	
先声晚报	1936	孙振雄		晚报	对开		国平路 53 号 3 楼	
新世界	1937.2	陈光	王清平	十天			一德路 8 号（报上注为香港）	
救国时报	1937 年间							

（续上表）

报纸名称	创办时间	创办人	主笔	出版频率	规格	版数	报社地址	备注
防空导报	1937.12.3	岭东防空司令部			4开			
岭南周报								
生活周报								
力报	1938	林维青		日报			永平路	
抗敌导报	1938.1	岭青通讯处	杜伯琛		8开		外马路73号四楼（华侨互助社）	
突击队	1938.3	汕青抗会	王亚夫		16开		福平路	1939年上半年停刊
粤东报	1940	邹宜元	孔文彬		对开		韩堤路星华报社原址	
汕头日报（日文版）	日占时期	杉本荣一	秀岛杉				初设国平路，后粤东报社内	
中国报	1941.11.12	黄雯	蔡逢甲		4开		中马路7号	
大同报	1942	洪铁涛	陈英强	日报	对开	4版	初外马路三牧楼后升平路	
老百姓	日占时期	周勤豪	陈简	三天	4开	4版		
青年周刊	日占时期	吴雄	吴雄（伪青年团团长）					
潮梅周报	日占时期		伪侨务局宣传处长刘英					
华侨周刊	日占时期	伪侨务局长王建						
自治周刊	日占时期	伪保甲委员会许士	陈泳梅					
军报周刊	日占时期	伪四十四师政训处长白崇礼	白崇礼					

（续上表）

报纸名称	创办时间	创办人	主笔	出版频率	规格	版数	报社地址	备注
新潮汕报	1943.1.1							
庸报	日占时期	周庸	周庸	三天				
天行报晚刊	1944.3.1	陈说义		双日	4开	4版	瑞平路	自潮安迁入
潮海日报	1944.12.12	张励吾	李学馀	日报	对开		永平路11号	
青年日报	1945.10.16	陈剑魂	陈松年	日报	对开		初升平路1号，后至安街8号	
大光报（汕头版）	1945							
光明日报	1945.10.5复刊	张泽深、彭适之等	黄玄	日报	对开		永平路11号	
导南报晚刊	1945.12.1	陈绍林		晚报	对开	4版	旧公园左巷19号	
方报	1946.9.5	吴珏	陈廊连		4开	4版	居平路16号	
建国日报（汕头版）	1946.2	黄本英	杨樾		对开	4版	初中马路90号，后民权路49号	
原子能报	1946.2.20	郭芸		每周两次	4开	4版	中正路（即外马路）240号	
华民报晚刊	1946.3						中马路41号	
南声报	1946.6.21	庄泽民		周报	4开	4版	揭阳榕城中山路	
南声	1946.6.21	庄泽民		周报	4开	4版	潮安街77号	
华侨日报	1946.10.10	谭平章	陈博霖	日报	对开		初升平路尾	1947改名华侨日报晚刊
东江日报（临时版）	1946	洪明森		日报	对开	4版	杉排路2号	
显微日报	1946	周敏之				4版	交定三直巷2号二楼	
华侨日报晚刊	1947.10.5	林朝冠	谭平章	晚报			居平路1号	原名华侨日报
宇宙光	1946.11.4	张英		周报	4开	4版	如安街3号	
泰斗报（粤东版）	1947.3.4	郭元			4开	4版	庆华里6号	后改名泰斗日报（岭头版）

报纸名称	创办时间	创办人	主笔	出版频率	规格	版数	报社地址	备注
泰斗日报（岭东版）	1947.5.1	郭元		日报	4开	4版	庆华里6号	原名泰斗报（粤东版）
导南报	1947	陈绍林		每周两次	对开/4开		福合马路13号3楼	
国风报	1947.4.22	麦醒瀚	张舜熙	每周两次	4开	4版	初金山东巷4号之2，后招商横街39号2楼	
新声报	1947.5.5	周芝勋		每周两次				
和平日报（汕头版）	1947.5.5	谢镇南	梁燮勤	日报	对开	4版		初居平路16号，后张园街
光报	1947.7.15	蔡伟勋		半月	8开	4版	国平路亦平里二号	
新文字报	1947.11.4	王为光					博爱路东南小学校	
光华日报晚刊	1948.5	陈亦修		晚报	对开		至平路56号	原名光华日报
汕头中山日报	1949			日报	对开		国平路口	
汕头各日报联合版	1949.6.1			日报	对开	8版	民权路89号	

备注：《奋斗报》由《大光报》《光明报》《汕报》《星华日报》《建国日报》《商报》《和平日报》（后改为《扫荡报》）和《岭东民国日报》联合编辑出版。据香港《雷达报》1949年8月第128期载，汕头在1949年8月底将出版《奋斗报》。

附录二：《方志》目录（总计102期）

《方志》旬刊（潮州修志委员会编）刊《岭东民国日报》（1～30期）

第一期　民国三十五年（1946）十月二十五日
发刊词	编者
新修潮州志述例	饶宗颐
清广东水师提督方公照轩事状	陈筹
拟塞山诗（匏存室未刊稿选录）（一）	丁讷庵
新修潮州志宦绩传稿	温克中

第二期
拟塞山诗（匏存室未刊稿选录）（二）	丁讷庵
古海阳地考	饶宗颐
说呋	澄海李勋（未刊稿）

第三期
拟塞山诗（匏存室未刊稿选录）（三）	丁讷庵
新修潮州志宦绩传稿	温克中
记清广西平乐协副将赖榜	陈筹
顺治潮州府志跋	饶宗颐

第四期
顺治潮州府志跋（续）	饶宗颐
薛中离先生行状	薛侨

第五期
薛中离先生行状（续完）	薛侨
潮州方志目	饶宗颐
新修潮州志拟目	

第六期
校录大颠心行禅义	温丹铭
潮汕方言自序	翁子光

附
录

第十九期　民国三十六年（1947）五月十五日
民间流传翁襄敏轶事考证　　　　　　　　　翁辉东
林敬夫荣进有数（先正逸事丛辑）　　　　　林德侯
康长庆传（潮州志料）　　　　　　　　　　郑国藩

第二十期
韩山志（续）　　　　　　　　　　　　　　饶宗颐
林凤祥传　　　　　　　　　　　　　　　　林德侯

第二十一期　民国三十六年（1947）六月六日
潮州交通志绪言　　　　　　　　　　　　　吴珏
韩山志·胜迹上　　　　　　　　　　　　　饶宗颐
海阳乡土志序　　　　　　　　　　　　　　王师愈遗稿
杨馥岩先生行述（潮州志料）　　　　　　　陈筹
潮州交通事业始见表

第二十二期
韩山志（续）　　　　　　　　　　　　　　饶宗颐
龙溪怀古　　　　　　　　　　　　　　　　林士英
潮州丛谈志稿摘录　　　　　　　　　　　　林德侯

第二十三期
潮中杂记序　　　　　　　　　　　　　　　郭子章
韩山志·楼阁·厅堂·庵寺　　　　　　　　饶宗颐
潮州丛谈志稿摘录·文文山　　　　　　　　林德侯
上期百岁上寿勘误

第二十四期　民国三十六年（1947）七月八日
说映（选录）　　　　　　　　　　　　　　澄海李勋（未刊稿）
韩山志·胜迹下（续）　　　　　　　　　　饶宗颐
潮州丛谈志稿摘录·韩湘子　　　　　　　　林德侯
潮州旧志方言篇辩证引言　　　　　　　　　吴双玉

第二十五期　民国三十六年（1947）七月二十一日
周石如先生传　　　　　　　　　　　　　　澄海许伟余

附录

263

改换证章启事

第八十期　民国三十七年（1948）十一月九日
民国以来潮州地方军政机关　　　　　　　　　吴珏
统筹台湾全局拟请开办轮路矿务摺　　　　　　丁日昌
消息

第八十一期　民国三十七年（1948）十一月十六日
统筹台湾全局拟请开办轮路矿务摺（续完）　　丁日昌
王乃勋传　　　　　　　　　　　　　　　　　王家骧

第八十二期　民国三十七年（1948）十一月二十三日
台湾省高雄县潮州镇访问记　　　　　　　　　饶宗颐
张烈士似旭略传　　　　　　　　　　　　　　赖以仁

第八十三期　民国三十七年（1948）十一月三十日
潮音戏寻源　　　　　　　　　　　　　　　　萧遥天
枫溪陶瓷业（上）　　　　　　　　　　　　　林适民
消息

第八十四期
潮音戏寻源（续一）　　　　　　　　　　　　萧遥天
枫溪陶瓷业（下）　　　　　　　　　　　　　林适民

第八十五期　民国三十七年（1948）十二月十四日
清初续顺公沈志祥事略　　　　　　　　　　　张於时
潮音戏寻源（续二）　　　　　　　　　　　　萧遥天

第八十六期
潮民移台小史　　　　　　　　　　　　　　　饶宗颐
潮音戏寻源（续三）　　　　　　　　　　　　萧遥天

第八十七期
潮州丛谈志稿·陈洸　　　　　　　　　　　　林德侯
潮音戏寻源（续四）　　　　　　　　　　　　萧遥天

附录三：《大光报·文史周刊》目录（总计 30 期）

1946 年 11 月 26 日第一期
暂缺

1946 年 12 月 2 日第二期
暂缺

1946 年 12 月 9 日第三期
暂缺

1946 年 12 月 16 日第四期
沈达材《曹植辞赋论》（连载一）

1946 年 12 月 23 日第五期
沈达材《曹植辞赋论》（连载二）
温丹铭《雌雄兔传奇》（连载一）

1946 年 12 月 30 日第六期
沈达材《曹植辞赋论》（连载三）
温丹铭《雌雄兔传奇》（连载二）

1947 年 1 月 6 日第七期
沈达材《曹植辞赋论》（连载四）
温丹铭《雌雄兔传奇》（连载三）
寅庵《题宗颐诗卷》

1947 年 1 月 13 日第八期
饶宗颐《广东文献馆征集文物启》
黄廷柱《昆仑奴考实（上）》
温丹铭《雌雄兔传奇》（连载四）

1947 年 1 月 20 第九期
饶宗颐《归群词丛跋》
沈达材《真德秀及其大学衍义》
温丹铭《雌雄兔传奇》（连载五）

1947 年 1 月 27 日第十期
温丹铭《广汉宋齐诗说（一）》
沈达材《真德秀及其大学衍义》（续完）
温丹铭《雌雄兔传奇》（连载六）

1947 年 2 月 3 日第十一期
饶宗颐《校雠通义笺序》
黄廷柱《昆仑奴考实（中）》
温丹铭《雌雄兔传奇》（连载七）
温丹铭《广汉宋齐诗说（二）》

1947 年 2 月 10 日第十二期
温丹铭《广汉宋齐诗说（三）》
黄廷柱《昆仑奴考实（下）》
艾狄《阮大针》
温丹铭《雌雄兔传奇》（连载八）

1947 年 2 月 17 日第十三期
饶宗颐《芜城赋发微（上）》
温丹铭《广汉宋齐诗说（四）》
温丹铭《雌雄兔传奇》（连载九）

1947 年 2 月 24 日第十四期
饶宗颐《芜城赋发微（下）》
温丹铭《雌雄兔传奇》（连载十）

1947 年 3 月 3 日第十五期
沈达材《评陈钟凡著中国文学批评史》
沈炳华《哭儿殇》

1947 年 3 月 10 日第十六期
饶宗颐《许班王诗钞序》
黄廷柱《黄梨洲与民主政治》（上）

1947 年 3 月 17 日第十七期
温丹铭《广西优级师范选科学堂中国历史讲义序》
黄廷柱《黄梨洲与民主政治》（中）

1947 年 3 月 24 日第十八期
黄廷柱《黄梨洲与民主政治》（下）
沈炳华《关雎辨释》
季子《演"仁"》

1947 年 3 月 31 日第十九期
许伟余《谒韩庙有会而作》
饶宗颐《论羡门非沙门——秦时佛教传入中国说驳议》

1947 年 4 月 7 日第二十期
周海萍《阙里孔庙瞻谒记》
温丹铭《中国古代刑律变迁考》
饶宗颐《论羡门非沙门——秦时佛教传入中国说驳议》（续完）
悲灵《唐三藏法师灵骨》

1947 年 4 月 14 日第二十一期
温丹铭《中国古代刑律变迁考》（续完）
丘玉麟《回回纪事诗选录》
郑专座《金人捧露盘》（又《风流子》）

1947 年 4 月 21 日第二十二期
饶宗颐《回回纪事诗序》
温丹铭《春秋战国拓地殖民考》

1947 年 4 月 28 日第二十三期
释巨赞《灵隐小志自序》
沈炳华《论百家学说源于史》
福森《潮州方音著作考略》

冒广生（代）《故泰南海尉任君墓碑》

1947 年 5 月 5 日第二十四期
饶宗颐《词籍考凡例》
黄廷柱《东北论》
丘玉麟《沁园春》
陈湛诠《过洞庭湖舟中作》

1947 年 5 月 12 日第二十五期
饶宗颐《补陈经籍志序》
澄海林叶蕃（秀岩）《翁东涯集书后》
丘玉麟《回回纪事诗选录》
冯振、陈湛诠、前人《自然室诗稿》

1947 年 5 月 19 日第二十六期
温丹铭《周礼三权分立说》
丘玉麟《回回纪事诗选录》
武进唐鼎元《重辑稽愆集序》
冯振《客斋说》

1947 年 5 月 26 日第二十七期
翁辉东《增订潮州文概自序》
宗颐《韩山志例言》
池振宜《美国散文大作家霍桑》（一）
翁子光《潮州先贤轶事》（一）

1947 年 6 月 2 日第二十八期
池振宜《美国散文大作家霍桑》（二）
冼玉清《题海关踯躅图》

1947 年 6 月 9 日第二十九期
饶宗颐《楚辞地理考自序》
黄泽浦《殷商文学之形态——殷商文学初论稿一》
温丹铭《明代内阁首相之权最重论》
翁子光《潮州先贤轶事》（二）

1947 年 6 月 16 日第三十期
无锡丁福保《潮汕方言序》
温丹铭《梁氏论汤睢州辨》
翁子光《潮州先贤轶事》（三）
邓嗣禹《鸦片战争期间英国人的军纪问题》

1947 年 6 月 23 日《火流》副刊刊登南华学院文史学会启事："兹因学期结束校友相率离汕，本会所编文史周刊决暂停刊。"至此，出版了近 8 个月的《文史周刊》停办。

参考文献

一、著作、文集

1. 戈公振：《中国报学史》，上海：上海古籍出版社 2003 年版。

2. 方汉奇：《中国近代报刊史》，太原：山西人民出版社 1981 年版。

3. 姚福申、管志华：《中国报纸副刊学》，上海：上海人民出版社 2007 年版。

4. 许正林：《中国新闻史》，上海：上海交通大学出版社 2008 年版。

5. 冯江峰：《清末民初人权思想的肇始与嬗变：1840—1912》，北京：社会科学文献出版社 2011 年版。

6. 萧冠英：《六十年来之岭东纪略》，广州：培英图书印务公司 1925 年版。

7. 谢雪影：《汕头指南》，汕头：汕头时事通讯社 1933 年版。

8. 谢雪影：《潮梅现象》，汕头：汕头时事通讯社 1935 年版。

9. 陈龙庆编：《龙泉岩游集》，民国七年（1918）年刻本，汕头市图书馆藏。

10. 谢锡勋：《小草堂诗集》，民国十三年（1924）华洋印务书馆铅印本，汕头市图书馆藏。

11. 姚梓芳：《秋园文钞》，民国二十八年（13939）铅印本，汕头市图书馆藏。

12. 郑国藩著，杨世泽、蔡丹铭辑：《似园老人佚存文稿汇钞》，民国二十四年（1935）汕头印务铸字局铅印本，汕头市图书馆藏。

13. 饶锷、饶宗颐：《潮州艺文志》，上海：上海古籍出版社 1994 年版。

14. 黄伟经主编：《客家名人录》第一卷，广州：花城出版社 1992 年版。

15. 黄伟经主编：《客家名人录》第二卷，广州：花城出版社 1996 年版。

16. 蔡起贤：《缶庵论潮文集》，广州：广东人民出版社 1995 年版。

17. 傅国涌：《笔底波澜：百年中国言论史的一种读法》，桂林：广西师范大学出版社 2006 年版。

18．陈华新：《近代香港报刊述略》，广州：广东人民出版社1987年版。

19．陈汉初、陈杨平：《汕头埠图说》，北京：中国文史出版社2009年版。

20．饶芃子、黄仲文：《戴平万研究》，汕头：汕头大学出版社2000年版。

21．汕头教育志编审委员会编：《汕头教育志》，汕头：汕头教育局1989年内部发行版。

22．黄志平、丘晨波主编：《丘逢甲集》，长沙：岳麓书社2001年版。

23．萧冠英主编：《汕头市市政例规章程汇编》，汕头：汕头市政厅公报编辑处1928年版。

24．民国汕头市政府秘书处编印：《汕头市政公报》，汕头：汕头市政府秘书处1928、1929、1930、1931、1932、1933、1934、1935、1936年版。

25．陈汉初主编：《汕头文史资料精选·文教卫体卷》，香港：天马出版有限公司2009年版。

26．中国人民政治协商会议广东省委员会文史资料研究委员会编：《广东文史资料·广东军阀史大事记》，广州：广东人民出版社1984年版。

27．王琳乾、邓特主编：《汕头市志》，北京：新华出版社1999年版。

28．潮汕百科全书编辑委员会编：《潮汕百科全书》，北京：中国大百科全书出版社1994年版。

29．吴勤生主编：《汕头大博览》，香港：香港文化传播事务所有限公司1997年版。

30．杨启献主编：《庵埠志》，北京：新华出版社1990年版。

31．曾宪林主编：《国民革命事典》，武汉：湖北辞书出版社1996年版。

32．吴小坚主编：《潮汕青年抗敌同志会史料汇编》，汕头：中共汕头市委党史研究室、共青团汕头市委员会1998年版。

33．中共汕头市委党史领导小组办公室编：《潮汕党史资料汇编》第一辑，汕头：内部印行1985年版。

34．汕头市新闻记者台湾访问团编：《潮汕概况》，汕头：内部发行1948年版。

35．汕头澄光新闻社、潮汕年鉴编辑委员会编：《鮀海纪事》，汕头：澄光新闻社1949年版。

36．徐友春主编：《民国人物大辞典：增订本》，石家庄：河北人民出版社2007年版。

37．汕头市文化局编：《汕头文化艺术志》，汕头：内部印行1999年版。

38．杨光辉等编：《中国近代报刊发展概况》，北京：新华出版社1986年版。

39．史和、姚福申、叶翠娣编：《中国近代报刊名录》，福州：福建人民出版社1991年版。

40．杨天石、王学庄编著：《南社史长编》，北京：中国人民大学出版社

1995 年版。

41. 中国社会科学院新闻研究所《新闻研究资料》编辑部编：《新闻研究资料》第十九辑，北京：中国社会科学出版社 1983 年版。

42. 中国海关学会汕头海关小组，汕头市地方志编纂委员会办公室编：《潮海关史料汇编》，汕头：内部印行 1988 年版。

二、论文

1. 鲁本斯：《辛亥革命时期潮汕报刊一隅》，《汕头文史》第一辑，汕头：政协汕头市委员会文史资料研究委员会 1983 年版。

2. 王琳乾：《汕头市新闻史料拾零》，《汕头文史》第二辑，汕头：中国人民政治协商会议广东省汕头市委员会文史资料研究委员会 1985 年版。

3. 彭楚斌：《汕头早期报业探略》，连振国主编：《汕头史学》第三、四期合刊，汕头：汕头市历史学会 1991 年版；《汕头日报》，2004 年 12 月 12 日。

4. 阙本旭：《清末民初时期潮汕报刊出版钩沉》，《图书馆论坛》2005 年第 6 期。

三、清末、民国报纸

《鮀江辑译局日报》1902：5，26。

《岭东日报》1902：7，8，9，10，11，12；

1903：1—12；

1904：1—12；

1905：1—12；

1906：1，4，5，11；

1908：2，10；

1909：2，3，9。

《潮州白话报》1904：3。

《潮声》1906：1、2、3、4、5、6、7、8、9、10、11、12、13、14、15、16、17；

1907：18、19，24、25。

《潮报》1906：10，19。

《中华新报》1910：1，3；7，26。

《图画新报》1909：8，17—22、24—29；9，1—5、7—12、14—19、21—27、30；10，1—3、5—9、12—13、29—31；11，2—7、9、11—14、16—21、23—28、30；12，1—2、6—11、13—15、17、19、21—25、27、29—31；

1910：1—12、14—16、18—20、22、23、25—30；2，1—3。

《大风日报》1918：5，28；

1919：11，4。

《揽华报》1929：11，5。

《公言日报》1914：1，4；

1916：6，3；

1917：5，6；

1918：5，16、21，6，1；

1919：1，7；6，7；11，4；

1921：6，2、24；9，13、14；

1922：11，28；

1923：1，10；9，6；

1925：1，13；2，5。

《大东报》1914：1，4；2，26；3，26；

1915：8，18、29；10，30；11，11；

1916：3，2、4；6，3。

《观潮日报》1917：5，15、26；6，3。

《大岭东日报》1918：12，9；

1921：5，4；

1923：9，29；

1926：5，1、14；

1927：3，15、20、22；4，28；6，3、4；7，17、21；8，20、23、30。

《民声日报》1921：6，24；

1922：7，15；

1924：6，21；7，24；

1926：2，1；7，25；8，12；9，23、28—30；10，2、5、7、8、19、26、27、30、31；11，23、30；12，17；

1927：2，23；5，24；6，4；7，10、21；9，16；11，24、27；12，1、2；

1928：1，10；8，31；

1929：3，29；4，11；6，28；8，25、28；11，2、10、14、15、20；

1930：1，20；3，5、28；4，2；7，12—14；8，4、6；

1931：3，17；9，16；12，3；

1932：6，4；8，20；10，9；

1933：1，19；3，16；8，22；11，21、24；12，9；

1934：1，9；2，11；10，7；

1935：2，26；5，7；9，8；11，17；

1936：3，17；5，18。

《汕头晨报》1925：8，12、13；12，3、5、6。

《平报》1921：5，26；9，13、14；12，31；

1922：8，5、6、8、10—13、15、17、28；

1923：11，29。

《天声日报》1925：2，5。

《天声报》1926：10，7；

1927：2，23；7，18、21；

1928：2，29；

1929：3，16；4，1；6，28；11，17。

《真言日报》1925：8，12、13；

1927：7，20、21；11，29；

1928：2，18、29；8，21；10，10；

1929：3，17；6，28；11，2、7、15、20；

1930：3，2、6、9、16、18、28；4，29；

1931：3，17；8，30；12，15。

《铎报》1925：3。

《民报》1927：2，23；3，2。

《汕头星报》1925：8，12、13；12，3、5、6。

《岭东民国日报》1929：2，26；3，17、29；6，28；11，2、8、14、15；

1930：3，2、4、5；

1934：8，16、22；9，9、15；10，23、31；11，1；

1935：1，25；3，27；5，7；9，8、12；10，5、23、27；12，3、8、18、29；

1936：1，8、12、14；2，4；3，17、26；4，24；5，5、16、26、29、31；8，20；10，15、17、22、25；11，14、17、28；12，3、15；

1937：1，13；5，16；6，9、15、22、25；

1938：5，18；9，28；10，15、19；12，1；

1945：4，10；9，15、20、22、25、27—29；10，1—22、24—26、29—31；1—9、11—20、2—30；12，2、5、7、14、18、20—23、27—30；

1946：1、4、6—8、11、20、22—24、27；2，6、8、20、22、23、27、28；3，1、4、7、11、15、16、18—20、22、29；4，1—6、8—10、12—15、17、18、21、25、26、28；5，6、7、9—13、15、19—24、28；6，1—12、14—17、20、23、26—30；7，1、4、6—9、11—21、23—29、31；8，5、7、9—18、23、24、26、31；9，4、8—13、15、17、18、20、24—30；

1947：1，1、16、29—31；2，3、8—11、13—15；3，7—17、19—22、

284

24—28、30、31；4，1—30；9，3、5—14、16—21、23—28；12，8—16、21、23—31；

1948：1，1—13、15、16、18—27、29—31；2，1、2、4、5、7—13、15、17—20、22—29；6，4—6、8、11—18、20—22、24—28；7，5—7、8、10—13、16—19、22、23、26—30；10，1—31；12，1—4、6、8—23、25—28；

1949：1，5—28；2，3—28。

《潮梅日报》1927：7，17、21；8，17。

《汕头晚报》1927：11，30。

《潮梅新报》1928：2，29；

1929：6，28；11，15；

1930：5，4；6，24；7，28。

《汕报》1929：10，24；11，7、8；

1930：3，4、7、9、16；4，8、9；5，4、11；10，26；

1931：3，17；12，29；

1932：3，2；4，26；5，27、31；9，17；

1934：1，31；2，8、9；3，20、21；11，17；

1935：12，3；

1936：3，17、29；4，30；8，20；12，31；

1937：4，20；5，11、24、25、30；11，27；12，2；

1938：1，26；12，27、29；

1943：5，13、16；

1945：2，25；5，20；9，19；10，4、8、13、17、23—27、29、31；11，2、4；12，3、17、27；

1946：1，1、8、11、27；2，7、15、22、24；3，4、10、13、15、18、23、31；4，4、5、7、8、20—22、25、26；5，7、8、10、26；6，11、12、14、18、19、22—24、30；7，3、4、21、27、28、30；8，3、16、25、28；9，6—8、12、14、21、26、28；10，13、20、22、26；11，2、4、14、22、24—26、28、29；12，11、12、14、15、18；

1947：1，8、14、19、29；2，1—8、10—29；3，1、3—8、10—31；4，1—30；5，1、3—28、30、31；6，1—11、13—30；7，1—24、26—31；8，1—8、10—31；9，1、3—21、23—30；10，1、2、5、10、14、15、19—21、23、24、26、28—31；11，1—3、5、6、10—12、15—17、19、21、23—27、29、31；12，9—13、15—20、22、25—27、29—31；

1948：1，5—15、17、20、22、29；2，8、15、18、20、26—29；3，1—3、19—24、27、28、31；4，1—3、5、6、9、15、21、27；5，3—8、10—17、19、20、22、23、25—31；6，4—12、14—30；7，25；8，1、3、5、12、13、15、

18—25、29—31；9，7；10，1—10、12、13、15、17—27、29—31；11，22、25；12，2—24、26—28、31；

1949：1，1、5、7—11、13、15—27；2，3—28；3，3—28、31；4，1—19、21—28；5，1、3—25、27—30；8，19。

《汕头日报》1929：3，17、31。

《南潮日报》1929：10，25、27；11，7；

1930：3，15、25。

《鮀江春报》1929：4，1。

《汕头新报》1929：7，20。

《韩江报》1929：11，8。

《汕头日日晚报》1930：6，9；11，26。

《新岭东日报》1931：3，17；12，3；

1932：：8，20；10，6；

1933：8，16；

1934：2，7、8；3，21、23、24。

《星华日报》1932：3，2、11、21；6，8；7，24；

1934：2，7；3，23、24；8，18、24；9，13；

1937：1，8、13；

1945：10，29—31；11，1—3、5—12、15、17—20、22、24；12，3、5、7、8、17、19、22、23、27、30；

1946：1，1、4—6、10、11、14、15、24；3，8、11、13、19、20、25、28；4，6、7；7，4、6—13；8，5、31；9，6、9—13、16—18、20、23—27、30；10，4、8、10、14—18、22、31；11，3、5—7、16、19、20、23、24、26—29；12，5、8、9、13、14、27、31；

1947：2，9—11；3，5、10—22、24—28、30；4，1、3—5、7—10、12—30；5，3—30；6，3—29；7，1—31；8，1—31；9，1、3—30；10，1—10、12—29、31；11，1—9、11、12、14—18、20—29、31；12，8—28、30；

1948：1，5—15、17—31；2，3—9、15—27、29；3，5—7、9、11、12、14—17、19—22、24—25、27—31；4，1—19、21—30；5，3—23、25—31；6，2—30；7，1—31；8，1—31；9，3—30；10，1—8、10、12—24、26—31；11，1—30；12，1—31；

1949：1，1、4—16、18—29；2，2—16、18—25、27、28；3，1—29；4，2—10、12、14、17—22、25—29；5，1、3—30；10，26、27；12，1—29、31。

《侨声报》1933：2，4；

1935：9，8；11，17；12，3；

1936：3，7；5，29；9，4；

1937：2，2。

《侨声日报》1938：6，2。

《正报》1933：12，27；

1934：1，5；4，21；9，5；

1935：5，7；9，8；11，17；12，3；

1936：1，10；3，17；5，29；8，20；9，15、16。

《汕头市民日报》1934：2，20、22。

《小日报》1937：3，28。

《商报》1937：1，13；5，11；8，18；9，9；12，1；

1938：5，3；

1945：1，29；10，15、19、29、27；11，12—14；12，1、7、9、12、14、29；

1946：1，1、13、17、20、31；4，18；5，8、9、12、14、19、20、28、29；7，1、7、9、10、13、19、20、26；8，9—12；9，8、25、30；10，1—3、15、28；11，4—8、24、26、29；12，6、13、20；

1947：1，5、12、15、20；2，2、5、15、28；3，24；4，3、9、15、29、30；5，15—18、21—30；6，2—17、19—30；7，1—6、8—30；8，2、4、9—16、18—23、29；9，1、3—21、23—27；10，1—6、9、10、12—30；11，3—12、14—30；12，9、11—14、16—21；1948：1，1、2、5—31；2，1—9、15—27、29；3，1—31；4，1—24、26—28、30；5，1、3—20、22、23、25—31；6，4—30；7，2—30；8，1—31；9，1、3—17、19—30；10，1—10、12—31；

1949：1，1、5—15、17—20、22—28；2，2—29；3，1—29、31；4，1—29；5，1、3、4、6—10、12—23、26—30. 。

《先声晚报》1937：1，21、29。

《中国报》1946：1，9。

《新潮汕报》1945：10，10、24、27；11，3、10、14、24；12，1、12。

《天行报》1945：1，1—29；3，1—29；4，1—29；5，1—29；6，1—29；7，1—29；9，1—15。

《天行报晚刊》1945：10，5—9、11、13—15、20—31；11，1—30；12，1、3—5、7、12、14—16、21、23、27、30；

1946：1，8、12、13、18—21、23、24；2，2、6—28；3，1—31；4，2—30；5，2—31；6，2—30；7，1—31；8，9、10、12、28；9，3—30；10，1—9、11—19、21—30；11，14、18、26；12，26；

1947：1，31；2，6、13、16；3，14、24、25、31；4，1、2、7、15、16；5，14、16、21、26；6，4、18、20、25；8，3、6、17、22、26、29、30；9，2、3、31；11，22；

1948：1，13、17；2，1、5、14、20—22、25；3，3、23、27；5，3、4、6、10—14、16—19、22、24、25、30；6，6；7，25；9，2—16、18—30；10，3、4、9、29；11，4；12，1；

1949：1，5—25、27；2，13、20. 。

《潮海日报》1945：8，28；9，1、2、4、5、7—9、13。

《青年日报》1945：10，20、24、29；11，1—17、20—25、27—29；12，2—5、10、12、14、15、21、24、25、27—31；

1946：1，6、7、10、12、13、16、19—27、20。

《大光报》（汕头版）1945：10，25—30；11，1—9、11、13—19、22、23、25、26、28、30；12，1—8、10—15、17—22、24—31；

1946：1，9、20、27；2，5、6、17、21、22；3，28；4，3、5、14、17；6，15、16；7，1、2、11、14、15、18、20、21、28；8，2、3、10、11、13—16、22—24；9，1、10、25、27、29、30；10，5、7、10、29；11，2、15、29、30；12，8、10、12—14；

1947：1，1、5—21、27—31；2，1—28；3，2—4、7—31；4，1—10、12—30；5，3—31；6，1—30；7，1—31；8，1、3、6—8、11、12、16、18、22、27；9，11、15、18、21；10，6、7、12、24、29；11，1、4、5、7、9、12、15、17、30；12，10、11、13—27、31；

1948：1，1、8、9、11—16、18—29；2，1—9、15、16、19—23、25、27、28；3，2—8、10、14、20—23、27、29、31；4，1—6、8、9、20、21、23—25、27—30；5，1、3—20、22、23、25—28、30、31；6，4—6、8、9、11—30；7，1—5、7、8、11、13、17、25、26、28、29、31；8，3、4、6、17、22、24；9，1、3—17、19—30；10，3—9、12—31；11，1—9、11、12、14、16—18、20—30；12，1—4、6、8—20、2—25、29、30；

1949：1，1、5—24、26、27；3，1、3—5、7—10、12、14—24、26—29、31；4，1—10、12—18、20—24、26、29；5，1、3、4、8—19、23—30。

《光华日报》1944：5，3—29；8，1—17、19—22、24、25、27—31；

1945：1，17；10，1—3、6、9、10—12、14、19、21、23、26、28、30；11，4、8、10、11、13、16、18、21；12，1、2、5、10—15、17、20；

1946：3，15、16、18、20；5，4、5、8、15、28、31；6，3、12、21、28；7，1、4、19、26、28；8，24—26；9，14；11，6、16、26；12，4；

1947：1，13、21；2，2—6、8、13、14、24、28；3，20、25；4，1、15；6，1、3、8；7，21—26；8，25、30；9，1、3、6。

《战地午报》1945：3，15—31；4，1、8—24、26—30；5，1—31；8，1—6、11—31；9，1—12、14—25。

《光华日报晚刊》1948：5，7、8、10—20、25—28、30—31；11，24；

12，3；

1949：1，7—9、11、14、16—27。

《光明日报》1945：10，5、6、10—14、18、1、23、24、27—29、31；11，1—3、5—14、16、18、23；12，2、7；

1946：1，1、5；3，11、13—15、23、25、30；4，17；5，27；6，26；7，4、20、21；8，8；9，11；10，6—8；11，26；

1947：4，14、15；5，1、23；7，22、23；8，3、23、25、27；9，5、27、29；9，5、27、29；10，4、6、7、20、26；11，12；

1948：1，4、5、7—15、17—30；2，19；4，4、16；5，1、3—9、11—19、26—29；6，9、10、13；7，2—12、14—26；8，1—13、15、17—27、30；9，3—5、8、9、14、15、19、21—23、26、28；10，1、2、4—9、13—23、25—29、31；11，1、3、4、7、8、10—12、14、18—20、22—27、29；12，2；

1949：1，1、5、7、8、13、15—18、20、2—26；2，3—5、7—13、15、17、18、20—22、26—28；3，1、3、5—7、9、11、14—17、19—28；4，2、5、7—13、16—19、21、22、24、27、28；5，1、3、6、7、9—12、14、17—19、24、26、27、29。

《方报》1946：9，19。

《建国日报》1945：9，10；

1946：3，2—5、7—9、11、12、15—23、28—31；4，18—23、30；5，12、15、31；6，5、7、13、14、16—18、25；7，4、14、17、20—23、26；8，5、8、15、17；9，13、18、19、21、28；10，8、14；11，2、17、19、24—26；12，5、11、27；

1947：1，5、11、16、21、31；2，5、10、16、18、21—23；3，13；4，2、3、6、10；6，4、15、19、25、28、29；7，21—23、28；8，6、18；9，3、7、9、11、18—20；10，3—6、9、13—18、20—30；11，1；12，22.；

1948：1，29；4，15—30；5，17；6，29；7，11、12、15、26；9，1、3—5、7—15、17、19—30；10，1—8、10、12—25、27—29、31；11，1、3、5—12、14、16—30；12，1；

1949：1，1、6—15、17—20、24、25、27、28；2，3—7、9—15、17—24、26—28；3，1、2、4—9、11—16、18—22、24—29；4，1—9、11—29；5，1、3—9、11—28。

《原子能报》1946：7，3、7、10；8，31；10，23；11，20；12，25；

1947：2，8、12；4，19、26；5，14；6，18、21；8，6、16、20；9，3；

1948：3，31；10，27、30；11，20。

《南声报》1947：6，18。

《南声》1948：1，14。

《华侨日报》1946：12，2—5、17、26；

1947：1，11、17、19、31；2，2、6、8、9、15、20、28；3，7；4，1、2、8、11、14、19、20、26、29；

1949：2，11；8，6、27；9，22、23、30；10，7、10、13。

《华侨日报晚刊》1946：12，31；

1947：10，6、23、31；11，20；12，18；

1948：1，1、3—5、8、11、13、15—17、18、26；2，20、26；3，24；4，4、20；5，4、6、8—19、22、25、26；8。

《东江日报》1946：1，8。

《宇宙光》1946：12，9；1947：3，3。

《泰斗报》1947：3，4。

《泰斗日报》1947：5，1、14、17、18、27。

《国风报》1947：4，29；5，16。

《新声报》1947：6，12、30；8，21；9，1；10，2；12，1；

1949：6，13、19；8，25。

《和平日报》（汕头版）1947：5，15、19；6，10、11、13、14、19、23、25；7，25；8，6、18；10，22；12，11、21；

1948：1，10、14；2，22、23；3，7、13—17、19—22、24—31；4，2；5，1、3—5、7—23、25—31；6，5—11、14、15、17—28、30；7，7、10、13、28；8，5、10、31；9，1、9、26、29、30；10，1—10、12、15—23、25—29、31；11，1—12、14—18、20—28；

1949：1，10—21、23—26；2，3—11、13、15—21、23、24、26—28；3，1—3、5、7—10、12—17、19—23、25、27、28、31；4，1—7、9、10、12—20、22、23、25—30；5，3—5、7、9—17、19、21—23、25—27、29、30。

《联合晚报》1949：6，23；7，21、29、31；8，21；10，1。

《汕头各日报联合版》1949：6，1—25、27—30；7，2—29；8，1—31；9，1、3—27、29、30；10，1—7、9、10、12、13、16—18、24。

后　记

　　说起本书的写作初衷，还要从友人黄树雄谈起。树雄兄任职于《汕头电视周报》（该报现已停刊）。2010 年秋他来图书馆找我，闲聊中他问我有没有看过专门介绍汕头埠清末至民国各家报纸的书。我对他说，我阅读过一些介绍新中国成立前汕头埠报业的文章，但这些文章大都只对一些当年较知名的大报做介绍，且都只是纲要式的简介，很简单亦不系统。

　　《汕头电视周报》虽然是一份通俗的报纸，但其近年开设的"人文乡土"版常刊载介绍地方文史的文章，得到社会的一致好评。我突然想起，图书馆不是有许多新中国成立前的老报纸吗？既然《汕头电视周报》需要地方文史方面的稿件，我何不试试投稿？于是，我对他说："先给我两个月的时间，写完一篇就给你寄去一篇。"就这样，我利用两年多的业余时间，"穿越时空"，投入到清末至民国汕头埠的报海，读报、做笔记、写作……

　　据笔者不完全统计，汕头埠（指老汕头市区，不包括现在的澄海、达濠、潮阳和潮南区）自清末至民国，有报纸约近 200 种，现能看到实物的只有 60 多种。这些老报纸，有藏于省、市图书馆及档案馆、大学图书馆等公藏单位，亦有藏于私人家中。品种数量亦极不平衡，多者每种十几份至几百份，要几个月才能看完，如《岭东日报》《岭东民国日报》《星华日报》《汕报》《商报》等，少者则只剩下一个报头或半页残报。

　　1928 年，黄开山的《新汕头》一书对当时汕头埠正在出版的报纸作了全面统计。据其统计，当年汕头埠市面有七种报纸，但均只列出报名、社长、每天出版张数和社址几个信息。1933 年出版的《汕头指南》，作者谢雪影首次对汕头埠的报业自清末发端至 20 世纪 30 年代初期的历史做了系统性的简略介绍。1935 年出版的谢雪影的《潮梅现象》，其中"潮梅文化事业沿革史"一节对汕头报业的介绍，基本按照《汕头指南》原文。1948 年，由汕头市新闻记者台湾访问团编印的《潮汕概况》，其中有一章节"潮汕报业史"，专门介绍潮汕自清末至"二战"后的报业出版情况，亦都只是对汕头埠报纸做粗略介绍，且因出书仓促，错漏不少。其中清末至 20 世纪 30 年代初的报业出版情况，继承了《汕头指南》的叙述，没有新的补充。

　　20 世纪 80 年代，鲁本斯的《辛亥革命时期潮汕报刊一隅》及王琳乾的《汕头市新闻史料拾零》①两篇文章，分别对汕头埠清末的 15 家报纸及民国时期的 24 家报纸作简略介绍，但可看出其资料来自于《汕头指南》和《潮汕概况》中对汕头埠报业的描述。

1991 年，史和等编的《中国近代报刊名录》（以下简称《名录》），列有 1911 年之前在潮汕出版的报纸 20 家，由于《名录》的资料依据是公开发表的文献资料，许多信息如报纸名称、出版地、创刊时间、创办人等跟报纸实物有出入或谬误。1999 年出版的《汕头市志》，对汕头清末至民国时期的报业介绍，内容同样未能超出《汕头指南》和《潮汕概况》两书对汕头埠报业的描述，且在引用资料时未能严格校对，以致出现许多常识性的错漏。而彭楚斌的《汕头早期报业探略》②及阙本旭的《清末民初时期潮汕报刊出版钩沉》③同样只是对上述文献资料的引用和演绎。

本书在写作时，首先考虑的就是以实物证史，以现存的当年实物报纸为依据，去探究、分析各报当年的出版情况，对一些历史的误读误载重新校正。如谢雪影在其 1933 年出版的《汕头指南》中，认为汕头埠第一种报纸是创刊于 1902 年 5 月的《岭东日报》，其后一直至现在，所有的地方史书均以他的说法为标准。但笔者在对当年的实物报纸的考证中发现，在清末汕头埠的报纸中，同是创办于 1902 年的《鮀江辑译局日报》的首发时间是 1902 年 3 月。即是说，汕头埠第一份报纸是《鮀江辑译局日报》而不是《岭东日报》。还有，如《潮声》报，史界都认为它是一份用潮汕方言出版的报纸。但笔者通过实物发现，《潮声》自 1～19 期是以潮汕方言出版的，但之后就不一定了。因为笔者经眼的第 24～25 期《潮声》就不是用潮汕方言而是用文言文出版。诸如此类的例子，读者可在书中继续寻找，这里就不再赘述了。

本书中的大部分文章虽然曾经刊载于《汕头电视周报》《汕头特区晚报》和《汕头日报》，由于报纸版面的限制及读者对象等因素，当年只能对许多图片和文字做删减，现在得以重新恢复。当然，对部分文章亦作重新修改、补充乃至重写。另外，增写了《清末及民国汕头埠报业概况》和《汕头埠老报上的副刊、特刊和增刊》两篇。书末附录《汕头埠清末及民国报纸出版情况一览表》《〈方志〉目录（总计 102 期）》《〈大光报·文史周刊〉目录（总计 30 期）》三个资料表，均为笔者对实物文献的整理。

我曾感叹，民国虽离现今才短短几十年，许多东西却需要我们重新去考证，这确实有点不可思议，但现实就是这样。我虽然没有能力去还原历史的全部面貌，但我将尽力做到客观、准确地描述历史。

---

① 中国人民政治协商会议广东省汕头市委员会文史资料研究委员会编：《汕头文史》第一、二辑，汕头：政协汕头市委员会文史资料研究委员会 1983、1985 年版。

② 《汕头史学》，1991 年 7 月 1 日；《汕头日报》2004 年 12 月 12 日。

③ 《图书馆论坛》2005 年第 6 期。

衷心感谢林伦伦老师厚爱，为拙作写序！

本书在写作过程中，得到黄树雄、梁卫群、陈荆淮、王缨缨、林小山、林维存、晏青、吴川、林黎南、郑洁琼、黄少群、陈传忠、孙杜平、周修东、陈嘉顺、张美生等朋友的无私帮助，在此一并表示深深感谢！

最后，还要感谢给本书提供一切帮助的所有师友！

曾旭波
乙未年四月于汕头

后记

293